子どもの性的問題行動に対する治療介入

保護者と取り組む
バウンダリー・プロジェクトによる支援の実際

エリアナ・ギル／ジェニファー・ショウ [著]
高岸幸弘 [監訳]
井出智博／上村宏樹 [訳]

明石書店

WORKING WITH CHILDREN WITH SEXUAL BEHAVIOR PROBLEMS
by Eliana Gil PhD and Jennifer A. Shaw PsyD
Copyright © 2014 by The Guilford Press
A Division of Guilford Publications, Inc.

Japanese translation published by arrangement with
The Guilford Press through The English Agency (Japan) Ltd.

いつも変わらず、共にいてくれる兄ピーターへ
あなたのおかげで道が開け、心穏やかに、そして安心していられます
——エリアナ・ギル

修復と回復の長い道のりを共に歩む子どもたちと家族の皆さんへ
あなたのその勇気としなやかさに敬意を表します
彼らの行為を心の痛みの表れと受け止め、
情熱と愛情で応える保護者の皆さんの信頼と献身から
いつも新しい発想が生まれてきます
——ジェニファー・A・ショウ

まえがき

　われわれが性的問題行動を抱える子どもの支援を始めてからすでに20年が経過しましたが、投げかけられる質問はずっと同じです。どういうものが正常な性的遊びなのでしょうか？　なぜそういう子どもは性的なことに没頭してしまうのでしょうか？　子どもを専門家の所へ連れて行くタイミングはどうやったら分かるのでしょうか？　それから最後が、子ども同士の性的な行動が虐待的で有害になるのはどういう状況なのでしょうか？

　これらの疑問に対して、保護者や専門家が納得しうる十分に整理された数多くの資源があるにもかかわらず、いまだ何かが妨げとなっているようです。どういうわけか、入手可能な情報は無視されていたり誤解されていたりします。親や保護者、そして専門家らは、インターネットでこのテーマを検索し、見つけた情報を熱心に読み込むのですが、それでも混乱したままなのです。それはおそらく、子どものセクシュアリティは特にそうなのですが、セクシュアリティが一般的に合理的なものから非合理的なものまで幅広い考えを引き起こし、それによって不快な気分が生じてしまうからだと思います。そのような考えや気分は、情報を取り入れ自分の中できちんと消化することを難しくさせてしまいます。不安や恐怖が生じると、保護者、そして専門家であってもそうなのですが、何が起きているのか理解したり、どう反応すべきなのか判断したりすることに四苦八苦してしまうのです。

　本書は、子どもを評価してほしいとか、保護者に助言をしてほしいなどと依頼された専門家が、介入の選択肢を検討できるようになることを目的として書かれています。最初の3つの章では性的問題行動について概説を行い、この問題の発生原因や影響要因の理解につながる現在まで

の研究の進展を紹介しています。過去の被虐待歴、種々のメディアへの曝露、社会的プレッシャー、セックスと攻撃性の結びつきに影響する要因といった問題について検討しています。第4章では、子どもが自分の考えや感情について率直に話していけることを目指した、子どもに適したアセスメントプロセスについて説明しています。第5章では、治療において取り扱うべきこととして共通認識されている領域を確認し、それから、保護者に対してどのようにアプローチしていくか説明しています。第6章ではバウンダリー・プロジェクト（*）というプログラムを紹介しています。これはエリアナ・ギル（Eliana Gil）が何年も前に開発したプログラムで、現在では種々の治療設定の中に組み込まれ活用されているものです。ジェニファー・ショウ（Jennifer A. Shaw）はこのバウンダリー・プロジェクトを2003年から他に先駆けて実施し、現在の形になるまで多大な貢献をしてきました。保護者の報告によるこのモデルの事前・事後検証では、性的問題行動の減少と健全な社会的機能の増大が示されています。また、予備的な調査結果も同様に楽観的です。さらに、本書前半の章では、全米で実施されている治療実践のレビューを行い、認知行動的な基礎を持ったプログラムによる治療の成果がたいへん良好であることも示しています。つまり、性的問題行動を抱える子どもにおいては、衝動、思考、感情のコントロールを改善することと、保護者の子どもの監視や監督の強化を並行して行うアプローチが、極めて良好な結果につながるということです。

　第7章から第10章は、われわれが理論と実践をいかに実際の取り組みに活かしているかをお伝えできるような治療ケースを提示しています。これらのケース例を通じて、治療モデルに関与し子どもの援助を共に行っていこうという、保護者の協力を引き出すことにいかにわれわれが高い優先順位を置いているかが分かると思います。保護者の協力がなければ治療ははるかに困難なものとなるため、われわれは常に家族に対して、家族がいかに治療に重要な寄与をするか理解してもらえるよう取り組んでいるのです。これらの章ではまた、アセスメントと治療の両側面

まえがき

を描きながら、性的問題行動を抱える幼い子どもの統合的な治療アプローチについても説明しています。

＊訳者注

　バウンダリーとは自分と他人とを分かつ境界線のことで、「ここからはこちらに入ってきてもらっては困る」という、物理的、心理的そして社会的に自分を守ろうとする感覚です。ですから性的加害行為は他人のバウンダリーを侵す行為とも言えます。また、決して全ての子どもに当てはまるわけではありませんが、性的問題行動を抱える子どもの多くが、性的虐待やその他さまざまな虐待を受けた経験をしています。この場合、バウンダリーが侵された経験をしているわけです。バウンダリーは健全な成長と発達とその維持のために不可欠な要素でもあります（Cloud & Townsend, 2002）。そのため、性的加害行為に対する治療教育においては、バウンダリーに焦点化し、その基礎的な理解、修復や再構築、回復といった取り組みをしていくことになるわけです。本書ではその具体的な介入法として、著者らが開発し長年実施しているバウンダリー・プロジェクトを紹介しています。

　［参考：Cloud, H. & Townsend, J.（2002）*Boundaries: When to Say Yes, When to Say No to Take Control of Your Life*. Grand Rapids, Michigan, Zondervan］

子どもの性的問題行動に対する治療介入●目次

まえがき　5

第1章
性的問題行動を抱える子どもたち
13

はじめに 14
性的問題行動の定義 16
治療と予測因子に関する先行研究 20
治療における保護者の役割 25
まとめ 27

第2章
子どもの正常なセクシュアリティと性的問題行動の識別
29

正常な性的行動 32
問題となる性的行動 38
まとめ 44

第3章
子どもの性愛化を取り巻く状況
45

市場が子どもをターゲットに行っていること 51

メディアのねらい：どれほど子どもたちは
　　　　メディアのメッセージを受け取っているのだろうか？ 54
女の子の性愛化 57
ポルノの特別な問題 61
保護者がすべきこと 63
その他メディアの影響に対してすべきこと 66
まとめ 68

第4章

性的問題行動を抱える子どものアセスメント
71

専門的アセスメントプロセス 73
ASBPCの特徴 75
ASBPCの指示的課題 83
まとめ 97

シート 4.1　子どもの性的問題行動のアセスメント（ASBPC）の概要　99
シート 4.2　「気分は何色？」　100

第5章

共通認識されている治療の領域と保護者との協働に関する提言
103

共通認識されている治療の領域 104
保護者との協働に関する提言 120
まとめ 134

シート 5.1　子どもの性的問題行動対応のためのガイドライン　136
シート 5.2　感情のスケーリング・ワークシート　144
シート 5.3　からだ温度計　145

第6章
バウンダリー・プロジェクトモデル
147

- バウンダリー・プロジェクトの特徴 148
- 治療の構成 150
- 治療の目標とその段階 152
- 教育の統合と保護者グループ 152
- 日常とセッションとを移行する際の活動 153
- 治療目標：バウンダリー・プロジェクトのレッスン 156
- 課題とねらい 160
- 治療の進展の客観的な測定 162
- まとめ 163

シート 6.1　バウンダリー・プロジェクト：子どもと保護者が取り組む
　　　　　　12 セッションの治療の目標　166

第7章
ケーラのケース
167

- 基本情報 168
- 心理社会的背景 169
- アセスメントプロセス 173
- アセスメント結果 186
- 治療目標 189
- 治療計画と治療プロセス 190
- まとめと結論 194

第8章
トーマスのケース
197

基本情報 198
心理社会的背景 200
アセスメントプロセス 204
アセスメント結果 214
治療目標 218
治療プロセス 219
まとめと結論 221

第9章
ジェンナのケース
225

基本情報 226
心理社会的背景 227
アセスメントプロセス 233
治療計画・目標・プロセス 247
まとめと結論 252

第10章
ロレンソのケース
257

基本情報 258
心理社会的背景 258
アセスメントプロセス 266
アセスメント結果 273

治療計画・目標・プロセス......................................274

まとめと結論......................................277

シート 10.1　きょうだい間における性的な接触：通常の性的な遊びと問題行
　　　　　　　動の境界　282

あとがき　287

リソース　293

参考文献　297

索　引　307

訳者あとがき　315

原著者紹介　318

訳者略歴　319

第1章

性的問題行動を抱える子どもたち

はじめに

　メンタルヘルスの専門家は就学前の子どもや学齢期の子どもの性的問題行動について問題を特定、評価し、介入することに努めてきましたが、過去20年間で分かってきたのは、子どもは各自固有の複雑な状況に直面しているということです。性的問題行動を抱える子どもたちは性的なことで頭がいっぱいになっているように見えますが、これは過剰な刺激に囲まれているからでしょう。問題はさまざまな行動で表れますが、その頻度、範囲、激しさは人それぞれです。これらの行動には、自己に向けられた行動（例えば、過剰なマスターベーション、抑えが効かず公共の場で行ってしまうマスターベーション、露出など）と、他者に向けられた行動（触る類の性的遊びから、他の子を攻撃的に性的な虐待をするものまで）とがあります。保護者はもちろん、専門家ですら子どものセクシュアリティについて、特に明らかな性的行為についてはオープンに話をすることに戸惑いを覚えるものです。そういった性的な行為が家庭の外で発見されたようなときは特に悩ましいものです。しかし、大人が不快感を持ってしまうと、子どもの性的な行動を正確かつ詳細に報告することができなくなるだけでなく、その子に対して不適切であまり意味のない反応をすることにもなってしまいます。被害を受けた相手の安全確保にのみ過剰に力点を置くような頑なな介入などがそうです。フリードリヒは次のように述べています（Friedrich, 2007）。

　　子どものセクシュアリティに対して、「何であれ深刻な問題だ」とか「性的虐待を受けた影響に違いない」などと自動的に結論することがあります。……ケースによってはその考えが正しいこともあるでしょう。けれどもそれは子どもたちの示す性的行動のうちごく少数にしか当てはまらないのです。このような不確実なことがらに対して行うべきことは、一歩離れて自分の見方は正しい

第1章◆性的問題行動を抱える子どもたち

　かどうかを分析し、その上で慎重に判断を下すことです。(p. 8)

　残念なことに、性的問題行動を抱える子どものいる家族はステレオタイプでその子を見てしまいがちです。そのステレオタイプとは、その子は性的虐待の被害者であるか、その子が将来、性犯罪者になるかどちらかだと考えるものです。けれども、このステレオタイプはほとんどの子どもには当てはまりませんし、そういった思いこみは子どもの行動が訴えるものに即しているとはいえず、悪影響を与える可能性すらあります(Friedrich, 2007)。正しい情報に基づいた個別的かつ慎重な介入がなされないと、多くの子どもが不適切にレッテルを貼られ、学校で汚名を着せられ、地域で無視され、さらには社会的に孤立してしまいます。被害児が生じる危険性が高いもののような、より深刻な性的問題行動の場合は特にそうです。この問題の原因論と予後に関する理解不足のせいで、小さな子どもに"少年犯罪者"としてレッテルを貼ることになってしまいかねません。そうなると、保護者だけでなく、学校の教職員や放課後保育の職員もが、その子を怖いと感じてしまうようになるでしょう。問題行動だけに注目し、誇張され過度に一般化された不適切な反応を示すことは、子どもと家族の間に潜在する葛藤を取り扱う治療的介入を妨げたり遅らせたりすることにつながります。性的問題行動にばかり焦点化する限局的で誤った態度は、その子が抱える内的な葛藤を自分だけで解決させるよう強いることになり、家族の要因は検討されないままになってしまうおそれが生じるのです。けれども、性的問題行動を抱える子どもが治療されることなく放っておかれ、保護者が適切なサポートや指導を得られないままになっていることがあまりにも多いのが事実なのです。
　性的問題行動に対する効果的な対応方法を保護者が学ぶことで、性的なことがらへの没頭や、過剰な刺激から生じる性的行動は軽減されます。治療では、保護者や家族の情緒的なニーズについても取り扱います。研究によってますます裏付けがなされていることですが、このテーマについて十分な訓練を受けた治療者が、子どもや保護者が持つ誤った情報や

誤解について心理教育を通じて修正していき、家族に焦点を当てた統合的なアプローチを併用することによって、就学前の子どもや学齢期の子どもの示す性的問題行動は比較的短期間でうまく治療されるようになってきています。自分が持っている情報を修正し、効果が立証された段階を踏んで行動を変えていき、そして治療場面で一貫した反応を練習することによって、保護者は自信を持って子どものメンタルヘルス上のニーズを支えることができるようになるのです。具体的には、その子どもの持つ情緒的な特性に対して思いやりを持って接するとか、性的問題行動の発生と維持に関わっている可能性のある、潜在的な家族の問題を効果的に扱うとか、健全な家族システムの構築・再構築を行ったりしていきます。

性的問題行動の定義

　チャフィン、ルトゥルノー、シーロフスキーは、子どもの性的問題行動を次のように定義しています（Chaffin, Letourneau, & Silovsky, 2002）。(1) あまりにも高い頻度で生じる、強制がある、異なる年齢層の者同士で起こる行為、(2) 介入に抵抗を示す、発達を妨げる、情緒的に不快を伴う行為。性加害者治療学会（The Association for the Treatment of Sexual Abusers：ATSA）の性的問題行動を抱える子どもの専門調査委員会は、性的問題行動を抱える子どもを「12歳以下で、体の性的な部位（性器、肛門、お尻、胸）に対し、その子や相手の子が発達的に見て不適切あるいは有害な行為をする者（p. 3）」と、より詳しく定義しています（Chaffin et al., 2006）。しかしながら、幼い子どもたちの場合は特に性的問題行動が性的な刺激や満足に直接つながるものではないでしょうし、それよりもむしろ、不安、好奇心や模倣、自分を落ち着かせる意図、注目されたい願望、あるいはそれ以外にもさまざまに原因はあるでしょう（Silovsky & Bonner, 2003b）。性的問題行動は自己に向けられたものか他者に向けられたものとして生じるものです。そして先にも述べたように、

第1章◆性的問題行動を抱える子どもたち

他者に向けられた行為は、双方向的か強制的かの程度、性的な行為の種類、有害となる可能性などその特徴はさまざまです。「最も心配なケースは、ある程度の年齢に達している子どもの場合や、発達的に見て不釣り合いな者同士で行っているような、より進行してしまった性的な行為、あるいは攻撃性や力づくや強制があり、有害であったり有害となる可能性があったりするもの」です（Chaffin et al., 2006, pp. 3-4）。過去10年の研究では、性的問題行動を抱える子どもは、かなり異質な集団ではあるけれど彼らとそれ以外の子どもたちを区別する特徴はほとんどないことが示唆されています（Chaffin et al., 2002）。

近年の研究では、性的問題行動には明確なサブタイプがないと示されています。むしろ深刻さや激しさの程度がさまざまだということなのです。しかしながらこれらの行為は、人口統計学的特徴や社会経済学的要因、メンタルヘルスの状態、不適切な養育や被虐待歴の有無、そして家族の特徴などで多様なものとなります（Chaffin et al., 2006）。頻繁に生じる深刻な性的問題行動は、社会的な問題や家族の問題、そして子どものメンタルヘルスの問題とまさに共に生じます（Hall, Mathews, Pearce, Sarlo-McGarvey, & Gavin, 1996）。性的問題行動を抱える子どもたちは、青年期の子どもでは基本的に男子であるのに対し、学童期の子どもでは多くの女子もいるという意味で青年期よりも多様であるといえます（Silovsky & Niec, 2002）。ボナー、ウォーカー、バーリナーは、特定の行動の種類に基づいて性的問題行動のサブタイプを検討しましたが、性的問題行動を抱える子どもとそうでない子どもの違いを明らかにしうる行動特徴や明確な要因は示されませんでした（Bonner, Walker, & Berliner, 1999; Chaffin et al., 2002）。

児童期の性的問題行動に関する最新の発生率と発生件数については、まだ明らかになっていません。しかしながら近年、児童保護サービス（child protective service）や青年課（juvenile services）、そして医療機関では外来・入院問わずこの問題に関するケースの紹介は増えています。これは性的問題行動が実際に増加しているためなのか、それともこの問

題に関する意識や報道が増えたことによるものなのか、あるいはその両方のせいなのかはまだ分かりません（Chaffin et al., 2006）。ただ、フリードリヒらによると、子どもの正常ではない性的行動の発生率から見ると、極端な性的問題行動は比較的稀なことのようです（Friedrich et al., 2001）。

　フリードリヒとその同僚は、子どもの性的行動チェックリスト（CSBI）の開発とそれを用いた調査の実施を行う中で、規範的な性的行動と非規範的な性的行動に関する最も包括的な実証的研究をこれまで行ってきました。CSBI（Friedrich, 1997）は保護者が回答する38項目からなる評定尺度で、2歳から12歳までの子どもの性的行動について幅広く調べるものです。CSBIは、バウンダリーの問題、性的なことがらの知識、のぞき行為、露出症、性的な行為の押し付け、性的関心、性的不安、性役割による行動、自己刺激、に関する項目からなっています。フリードリヒは、最も頻繁に見られる行動はバウンダリーの問題、自己刺激、露出症だと述べています（Friedrich, 1998）。他者に向けられたより激しい行為、あるいは強制のある行為（口腔性交、肛門性交や膣への挿入、愛撫）が保護者によって報告されることはごく稀です。

　この研究では、約20％の保護者が、発生した性的行動は年齢的に相応であると考えているか、発達的に関連するものだと考えていると報告しています。フリードリヒらは、次のように述べています（Friedrich et al., 1998）。

　　　性的行動の発現は年齢と反比例していました。全体的な発現頻
　　度のピークは男子・女子共に5歳で、その後の7年間で減少して
　　いました。それから思春期の始まりに再び性的行動は増加してい
　　ました。それは10歳から12歳頃に始まる異性への関心の増大に
　　よるものでしょう。また、性的行動の出現頻度や種類に関しては
　　性差がほとんど見られませんでした。

　性的問題行動を抱える子どもたちは高い割合で身体的虐待、性的虐待、

第1章◆性的問題行動を抱える子どもたち

ネグレクト、あるいはDVの目撃の経験があります（Chaffin et al., 2006;
Friedrich, 2007）。その他の影響要因としては、ポルノやテレビ、その他
メディアの不適切な番組の閲覧、または保護者が示すプライバシーやセ
クシュアリティの不適切なモデルといった、過剰な刺激となる不適切な
環境の要因があります。このような子どもや家族に対してどのように対
応するのがベストなのかという質問に対し、専門家はいまだ明確な答え
が出せておらず、極めて失望的で困難な状態にあるといえます。そのた
め、臨床場面でのこれまでの対応は、主観的になりがちであまりにも一
貫性がないものでした。また、思春期や成人など成熟した性犯罪者の治
療モデルを当てはめようともしてきました。

　子どもと家族に対する適切な治療、そしてコミュニティと保護者への
適切なサポートがなされれば、性的問題行動を抱える子どもが将来的に
性犯罪者になるリスクは大きく減らすことができます。ATSAの専門
調査委員会（Chaffin et al., 2006）は、性的問題行動を抱える子どもは、
それ以外の問題で治療を受けている子どもよりも将来的に性犯罪者とな
る長期的なリスクが大きいということはない（性加害の再犯率はそれぞれ
2％と3％）と結論付けていますし、思春期後期や成人の性犯罪者とは
"質的に異なる"ものだとも述べています（p. 2）。つまり成人に対して
一般的に用いられる方針、アセスメント手順、治療方法はどれも子ども
には不適切なのです。ATSAの専門調査委員会（2006, p. 2）が強調して
いるように、子どもたちを性犯罪者リストに登録したり生活区域を隔離
したりすることは、その性的問題行動を抱える子どもがスティグマを抱
えたり社会的な不利を被ったりする可能性があるにもかかわらず、コ
ミュニティの保護が全く、あるいはほとんどなくなってしまうことを意
味するのです。

　研究では、就学前の子どもや学童期の子どもは、心理教育、認知行動
療法（CBT）、保護者の積極的で直接的な治療参加などからなる統合的
な治療に対して良い反応を示すことが報告されています。長期的、集中
的、制限の多い治療は、性的問題行動を抱える子どものほとんどに不要

だと思われます（Friedrich, 2007; Chaffin et al., 2006）。

治療と予測因子に関する先行研究

　子どもの問題行動のうち、性的ではないものに対する効果的な介入については多くの研究があり、さまざまな情報があります。そういった問題行動の要因の多くは性的問題行動にも関連する類似の要因でもあります（例えば、衝動コントロールの弱さ、発達のあらゆる領域に影響する調節不全、幼児期早期の不適切な養育、慢性的な家族不全、親子関係に関するアタッチメントの問題、躾や世話の不足など）。つまり、児童期によく発生する問題行動に対する介入のいくつかは、性的問題行動の根底にある問題に対しても適切なものなのです。それらを区分するのは、性的問題行動を抱える子どもに必要な大人の見守りの種類やその増加でしょう。子どものセラピーで通常使用される従来のクライエント（子ども）中心で発達段階に応じたプレイに基づいたアプローチに、近年ますます研究がなされ多くの情報が蓄積されてきている、社会的、情緒的、行動的な問題を抱える子どもに対するCBTによる介入を合わせたアプローチを検証した研究では、このアプローチが性的問題行動を抱える子どもに専門的かつ効果的な介入方法である根拠が示され、近年のこの領域の研究を補完するものとなっています。

　ピサーズ、グレイ、ブゾーニ、ハウカンズは、6歳から12歳までの性的問題行動を抱える115名の子どもを対象とした無作為対照化試験（RCT）を行い、子どもたちとその家族を表現療法のグループと再発防止プログラムのグループに分け、32セッションの治療的介入を実施しました（Pithers, Gray, Busconi, & Houchens, 1998）。どちらのグループにも心理教育とCBTの要素は含まれていました。再発防止プログラムは大人の性加害者治療モデルを適用したもので、表現療法に比べ再発に関連する要因の特定と予防を援助するチームの構築により焦点が当てられました。表現療法のグループでは性的行動に関するルールやバウンダ

第1章◆性的問題行動を抱える子どもたち

リー、感情コントロール、性的虐待の影響について簡単に心理教育が行われ、問題解決法とソーシャルスキル（Araji, 1997）について指導がなされました。どちらのグループの子どもも治療の中期的段階までには改善を示しました。しかしながら、トラウマによるストレス症状を抱えている子どもにおいては、再発防止プログラムのグループでより大きな改善を示しました（Pithers et al., 1998）。フォローアップ段階では両方のグループで改善が確認された他、改善の程度に有意な差は見られませんでした（Bonner & Fahey, 1998）。

　ボナーらは性的問題行動を抱える6歳から12歳までの子どもに対するグループCBTモデルを開発しました（Bonner et al., 1999）。これは集団としてまとまっていけるようにすることを念頭に、行動変容の原理と教育－学習モデルに基づいて作られたもので、時間を設定した構造的なカリキュラムの中で、衝動コントロール、認知のクセ、意思決定、正しい知識の獲得に重点を置いた治療モデルです。治療における主要な目標として、(1) 問題となる性的行動を認識することの援助、(2) 性的行動のルールに関する教育、(3) 衝動コントロールの改善、(4) 性教育の実施、(5) 自分自身と他者に対する再虐待の防止、があります。そして並行して実施される保護者グループに対しても、同様のトピックから構成されている別のマニュアルを使用して進めていきます。保護者は、基礎的な衝動コントロールスキルの強化の方法を学ぶとともに、子どもたちの活動を観察・監督していきます。

　ボナーらはこのマニュアル化された方法を使用してRCTを実施しました（Bonner et al., 1999）。彼らは性的問題行動を抱える子どもを、心理教育的CBTプログラムのグループと12セッションのプレイセラピーのグループとに分け介入を行いました。治療後の測定ではどちらのグループにおいても、性的問題行動も性的ではない問題行動のどちらとも短期的には減少を示しました。しかしながら、10年後の追跡調査ではCBT介入を受けたグループは、性的加害を行った回数と性的加害による逮捕の数で測定された性的加害行動の長期的な減少が有意に大きかったこと

が示されました。さらにCBTグループの子どもたちのその後の性的加害の割合（2%）は、もともと性的問題行動を抱えていなかったADHDの子ども、あるいはそれ以外の行動上の問題のある子どもがその後行った性的加害の割合（3%）とほぼ同じでした。保護者とその子どもに対する12セッションのCBTグループ介入を行ったボナーらの予備データでは、子どもの頃の性的問題行動が青年期や成人期に引き続き存在するリスクは、適切な短期的治療介入によってベースライン値まで下がりうることが示されています（Chaffin et al., 2006）。

シーロフスキー、ニエック、バード、ヘクトは、治療待機（waitlist）統制群を用いて、性的問題行動を抱える就学前の子どもに12週間のグループCBTプログラムを実施した効果検証を行いました（Silovsky, Niec, Bard, & Hecht, 2007）。この研究では、子どもたちは治療の順番待ちのときから治療の終了まで毎週ずっと評価されました。その結果、性的問題行動の減少は、時間の経過、あるいは大人の見守りの強化や他の子どもたちの接触の減少といった生活に結びついた介入に関連があるようでした。しかしながら、シーロフスキーらはまた、最も頻繁に性的問題行動を起こしていた子どもたちについては、ひとたびCBTが導入されると急速に改善が見られることも発見しました（Silovsky et al., 2007; Chaffin et al., 2006）。

シュタウファーとデブリンジャーは、性的問題行動を抱える子どもに対し、性的虐待と関連するトラウマのストレス症状改善を行うCBTの効果について調べました（Stauffer & Deblinger, 1996）。彼らは順番待ちの期間よりも治療介入期間の方がより大きな改善があったことを確認した他、3ヶ月後のフォローアップでもその効果が維持されていたと述べています。治療前後での性的問題行動の減少は、これらの問題に特化した外来による心理療法を受けた子どもたちでも同様の効果が報告されています（Friedrich, Luecke, Beilke, & Place, 1992）。

フリードリヒ、デイビス、フェーヘル、ライトは、性的問題行動につながるリスクが最も高い子どもを予測する要因に基づいた4因子モデル

第 1 章◆性的問題行動を抱える子どもたち

を提案しています（Friedrich, Davis, Feher, & Wright, 2003）。彼らの研究
によると、その 4 つの因子とは、セクシュアリティのモデリング、家族
の抱える困難、威圧的な行動のモデリング、全般的な子どもの行動です。
ただ、虐待を受けた子ども全てがこのような問題を起こすわけではあり
ません。中でも家族機能（特にバウンダリーとセクシュアリティ）に関連
する因子は重要で、その他にも貧困、家族のストレス、緊張した親子関
係といった社会的因子も性的問題行動の発生のリスクを増大させるよう
です。不適切な養育と家族の暴力は性的問題行動と非常に強い関連があ
り、問題行動や精神的健康の問題の他、社会性の欠如へとつながります。

　こういった研究を見てみますと、子どもの性的問題行動を最も説明す
る、あるいは予測するただ 1 つの原因因子などないことが分かります。
子どもに問題を起こしうる脆弱性があるかどうかは、その子と家族、そ
して社会環境の複雑な相互作用によって生じることなのです（Grant &
Lundeberg, 2009）。性的虐待を受けた子どもは、必ず性的問題行動を起
こすようになるというわけではありませんが（性的虐待の特質が非常に複
雑であることによるのでしょう）、のちに性的問題行動を起こすことが比
較的多いと報告されています（Friedrich, 1997）。

　これまでの多くの研究で、低年齢の子どもの性的問題行動は時間の経
過と共に自然と減少していくことが示されています。けれどもその減少
は、子どもと保護者の両方に対する短期的な治療介入によって促進され
ますし、ある程度は早期の発見と適切な大人の介入によってなされるこ
とでもあります。これまでのところ、治療は CBT を基礎として、その
子に特有の性的問題行動に焦点を絞った構造化された介入が最も良い結
果につながるようです。ただ、統合モデルを含む他の治療法の効果につ
いては大部分がまだ検証されていません。性的問題行動に焦点を当てた
保護者も関わる CBT 介入手法に関する研究は、この手法が非構造的な
介入手法（支持的療法、プレイセラピー）よりも有効であることを示して
います。これらの知見には、性的加害の特徴の 1 つとして公式に発表さ
れている短期的効果と長期的効果の両方の改善が含まれています。また、

性的問題行動を抱える子どもを対象とし、さらにトラウマによるストレス症状に対する取り組みも行う治療は、両方の問題を抱える子どもに対して行えば、どちらの問題や症状にも改善効果が見られることが研究でも示されています。

　全体として、治療を成功裏に進めることは可能であるし、就学前の子どもや学齢期の子どもの性的問題行動を減らすことを援助するのは可能であることが研究で確認されているといえます。外来による短期的治療は非常に攻撃的な問題行動を含む多様な性的問題行動に対して男女問わず効果があります。また、構造化された短期的治療は、深刻なトラウマを抱える子ども、さまざまなレベルの精神的問題が併存する子ども、さまざまなレベルの家族の問題のある子どもに対しても効果があることが報告されています。現時点では短期的な外来によるCBT、または回数を設定した外来でのCBTは、子どもの性的問題行動に対する治療の選択肢の1つとして勧められます。また、同時に保護者が治療に関わることのできる場合にはより早く改善が見られるでしょうし、より長期的な回復が得られるでしょう。ただ、深刻なケースや重症の併存的問題を抱えている子どもの場合は、CBTが適切な治療選択とはなりえないこともあるでしょう。

　子どもの性的問題行動の治療に関してはこれまで外来によるCBTが最も多く研究されてきました。今後はCBT的手法に基づかない治療方法についても研究がなされていく必要があるでしょう。またチャフィンらが述べるように、入院や入所施設の環境における統制された介入の効果検証はまだありません（Chaffin et al., 2006）。さらに、保護者の行動療法的訓練や家族セラピー的方法は、性的なものではない問題行動に対する介入には効果が期待できる結果が示されていますが、性的問題行動を抱える子どもに特化したものはまだ検証されていません。

治療における保護者の役割

　保護者が、養育環境、安全、落ち着き、そして性的ではない環境を生み出すために極めて重要な役割を果たしていることからも分かるように、子どもの性的問題行動に関する研究で一貫して取り上げられているテーマは、治療における保護者の関与に注目したものです（Friedrich, 2007; Silovsky et al., 2007）。保護者は実の親や親戚、あるいは里親のこともありますし、それ以外の関係者のこともあるでしょう。場合によっては保護者が変わることもあります。治療者は、治療に際して親だけでなく将来的に可能性のある保護者（例えば里親から養父母）も考慮しておくべきでしょう。多くの場合、子どもの家庭環境は、その子の性的行動の発展や維持に大きく影響します。効果的な介入を行うためにも家庭環境は安全で安定したものであるべきですし、治療に影響する家庭要因は検討され調整されなければなりません。「ケースによっては家庭環境が問題に関係していないこともあるかもしれませんが、（中略）それでも保護者が治療に関わることは子どもたちを援助し、日々の介入計画を実行する側面において重要です」（Chaffin et al., 2006, p. 16）。

　性的ではない深刻な子どもの問題行動に対して行う介入と同じように、性的問題行動の介入でも、適切に焦点化され目標指向的な方法を用い、保護者や教師に実践的な子どもの行動管理の方法を指導し、親子関係を強化するときにその効果は最大化されます（Patterson, Reid, & Eddy, 2002）。保護者と子どもの結びつきを強めるセッションや、家族でのプレイセラピー、親子並行セッション、在宅・家族セラピーなど、保護者を治療に関わらせるためにさまざまな方法が考案されています。ボナーらとピサーズらは、子どものグループに親を関与させる群と、標準的な親のグループで行う群とをRCTで検討しています（Bonner et al., 1999; Pithers et al., 1998; Chaffin et al., 2006）。しかしながら、CBTに焦点化した介入法の研究は現時点において、子どもグループの研究も親グループ

のそれもほとんどありません。

　深刻な性的問題行動を抱える子どもはたいてい重大なアタッチメントの問題を抱えています。フリードリヒは次のように述べています（Friedrich, 2007）。

　　　私の目標は、子どもの性的問題行動の原因論においても治療においても、関係性の重要性を伝えていくことです。こうした子どもたちは、まず混乱した方法で関係性について学び、そしてそれをモデルとして他の子どもたちと関わっていくのです。関係に関する最初のモデルを変えることで、子どもたちが他の人とどのように関わるかを変えることができます。そして、私はこれが最も効果的な介入の形であると考えています（Friedrich, 2007, p. 4）。

　リーバーマンとバン・ホーンは、種々の精神的問題のアセスメントと治療に関する訓練では、子どものアタッチメントや保護者との基本的で情緒的な関係性は大きな役割を持つものとして扱われるべきだと提唱しています（Lieberman & Van Horn, 2008）。アタッチメントに焦点化した取り組みの必要性があるにもかかわらず、現在実際に行われている介入は個人に注意が向けられ、性的問題行動に関連する認知の修正に焦点が当てられています（Friedrich, 2007）。現在の問題が何であれ、行動の深刻さがどうであれ、他者に及ぼす害悪のリスクの可能性がどうであれ、低年齢の子どもは誰でも親の愛情と保護、そして社会的規範を基本的なニーズとして持っています。これらの基本的なニーズが一貫して満たされたときに、子どもの自己の感覚は大きく分けて2つの無意識的な感覚を組織化するのです。それは、親は子どもをしっかりと育てる能力があるという信頼感と、自分はそのケアを受けるに値するという確信です（Ainsworth, Blehar, Waters, & Wall, 1978; Bowlby, 1988）。リーバーマンとバン・ホーンは次のように述べています（Lieberman & Van Horn, 2008）。

第 1 章◆性的問題行動を抱える子どもたち

　見捨てられることの恐れ、愛情の喪失の恐れ、体が傷つくこと
の恐れ、良くないことをしてしまう恐れ、これらは常に外的な脅
威に対する子どもの反応を決定づける要因です。そのため、親の
望ましいあり方とは、子どもが感じる恐怖に対し、あなたは見捨
てられることはない、あなたは愛され続ける、あなたは有害なも
のから守られる、という直接・間接的なメッセージを常に送るこ
とに他ならないのです（p. 11）。

　侵入性の高い深刻な性的問題行動を頻繁に示す子どもの親が、その子
に対し一貫して共感的で、そして愛情のあるメッセージを与え続けるこ
とは極めて困難ですし、直感的にできることでもないでしょう。それで
も子どもが十分に健康であるためには、彼らに安全基地を提供するよう
努力しなければなりません。グリーンスパンは、不安のない子どもの最
も重要な特性は、関係性に対して十分に信頼感を持っていて、ストレス
がかかるときにはその信頼感を活用して良い気分を維持したり解決策を
見つけたりすることだと述べています（Greenspan, 2002）。

まとめ

　児童期のセクシュアリティはその子の誕生から展開していくものであ
り、個人的要因と家族、民族、社会や文化的影響の両方が作用して発達
していきます。子どもの性的問題行動のアセスメントと治療には生物学
的要因と心理学的要因の理解が必要です。それらは子どもの性的発達、
性役割、性的興奮のパタン、セクシュアリティに関わる認知や信念、そ
して性的行動と攻撃的な行動の統合を決定していくものです（American
Academy of Child and Adolescent Psychiatry, 1999）。家族に焦点化した介
入法と子どもの性的問題行動に特化した介入法に関する包括的な視点
（本書第 4、5、6 章参照）は、フリードリヒらによる豊富な研究成果に
よってかなりの部分が形作られています。これらの原理や戦略を応用す

るには、子どもの発達、児童心理学、親子のアタッチメント、家族理論と家族セラピー、プレイセラピーの理論と実践に関する構成概念について十分に理解している必要があります。フリードリヒは次のように述べています（Friedrich, 2007）。

性的問題行動を抱える子どもの理解をするためには、これまでにない新たな視点が必要です。最も重要となるのはセラピーで扱うアタッチメントと関係性に関することがらでしょう。性的虐待を受けた子どもたちはトラウマを抱えているため、いやおうなく彼らの被虐待体験を意識させられます。そしてその被虐待体験に焦点を当て、情動や認知に影響することがらを修正するよう仕向けられるのです。ただ、適応に最も大きな影響を及ぼすにもかかわらず、アタッチメントや家族関係の力動はしばしば見過ごされてしまいます（p. 4）。

　性的問題行動が表面化している子どもとその家族を援助することは十分に可能ですし、楽観視して取り組んでいけることだと思われます。それには多くの理由があります。まず、性的な問題行動を持っていることと彼らが将来的に加害行為を行うこととの単純な因果関係を示唆するデータはないということ。また、今日までのさまざまな治療的取り組みの報告は効果が期待できるものですし、継続的な予防のための指針や、種々の反応を引き起こす困難な問題に対する介入法も提唱されているからです。

第2章

子どもの正常なセクシュアリティと
性的問題行動の識別

30歳の母親サラは非常に取り乱した様子の留守電メッセージを残していました。

「娘に何かあったんじゃないかととても心配なんです。ある日突然でした。あの子が父親におやすみのキスをしたとき、舌を入れてちょうだいって言ったんです！　あの子に一体何があったのか、本当に恐ろしくて仕方ないんです！」

5人の子どもがいる40歳の父親スティーブは心配して次のような留守電メッセージを残していました。

「昨夜はとても静かだったんです。それで、子どもたちはどうしているかなと思って見に行ったら、なんと彼らはベッドに裸で一緒にいたんです。しかも1人は勃起していたのです。一体何が起きたのか分からないんです。どうかご連絡ください」

66歳の祖父ダンテも似たような悩みを抱えていました。

「この子は誰かが見ていようといまいと、いつもいつも股間を触っているんです。この変な行動をやめさせるために、この子をセラピーに連れて行こうと思っているんです」

また別の保護者は電話でこう言っていました。

「うちの子は他の子に自分のあそこを見せていたので、幼稚園を1週間通園停止になってしまったんです！　私はもうパニックです。早くあの子を助けてやってほしいんです！」

これらは、自分の子どもの行動が問題だと心配し、そのことを相談しようとメンタルヘルスの専門家に連絡した親が示す典型的な例です。上に挙げたものの中には心配する必要のあるものもあればないものもあります。子どもの性的な行動が正常であるのか、あるいは支援の必要性があるかもしれないという疑いを持つべきサインなのかを判断するには、

第２章◆子どもの正常なセクシュアリティと性的問題行動の識別

多くの要因を検討しなければなりません。正常な性の発達と正常とはいえないものに関するさまざまな出版物が多くのメディアから発表されているにもかかわらず、保護者は自分の子どもが性的な行動を示した場面に直面すると、非常に困惑したり参ってしまったりするようです。メンタルヘルスの専門家でも、普段あまり目にしないような行為と思われる性的な行動に対しては同じように困惑するでしょうし、そうなると性的な行動に関連する本当の問題といえる多くの要因を考慮した適切な対応ができないかもしれません。この問題に関する研究や論文を入手することは難しいと思うかもしれませんが、論文は入手可能ですし、それによって指針と安心を得ることができるでしょう。

　問題となる性的行動を示す子どもは何よりも最初に注目すべき子どもといえます（Silovsky, Swisher, Widdifield, & Burris, 2012）。彼らにも探索したいという自然な気持ちがあり、発達課題を達成するためにさまざまな限界を試す経験を必要としているのです。他の子どもたちと同じように、彼らも保護者や身の回りの環境から何がOKで何がOKでないのかを学んでいきます。生活の中で何か混乱するようなことが起きたなら、それを行動や遊びの中で表現するでしょう。何か興味深いことや楽しいことが見つかれば、その喜びを何度も感じようとして同じ行為を繰り返すでしょう。けれども、出来事や状況、あるいは周囲の人々が彼らにとって恐ろしいと感じられたり、対処することが難しいと認識されたりすると、彼らは自己調節ができずに、保護者が驚いて困惑してしまうような奇抜な行動をとってしまうのです。

　保護者との基本的な関係（アタッチメントのつながり）が損なわれている場合、その子は常に苦痛を感じています。そしてその苦痛を大人の注意を引くような方法で表現するでしょう。基本的なニーズ、言い換えるとアタッチメントの修復は、ひとたび問題行動が適切な行動に取って代わってしまえばよく見過ごされてしまいます。しかし潜在しているその苦痛は、いずれ健全な発達を阻害する別の形で表れてくるでしょう。

　子どもの正常な性的関心と行動の形態は発達と文化によって変わりま

す（Friedrich et al., 2001）。フリードリヒが述べているように、子どもの
セクシュアリティは発達に応じて形成されていくものですが、発達と同
じくらい家族や社会的文脈によってできあがるものでもあるのです
（Friedrich, 2007）。

　　　ある1つの行動が適切かどうか単純に答えることはできません。
　　なぜなら、疑問に感じるその行動は、子どもの心の中で十分に言
　　語化されて生じたものではないでしょうし、その子の成育歴、そ
　　のときの気持ち、状況、社会的環境、行動レパートリー、大人の
　　反応の組み合わせによって生じてくるものだからです（p. 9）。

　つまり、性的問題行動を起こす可能性のある子どものアセスメントに
おいて必ず考慮しなければならないことは、正常な性的発達の文脈での
問題行動、文化の影響による問題行動、環境要因による問題行動の理解
なのです（Friedrich et al., 2001）。

正常な性的行動

　ギルが述べているように、子どものセクシュアリティについては確実
に次の2つのことがいえます（Gil, 1993）。(1) 性的な好奇心、興味、実
験、行為は時間の経過と共に進行する。(2) 性的発達は多くの要因に影
響を受ける（p. 21）。正常な性的遊びは、基本的に自主的に行われ、楽
しさや喜び、笑い、恥ずかしさ、さまざまなレベルでの抑制や脱抑制が
伴うものです（Araji, 1997）。あらゆる領域の発達がそうであるように、
性的発達も生まれてから始まり、段階や種々の局面を通じて進行してい
きます。この段階は性的行動と性的知識の獲得の両方において見られる
ものです（Friedrich et al., 1998; Friedrich, 2007）。どのような子であろう
とも、性的行動と性的知識は、年齢、その子が観察したもの、その子が
（セクシュアリティや性的行動に関する文化的・宗教的な信念を含み）直接

教わったことに影響されます（Friedrich et al., 1998; Friedrich, 2007）。さらに、今日の子どもたちはマスメディアという強力な環境によって多くのことを学びます。この点については第3章で詳しく述べます。

これまでフリードリヒは、正常な性的行動と問題となる性的行動の区別に関して取り組み、このテーマに多大な貢献をしています。第1章で述べたように、フリードリヒらはCSBIを活用して正常な子どもの性的行動の基準を確立しました（Friedrich, Grambsch, Broughton, Kuiper, & Beilke, 1991; Friedrich et al., 1998, 2001）。その研究では、全ての子どもが性的な行動を示していることが明らかになりました。つまり、セクシュアリティは思春期になって突然生じるものというこれまでの神話を覆したのです。CSBIは正常な性的行動の基準を確立するためだけに開発されたわけではなく、性的虐待が疑われる子どもの評価を行う目的もありました。この研究は性的被虐待歴のない子どもを含む大規模サンプルによるものですが、そのデータによると最も頻繁に見られる性的行動は、自己刺激、露出、そして個人的なバウンダリーに関わる行動でした。より"侵入的な"行動（撫でる、口腔性交、肛門性交、性器性交）は明らかに稀な行為でした（Friedrich et al., 1998; Grant & Lundeberg, 2009 も参照のこと）。

フリードリヒらはこの20年間の子どもの性的行動に関する最も包括的な研究を目指してCSBIの開発を行いました。CSBI（Friedrich, 1997）は38項目からなる評価方法で、保護者に対して、過去6ヶ月間子どもに見られた性的行動の頻度を、4件法（0：全くない、1：月に1回未満、2：月に1回から3回程度、3：1週間に1回かそれ以上）で回答を求めるものです。2歳から12歳までの子どもを対象として、保護者によって評価ができるように設定されており、保護者が観察した性的行動を幅広く把握することができます。CSBIが測定する領域は、バウンダリーの問題、露出、性役割行動、自己刺激、性的不安、性的関心、性的強要、性的知識、のぞき行為です（Grant & Lundeberg, 2009）。保護者にとって、セクシュアリティや性的行動の話題はさまざまな感情が生じるものであ

り、保護者が評価する測定法には明らかな限界があります。それでも
CSBIによって得られたデータは、子どもと家族にとって最も適切な治
療のあり方を判断する際にはたいへん有益なものといえます。治療期間
中、定期的にCSBIを実施することで進歩を把握するのにも役立ちます。

　フリードリヒらは、発達に伴って生じる性的行動と性的虐待を受けて
いる子どもによく見られる性的行動とを区別するための指針を示してい
ます（Friedrich et al., 1998）。2歳から5歳の子どもの標準データによる
と、一般的にこの年齢の男の子は他者と非常に近い距離に立ちますし、
自分の性器を人前でも触ることがあります。母親や女性の胸を触ったり
触ろうとしたりしますし、家では自分の性器を触ります。また、裸の人
や服を脱いでいる人を見ようとします。6歳から9歳の標準データでは、
この年齢の男の子や女の子は、家で自分の性器を触ることがありますし、
裸の人や服を脱いでいる人を見ようとすることがあります。10歳から
12歳の標準データでは、この年齢の男の子や女の子のほとんどがこの
時期、異性に強い関心を持つようになります。

　フリードリヒらの2歳から12歳まで1114名を対象とした調査（彼ら
は性的虐待がないことが確認されています）では、性的行動は子どもの年
齢、母親の教育、家族のセクシュアリティ、家族の抱えるストレス、家
族内の暴力、保育所にいる週あたりの時間と関連することが分かりまし
た（Friedrich et al., 1998）。また、この年齢層の性的行動の相対頻度は、
2つの先行研究で報告されたものと同様でした（Kendall-Tackett, Wil-
liams, & Finkelhor, 1993; Friedrich, Grambsch, Broughton, Kuiper, & Bielke,
1991）。

　この研究によるその他の結果には次のようなものがあります。2歳児
は（10歳から12歳の子どもと比べると）比較的性的で、5歳までますま
す性的になっていきます。性的な行動が減少するのは9歳以降に見られ
ます。しかし、11歳になると女の子の性的な行動の発現がわずかに上
昇します（この年齢層の子たちは異性への関心が高まるためだと思われま
す）。12歳になると男の子も同様に性的行動の上昇が見られますが、先

第2章◆子どもの正常なセクシュアリティと性的問題行動の識別

にも述べたように、これはこの時期に異性への関心が高まることによる
ものです。

　ケロッグと子どもの虐待とネグレクト委員会は、問題となる性的行動
が家族の暴力そして生活上のストレスと密接な関連がある点について、
フリードリヒら（Friedrich et al., 1991, 1998）と意見が一致しています
（Kellogg & Committee on Child Abuse and Neglect, 2009）。彼らは次のよ
うに述べています。

　　この両方が子どもの問題行動に関連することが示されています
　　し、ある程度は性的問題行動にも関連しているでしょう。おそら
　　く同じ関連性だと思われます。生活上のストレスは一貫性のない
　　養育を反映したものですし、その結果として子どもはさまざまな
　　形で行動化するのでしょう。家族の暴力は、発達上正常なものか
　　ら虐待的で暴力的なものまで特徴づけられるバウンダリーの問題
　　や、侵入的な行動につながるモデルとなります。初期の研究では
　　性的虐待と子どもの性的問題行動との強い相関が示唆されていま
　　すが、近年の研究ではこの見方を拡大し、付加的なストレッサー
　　の数の認知、家族の性格、環境要因などが侵入的で頻繁な性的行
　　動に関連していることが示されています。治療者はまず最初に、
　　年齢相応で正常な性的行動を発達的に見て不適切で虐待的なもの
　　から区別しなければならないのです（p. 992）。

特定の正常な性的行動

　幼児や就学前の子ども（4歳以下）は、当然ですが抑制の効かない行
動をとったり露出したりしますし、体や体の働きについてためらうこと
なく興味を示します（Hagan, Shaw, & Duncan, 2008; American Academy of
Pediatrics, 2005）。ギルが述べているように「この年齢層の子どもたちが
体の特定の部分を触ったりつついたり、擦ったり、あるいは他の方法で
刺激すると気持ち良い感覚が生じるのを‘発見する’ことは普通のこと

です。気持ちの良い感覚が生じれば子どもはそれを繰り返そうとします。幼ければ幼いほど偶然発見したその行為を繰り返すのです」(Gil, 1993, p. 22)。具体的に挙げると、就学前の年齢の子どもに共通で典型的な性的行動には、性器を擦る、(人前でもプライベートでも)性器を触ったり探ったりする、他の人に性器を見せる、母親や女性の胸を触ろうとする、裸になりたがり服を脱ぐ、(他者の裸や服を脱ごうとするところを見ようとした)のぞき行為、体や体の働きについて質問をする、同年齢の子どもに対し体の働きについて話をする、などがあります (Hagan et al., 2008)。

アメリカ小児科学会によると、(およそ4歳から6歳の)幼い子どもに共通して見られる年齢相応の性的行動には、マスターベーション、(時折人前でも)目的意識を持って性器を触る、のぞき行為、大人の性的な行動のまね(例:キス、デートでの儀式、手をつなぐ)、性器について話をする、同年齢の子と性器を調べる(例:"お医者さん"ごっこなど)などがあります (American Academy of Pediatrics, 2005)。

学童期(およそ7歳から12歳)の子どもに共通して見られる年齢相応の性的行為については、アメリカ小児科学会は次のものを挙げています。(多くはプライベートで行う)マスターベーション、同年齢の子と性的な行動に関連するゲームをして遊ぶ(例:"彼氏彼女ゲーム(boyfriend/girl-friend)"や"真実か挑戦かゲーム(truth or dare)")、のぞき行為、裸の写真や半裸の写真を見る、(テレビ、映画、ゲーム、インターネット、音楽など)さまざまな媒体で性的なコンテンツを見たり聞いたりする、大人に性的な悩みを話すことを次第にためらうようになったり隠したりする、ますます異性を性的に惹きつけようとする (American Academy of Pediatrics, 2005)。学童期の子どもは社会や家庭のルールを自覚するようになるため、7歳以前の頃よりも控えめで秘密にすることを好むようになります。マスターベーションや性的な遊びが長く続くことはありませんが、彼らはこういった行動を大人に気付かれないように隠れて行う傾向があります。彼らはだんだんとメディアの中にある性的な内容に興味を持ち始め、それらを探すようになります。自分が知ったことを仲間同士

第2章◆子どもの正常なセクシュアリティと性的問題行動の識別

で共有しますし、セックスに関する冗談を言うことはこの年齢の子ども
たちには普通のことです。（遅くとも）この年齢になれば、彼らには正
確な情報を与え、質問を聞いてやる時間や探求させる時間、そしてセク
シュアリティや性的な行動に対して自分自身や家族、そして文化が示し
ている態度について検討する時間をとるようにすべきです。性の心理の
発達がこの段階にある子どもたちにとって、家族、友人関係やその他の
関係こそが健全なセクシュアリティの根本的要素なのです（American
Academy of Pediatrics, 2005）。

　通常、子どもの"典型的な"性的遊びや探索は、いつも一緒に遊んで
いる子たちの間でなされます。つまりお互いのことをよく知っている関
係です。彼らはだいたい同年齢で体格も同じくらいです。自然発生的で
無計画になされ、それほど頻繁ではなく、また、自発的に行われます
（つまり不快に感じたり戸惑ったりしている子どもはいません）。そして親が
プライバシーのルールを教え、やめるよう言うと、すぐに別の遊びに移
ることができます（Gil, 1993; Friedrich, 2007; Hagan et al., 2008）。ギルは
典型的な性的遊びと特殊なものとの違いを次のように述べています
（Gil, 1993）。

　　通常、幼い子どもたちに見られる年齢相応の探索的な性的遊び
　の力動には、自発性、喜び、笑い、うしろめたさ、時折生じる抑
　制や脱抑制があります。一方、問題となる性的行動では、支配関
　係、強制、脅威、強要が存在します。その子たちは動揺していて
　不安で、恐怖や強烈さを感じているように見えるでしょう。また、
　非常に強く性的に興奮しているため、その性的活動は常習的なも
　のとなるでしょう。あたかも、他の活動ではそれと同じくらいの
　楽しさや興奮、心地よさや安心感は得られないかのようで、それ
　が子どもたちの生活の中心となっています。この行動は親がやめ
　させようとしたり他のことをさせようとしたりしても意に介しま
　せん。（p. 32）

治療者が疑問に感じるような性的な行動を子どもが行っているようであれば、以下の基準に照らして考えてみることが望まれます。(1) 子どもたちの年齢差、(2) 体格の違い、(3) 立場の違い（年の離れていないきょうだい間のような比較的同等なものか、"強いいじめっ子対小さないじめられっ子" の関係に見られるような不均衡なものか）、(4) その他の力動（例：その行動に至るまでの要因、行動に対するそれぞれの子どもの寄与、相互作用の印象）。

　シーロフスキーとボナーは、この限られた研究分野における第一線の専門家らの見解をまとめて（上に述べたことと重なる部分もありますが）次のように述べています（Silovsky & Bonner, 2004）。正常な性的遊びと性的問題行動とを区別していかねばなりません。正常な性的遊びとは通常、探索的で自発的で、お互いの了解のもとに行われ、同等の体格、年齢、発達段階にある子たちで行われるものです。強い性的興奮は伴わないでしょうし、怒りや不安もないはずです。保護者に指摘されると止めたり、あるいはあまりしなくなったりします。大人がしっかりと監督することでコントロールができるものなのです。一方、性的な相互作用が問題となるのは、保護者の適切な指摘にもかかわらず、その行動が繰り返されたり頻繁に行われたり、あるいはそればかりやっているせいで他の活動ができなくなっていたりするような場合です。また、年齢や体格、発達段階が異なる子どもの間で生じたり、攻撃的で強制され、適切な指示をしてもやめたり少なくしたりできないものです。そのため、その子や他の子にとって有害なものとなります。言い換えると、その行動は正常な好奇心を反映した遊びではなくなってしまっており、どちらかの子ども、あるいはどちらの子どもにも不安や混乱、あるいは脅威を感じさせる性質を帯びているのです。

問題となる性的行動

　性的問題行動を抱える子どもを識別し、理解し、対応することは研究

と実践のどちらにおいても新しい課題です。過去20年間に報告された
厳密なデータを見ると、この問題を抱える子どもに関する初期の仮説は
すでに疑わしいものとなっているようです（Silovsky & Bonner, 2003a）。
第1章ですでに子どもの性的問題行動の定義を示しました。また、シー
ロフスキーとボナーは性的問題行動を抱える子どもを次のように定義し
ています（Silovsky & Bonner, 2003a）。「発達的に見て不適切あるいは攻
撃的な性的行動を示す12歳以下の子ども。これには、過剰なマスター
ベーションといった自己強制的な性的行動や、他児への強制や強要の場
合もありうるし、他児に対する攻撃的な性的行動もある」(p. 1)。彼ら
は性的な行動が問題となるものかどうか判断する際の6つの要素を提唱
しています。(1) 高い頻度で見られる、(2) その子どもの社会的、認知
的発達を阻害している、(3) 強制、脅し、強要して行われている、(4)
情緒的な不快感につながっている、(5) 明らかに異なる年齢の子ども間、
または発達上の能力が異なる子ども間で行われている、(6) 保護者が介
入した場合、その後は秘密裏に繰り返されている。フリードリヒも述べ
ていますが、この定義は優れた出発点にはなるものの、それでも適用に
はその子どもの生活に関わる大人の視点が重要です（Friedrich, 2007）。
たとえ同年齢の子ども同士であっても、有害な性的問題行動になること
もあると知っておくことが重要です。つまり年齢や発達の差という1つ
の基準を当てにするだけでは不十分なのです。

用語とアセスメントの問題

　“性的問題行動”という用語は、性的な特徴を過剰に示している行動
（例えば頻繁なマスターベーションや人前でのマスターベーションなど）から、
侵入的、攻撃的で他者に害を与えるような行動に至るものまで存在する、
子どもの問題行動のスペクトラム（連続体）を指します。後半の特徴の
うち最初の2つをきちんと定義づけておくことが必要でしょう。“侵入
的”な性的な行動とは、動物、他の子や大人など他者を巻き込んだ行動
のことです。“攻撃的”な性的な行動とは、(1) 制限されてもやり続け

る、（2）他の子と性的な接触をするための方法を計画する、（3）他の子にセックスを強制する、（4）相手の子どもの女性器や肛門に指を入れるなど身体的な貫通行為があるものをいいます（Friedrich, 2007）。子どもの性的問題行動の特徴を明確にするには、最初に慎重なアセスメントを行わなければなりません。アセスメントは本書の第4章で詳しく取り上げています。

　性的問題行動の可能性を見極めるために子どもがメンタルヘルスの専門家に紹介された場合、臨床の場でまず行うべきこととしてシーロフスキーらが強調していることは、性的行動の種類、頻度、期間、深刻度、問題歴に関する情報を収集する包括的なアセスメントを実施することです（Silovsky et al., 2012）。さらに、その問題がこれまでどのように扱われてきたか、そして大人の介入に対してその子はどのような反応を示したかを把握することが重要です。性的問題行動に対する社会的・文化的な文脈もまた関係してきます。シーロフスキーらは広範囲に及ぶ研究のレビューを行い、治療者が調べておく必要のある、多くの場合に共通して同時発生的に生じる臨床上のいくつかの問題について論じています（Silovsky et al., 2012, p. 404）。（1）トラウマ体験のある子どものトラウマ関連症状、（2）種々の内在化症状、（3）（ADHDや反抗挑発症の症状としての）破壊的行動症状、（4）ソーシャルスキルの欠如、（5）学習の問題。最後に、親は子どものどのような性的行動であれ、それを問題だとみなしたり、あるいは心配すべき原因があると考えてしまったりすることがあるでしょう。特に、多くの親はその子が性的虐待を受けているからこういうことをするのではないだろうか（そして大きくなったら虐待者になるのではないだろうか）という恐怖を感じます。そのような恐怖は非常に強く重大な影響力を持っているため、その感情は子どもに伝わるものです。虐待反応性の行動については次に述べます。

反応性の性的行動あるいは虐待反応性の行動

　フリードリヒらの研究とCSBIのデータによると、性的虐待を受けた

第2章◆子どもの正常なセクシュアリティと性的問題行動の識別

子どもはそうでない子どもよりも、自分の性器や肛門の開口部にものを挿入する傾向があります（Friedrich et al., 1991; Friedrich, 2007）。けれども、それは虐待を受けていない子どもがそのような行動を決してとらないということではありません。この行動だけを他から分離して解釈することはできませんし、保護者も子どもが詳細な発達のアセスメントを受ける前に、虐待を受けたに違いないと結論付ける（あるいは虐待を受けたのかと子どもに尋ねる）べきではありません。ギルが述べているように、「過剰に性的な刺激を受けた子どものほとんどは、その経験を合理的に自分の中に統合することができません。そのため、その子の関心は増大していき、駆り立てられるように頻繁に、そして年齢不相応な知識による性的行動という形でその混乱を行動化しうるのです」（Gil, 1993, p. 45）。

　ギルが念を押していることですが、自分の性器を過剰に触る子どもの中には、医学的な問題を抱えている場合があるでしょう。さらに、汚れた指でマスターベーションをする子どもは意図せず尿路感染症にかかることもときどきあります。そのため痛みを和らげようと触ったりもじもじしたりすることもあるのです（Gil, 1993）。

　チャフィンらとフリードリヒが類似のことを指摘していますが、性的問題行動で医療機関に紹介される子どもは、性的被虐待歴のある子どもの割合の方が性的被虐待歴のない子どもの割合よりも高いといいます（Chaffin et al., 2006; Friedrich, 2007）。性的虐待を受けた就学前の子どもは特に危険性が高く、彼らの約3分の1が性的問題行動を示します。学童期の子どもになるとこの発生率は下がり、性的虐待を受けた子どものうち性的問題行動を示すのは約6％です（Kendall-Tackett, Williams, & Finkelhor, 1993）。

　性的虐待を受けた子どもはさまざまな要因から性的に行動化しますが、たいていは性的虐待に適応しようとした結果です。より積極的に加害者の役割をとろうとしたり、反対に受け身的に犠牲者の役割をとったりすることもあります。けれども、この行動は、ある侵入的な思考や耐えき

れない何らかの感覚が引き金となって、子どもが自覚して意識的にやることもあるのです。なぜ犠牲となった子どものうち一部だけが他者を虐待するようになり、多くの子どもはそうならないのかという疑問は今後の研究の重要な課題です。ギルはさらに続けて次のように述べています（Gil, 1993）。

> 性的に反応している子どもはよく、深刻な恥、強い罪悪感、広範囲にわたる不安を感じています。たいていの場合、虐待を受けた子どもの性的行動は自分の体に限られています。つまり、マスターベーション、露出、自分でものを挿入するなどです。もしも彼らが他の子どもを巻き込んで性的行動を行っているならば、ほとんどの場合年齢差は大きくないでしょうし、通常、他の子に無理矢理性的な行為をさせることはありません（p. 45）。

性的攻撃性とその他の深刻な行動上の問題

　第1章で、チャフィンらの見解を取り上げ、「最も深刻な性的問題行動とは、年齢または発達上の差が大きい、大きく進展した性的行動、攻撃的で強制や強要がある、有害またはその可能性のあるもの」（Chaffin et al., 2006, pp. 3-4）と示しました。フリードリヒも提言していることですが、この領域で活動する全ての人が、性的問題行動を抱える子どもと、青年や大人の性加害者との間にある極めて大きな発達上の差異を十分に理解しておく必要があります（Friedrich, 2007）。つまり治療や種々の介入は、子どもの発達の違いを理解した上で、それらを踏まえて行わなければなりません。

　現在の児童福祉のシステムでは、里親家庭での性的問題行動を抱える子どもの対応が大きな課題となっています（Farmer & Pollock, 1998）。リスクの高い子どもがある里親家庭に措置され、その家庭でその子が他の子と性的な接触をしてしまった場合、その里親措置は取り消しとなるでしょう。そうなってしまった子どもは、たいてい他に誰も子どもがい

ない状況へ移動させられることになります。

　　性的な関心が非常に高まっている里子に対しては、入所施設への措置を希望したり、男性の里親がその子に性的虐待をしているとみなされ訴えられないよう、女性の里親に措置されることを要望したりする里親がいます。そのような要望を叶えてしまうと、もともとは一緒の所へ措置され生活していたきょうだいが離れ離れになり、きょうだい間の交流が失われてしまう可能性が生じます。また、その選択がなされれば、彼らが養子縁組みされる可能性すらも減ってしまうのです（Friedrich, 2007, p. 11）。

　ただ、そういった深刻な問題が起こるのはごく少数のケースです。最近のデータ（主にフリードリヒらの研究によるもの）は、親だけでなく、この問題に関わることになる専門家や、性的問題行動の背景には性的虐待があると考えている専門家にも良い情報となるでしょう。研究では、性的虐待の可能性がまずないと思われる子どもたちに性的な行動が広く見られると結論しています（Friedrich et al., 1991, 1998; Friedrich, 2007）。繰り返しますが、徹底した適切な発達のアセスメントが、個々の子どもが示す問題行動の原因を決定していく上で最良の方法なのです。

　第1章でも強調したように、性的問題行動を抱える子どもは実に多様です。そして今のところそのような子どもの決まった"特性"はありません。つまり、性的問題行動を抱える子どもとそれ以外の子どもたちとを区別することのできる人口統計学上、心理学上、そして社会的要因の決まった特徴はないのです（Chaffin et al., 2002）。問題発生に寄与する要因としては個人的要因や遺伝的要因の他、不適切な養育、強要的あるいは放置的な子育て、露骨に性的な表現がなされたメディアへの曝露、非常に性的な環境にある中での生活、家族間暴力への曝露があります（Chaffin et al., 2006; Friedrich et al., 2001; Langstrom, Grann, & Lichtenstein, 2002; Merrick, Litrownik, Everson, & Cox, 2008）。「性的問題行動（中略）

は医療的・心理学的症候群や具体的な診断可能の障害を表すものではありません」(Chaffin et al., 2006, p. 3)。むしろ、社会が受け入れられない行動だと考えることで他者にとって有害なものとなり、それによって機能の障害を引き起こしうるといえます。

まとめ

　正常な性的行動と問題となる性的行動は一体何から生じるのかという関心はますます高まっており、現在でも検討され続けている課題です。それゆえ、メンタルヘルスの専門家は、個々の子どもの具体的な性的行動のタイプや一貫性、限界設定に対する子どもの反応性、他の子ども（や動物）に向かうリスク要因を明確にするための目的的で包括的なアセスメントを行うことが重要です。そうするとそれぞれの性的問題行動は、さまざまな理由で子どもたちの中に生じている困難の連続として捉えることができるでしょう。現在、この行動の本質や可能性のある原因を明らかにしようと多くの研究が行われています。その子の行動は保護者を指導することで対処できる問題であるのか、それとも子どもと家族がメンタルヘルスの専門家と共に性的問題行動の減少を目指した取り組みを行うべきなのか判断することが重要になってきます。必要かつ有効な治療的介入法は、十分なアセスメントによって明確になるでしょう。この点は第5章と第6章で述べます。

第3章

子どもの性愛化を取り巻く状況

10歳の男の子マイケルは、問題のある性的な言葉を何度も口にしながら性的な感じのする動きをよくしていました。そして（つい最近の出来事ですが）校庭で女子児童に自分のペニスを触ってほしいと言い寄ったことで登校停止になったのち、アセスメントを受けるため紹介されてやって来ました。マイケルはまた、その女子児童に対して、もしこのことを誰かに言ったらきみが僕に言い寄って来て僕のペニスを触らせてほしいとお願いしてきたと言いふらす、とも告げていました。しかしその女子児童は彼の要求を受け入れず、数週間後に両親にこのことを話しました。するとその後マイケルは彼女を校庭でいじめるようになりました。

　マイケルは2つの仕事をかけもちするシングルマザーの一人っ子でした。彼は、平日は毎日3時間放課後デイケアに行っており、週末は隔週で父親の所で過ごしていました。マイケルが使う電子機器やメディアに関するルールや制限について、両親で話し合うことはほとんどありませんでしたが、マイケルは最近インターネットにアクセスすることもできる携帯電話を父親からもらっていました。もし父親に電話をする必要があったり、連絡したくなったりしたらすぐ電話をかけられるようにとのことからでした。マイケルの母親は10歳の子どもに携帯電話を持たせることには反対しましたがダメでした。また、その携帯電話は父親名義のものだったため、母親がマイケルの通話、テキストメッセージ、インターネットの履歴をモニターすることはできませんでした。家のパソコンの使用については"保護者による制限"の設定をしていたといいます。母親とのインテイク（初回）面接で、彼女は自分がパソコンやインターネットの安全管理に関する知識があまりなく、マイケルが見ていたサイトをどうやって調べるのか知らないのだと話しました。父親とのインテイク面接では、父親は保護者による制限を設定していないと話していましたが、「それは自分の息子を信じていますから。それに、もしもっと知りたいことが出てきたら自分に話してくれるはずですよ」そして「男の子というものはパソコンがどうであろうとセックスについては何かしら見つけて学ぶものですよ……ポルノはインターネットがやってくるは

第３章◆子どもの性愛化を取り巻く状況

るか昔から周りにあったのだし」と言っていました。

インテイク面接でマイケルは、次のようなやり方で性的なコンテンツや画像を閲覧していたことを話してくれました。放課後デイケアに来ているある５年生の少年がアダルトサイトから印刷した画像を持ってやって来ては、マイケルと他に２人の子にもそれをあげていました。その画像は口腔性交やボンデージ（“女性が犬の首輪をしてベッドにつながれているもの”）、そして２人の男性が“お互いに肛門性交をしている”ものでした。マイケルはそれ以降家の父親のパソコンで次のキーワードを入力してみました。“口の中にペニス”、“少女の縛りつけ”、“男同士のセックス。”マイケルはアセスメントに来る前の３ヶ月間、隔週末必ず父親のパソコンで同様の検索をし続けていました。その後、最初にアダルト画像をくれたその少年に彼からも画像をあげました。次第に彼らは放課後に“画像を渡し合う”仲になっていました（放課後デイケアの子どもと職員の割合は25人の子どもに対して職員１人でした）。

マイケルは母親のパソコンでも同様のサイトにアクセスする方法を見つけたことを話してくれました。「お母さんは絶対にチェックしないんだ」とも話していました。家のパソコンには保護者の制限の設定がしてあったのではないかと尋ねたところ、彼は「うん、そうだったよ。パスワードを入れてリセットしたんで、お母さんの方が入れなくなってるんだ」と答えました。どのくらいの頻度でセックスの画像を見ていたのか尋ねると、マイケルは「見たいときにいつでも。僕はインターネットができる携帯電話を誕生日にもらったからね」と言い、どのようなときにそういった画像のことを考えるのか尋ねると、「退屈なとき」と答えました。自分の見ている画像のことを父親に話しているのか尋ねると、マイケルは「してないよ、だってそんなこと恥ずかしすぎるよ。それに携帯電話とパソコンを取り上げられちゃうかもしれないからね」と言いました。

７歳の女の子ギャビーはある事件を起こし、両親に連れられてセラ

ピーにやって来ました。ギャビーは同い年の男の子を自分の部屋に誘い入れ、パンツを下してベッドにその男の子と座っているところを発見されたのでした。男の子はギャビーの母親に、自分は"男子女子ゲーム（girl-boy game）"なんてしたくないし、家に帰りたいと言ってきたそうです。ギャビーの母親は、家に帰りたいと訴えたときの男の子はずいぶん動揺していたようであったし、それ以後はギャビーと遊びたがらなくなったと話しました。その事件以外にも、ギャビーの性的な感じのある行動がいくつも報告されました。

　ギャビーは6人きょうだいの末っ子でした（家族には10代の子どもが4人います）。虐待やネグレクトはありませんでした。彼女の年齢を考えると、事件がそれ1つだけでどちらの子にも苦痛が生じていないのであれば、私はおそらく家族療法を行うのではなく、保護者への簡単な指導をすることにしたでしょう。けれども保護者のインテイク面接の内容と、同年代の女子よりもはるかに高かったギャビーのCSBI得点（Friedrich, 1997）を踏まえて、私（Shaw）は短期間の定期的な親子のセラピーセッションを勧めることにしました。

　ギャビーの両親は、彼女が異性に対し過剰な興味を持っていることや、他の友達と比べてセックスに関する知識をあまりにも多く持っていることを心配していました。両親は、ギャビーが大きくなったらそういうこともあるだろうとは思っていたそうです。けれども、ギャビーがこの歳で彼氏を作ろうとしたり、"彼氏の数"の多さを自慢したり、きょうだいや父親の唇にキスをしようとしてくるなどの行為はまだ早すぎるのではないかと心配していました。ギャビーは"テレビでしているような"キスをしたいのだと言い、口を開いたままキスをしようとしていました。両親は彼女の年齢には不適切なテレビ番組を見せないようにすることは難しいといいます。ギャビーは寝ているだろうと思っていたら、深夜のアダルト番組を観ていたということが何度かありました。彼女は「アニメは幼稚だ」と反発するそうですし、母親は彼女と行く買い物が力と力のぶつかり合いのようになりつつあることも気になっていました。とい

うのも、ギャビーはとにかく "セクシーな服" を欲しがり、母親が自分を子ども扱いしすぎていると責めるのです。インテイクでは両親がギャビーの行動について異なる捉え方をしていることも徐々に明らかになっていきました。例えば、母親が洋服の買い物のたいへんさについて話をしていると、父親は「全く女の子なんだな」と笑いながら言いました。母親が「分かるでしょう……この人があの子を増長させているんです」と言うと、父親は防衛的になってこの話題から離れようとしました。

　ギャビーは最初のアセスメントのセッションに、タイトフィットのTシャツと、後ろに "プリンセス" と刺しゅうの入っているとても短いショートパンツを着てやってきました。彼女は待合室を意気揚々と歩いていました。あたかも待合室にいた他の10代男子の注目を引こうとしているかのようでした。

　ギャビーの遊びのテーマは全体を通じてほとんどが恋愛関係でしたし、思春期の子たちがしたがるような活動（ゲーム）ばかりしていました。彼女の話すことは自分のクラスの男子のことと、あまり好きではない女子のことでした。ギャビーはその女子たちが "私の彼氏のことで嫉妬している" から嫌いなのだと話しました。ギャビーが家でやっていることはファッションと化粧と "髪のセット" が中心でした。両親に8歳になるまで "リップグロス" を塗るのは我慢しなさいと言われていたため、彼女は8歳になるのが待ち遠しいと言っていました。好きなテレビ番組について尋ねるとギャビーは、登場人物が全員10代の子のディズニーチャンネルの番組だと説明してくれました。

　この子に関する喫緊の課題として考えられたものは、両親の食い違う考え方と、管理されていないテレビ視聴（テレビは彼女の部屋にありました）、その他刺激となる環境（特に彼女の10代のきょうだいから受けるもの）でした。私の役割は、なぜセクシュアリティに対してこれほどまでに過剰に注目してしまうのか、そしてセックスに関する度を越した関心を調整するためにどのような援助ができるのかを明確にすることでした。特に最近起きた他の子に対する行動化がポイントとなると思われました。

＊　　　＊　　　＊

　露骨に性的な表現がなされたメディアへの曝露など非常に性的な環境
にある中での生活は、小児期の性的問題行動の一因となりえます（Chaf-
fin et al., 2006; Friedrich et al., 2003）。親が発達的に適切といえるセク
シュアリティや性的活動の環境で子どもの世界を抱えることはますます
難しくなってきています。また、性的問題行動を示す子どもの家族を支
援しているメンタルヘルスの専門家がこのような外的要因を統制するこ
とは非常に困難なことです。

　性的問題行動を抱える子どもへの援助として最も重要な側面は、見守
りを行うために必要なことを検討する、つまり、安全性の問題です。ま
ず、保護者に対して教育という形で、その子どもがアクセスしている
種々のメディアを把握すること、そして、どの程度その子どもが性的な
環境で生活しているか早急に把握するよう伝えます。『セクシーなこと
はあっという間（So Sexy So Soon）』というレビンとキルボーン（Levin
& Kilbourne, 2008）の著書のタイトルにもあるように、問題は子どもが
セックスを知ってしまうことではありません。問題は、彼らが何を知っ
ているのか、その年齢でどのことを学んでいるのか、そして誰が彼らに
教えているのかなのです。「多くの子どもたちは抱えられ、守られた世
界で生活をしています。けれども、守られている子どもたちですらその
ほとんどが、過剰な刺激となりうる性的なものに曝され、混乱し、興奮
しています」（Lamb, 2006, p. 5）。

　テレビや映画そしてインターネットからのメッセージを、家庭の環境
がどの程度"阻止している"かが子どもの性の社会化において最も重要
です。現代の子どもたちの多くは、携帯用のマルチメディア機器で絶え
間なく流される検閲されていない情報を日常的に見聞きしています。こ
れらの機器にはすぐに使えるワイヤレス通信の機能が付いており、多く
の家庭で制限されることなく使われているのです。とても小さな子ども
ですら持っていることもあるでしょう。子どもたちは保護者の知らない

所で大量のメッセージと画像で溢れかえっている状況にいます。つまり、大人が子どもたちの見ているものをチェックしたり把握したりする機会や必要な制限の設定をする機会、そして子どもが受け取ったメッセージの複雑な意味を説明してやる機会がない状態なのです。

　セックスやセクシュアリティに関する管理・検閲のされていないメッセージは、就学前の子どもや学童期の子どもにとっては相当に圧倒される過剰な刺激です。過剰な刺激は子どもたちを混乱させます。また、保護者は自分の子どもを家庭の中では守ることができても、外で曝されているものまで把握することはますます難しくなっているようです。心配すべきことはもはや友達の家に設置されている機器とは限りません。友達のノートパソコン、携帯電話やその他ワイヤレスでアクセスができる機器で見ることのできる素材や画像や言葉なのです。レビンとキルボーンは次のように述べています（Levin & Kilbourne, 2008）。

　　今日では、人との関係性、セックスやセクシュアリティについて保護者が伝えたいと考えている価値観と、世の大衆文化が伝えているメッセージには深刻な隔たりがあります。保護者の多くが、徐々に増大していく近年の文化的メッセージと戦わねばならないと感じているようです。それらは幼い子どもたちのあらゆる生活場面に届けられるようになっているからです（p. 162）。

市場が子どもをターゲットに行っていること

　子どもたちは急速に展開する市場環境の中で成長していますが、その環境に彼らの考え方、知覚、好み、行動は影響されます。セックスやセクシュアリティの画像はそこここにありますし、多くの広告は明らかに性愛的で、音楽ビデオはほとんどが性的なテーマと性的に挑発的な歌詞で溢れています。アメリカの市場と広告業は、消費者に商品とサービスの販売をすることで経済を活性化させているわけですが、その中で幼い

子どもたちは新たな顧客ターゲットになっており、それゆえ市場戦略はよく練られて行われています。サンドラ・カルバートが指摘したように、市場は何十年もの間、子どもをターゲットにしていましたが、特に近年では子どもたちに注目する次の2つの動向があるといいます（Sandra Calvert, 2008）。(1) 子どもが自由に使えるお金と、彼らが保護者の購買に与える影響が次第に高まっている、(2) 子どもと子ども向け商品のためだけに利用可能なメディアの場が著しく増えてきている。レビンとキルボーンは、1970年代から今日までの子どもの市場に対する上昇傾向について詳細な歴史的経過をまとめています（Levin & Kilbourne, 2008）。

　メディアが行っているこれらの急速な転換や傾向、そして子どもの活用は、子どもの発達への影響をしっかりと理解した上でなされているわけではありません。幼い子どもは広告に隠された潜在的なメッセージを十分に識別することはできませんし、学童期の子どもやそれよりも年長の子どもであっても、番組の内容と商業広告の境界をあいまいにした近年の新たな市場戦略のねらいがいつも理解できるわけではありません。カルバートが述べているように、テレビはいまだ広告の主要な場として存在し続けていますが、消費者としての子どもにより届けられるよう、オンラインのメディアやワイヤレスの通信機器を通じて行う新たな広告のやり方は常に模索されています（Calvert, 2008）。ジジ・ダラムが世界的な現象だと述べたことですが、平均的なアメリカの家庭における日常的なネットアクセスはますます拡大している他、子どもたちはメディアの情報攻めにあっている状態です（Gigi Durham, 2008）。ざっと200を超すケーブルテレビのネットワーク、5000を超す雑誌、1万500のラジオ局、3000万を超すウェブサイト、そして12万2000の新規に出版される書籍など。ダラムの書籍『ロリータ効果（The Lolita Effect)』によると、世紀の変わり目や新世紀は「実に興味深い現象が生まれます。それはセクシーな少女」(p. 24) です。

　連邦取引委員会（FTC）の1978年の報告書では、7歳以下の子どもは子ども向けのテレビの広告であっても、事実に基づいた評価判断はで

第3章◆子どもの性愛化を取り巻く状況

きないと結論付けています（のちにアメリカ心理学会も認めていることです。Wilcox et al., 2004 を参照のこと）。そのため、アメリカ議会はFTCに対して、より強力な規制を行う権限を持たせようと試みましたが、エンターテイメント産業とマーケティング業界の大きな反対にあい、子どもの広告に関する規制はできませんでした。

　子どもに向けた広告のマーケティングのパタンに少しでも関心のある人であれば、広告が一貫してより幼い子どもの性愛化に向かっているという際立った傾向があることに気付くでしょう。広告主は子どもを消費者として見ており、子どもたちの注目を引くために大胆な戦略をとっていることは明らかです。ある6歳児の保護者は次のように話していました。「私は娘が大好きなディズニーチャンネルを一緒によく観ていました。ある日、娘がしきりにある商品をねだってくるのでCMに注目してみました。すると、年長の子どもたちがとてもセクシーで大人びた格好をして自分たちの商品を買わせようと紹介していたのです。その露骨なやり方にとても衝撃を受けました。それからは、娘とテレビを観るときは、CMが流れたら娘を部屋から出すようにしています」。

　印刷物の広告に蔓延している別の傾向としては、ほのめかしであったり直接的であったりとさまざまですが、セックスと暴力とを結びつけるものがあります。これは性役割の固定観念を伝えようとする広告のやり方がずいぶんと影響しているようです。男の子向けにも女の子向けにもテレビ番組やそれに関連した商品がいろいろと開発されてきました。当初は、ケア・ベアーズ（Care Bears）、マイリトルポニー（My Little Pony）、最近ではプリンセス・ソフィア（Princess Sophia）など女の子向けの魅惑的な行動とかわいらしい見た目に焦点を当てた番組制作がなされていました。しかし次第に、そして確実に、より露骨で性的なイメージが使われるようになっていきました。パワーパフガールズ（Powerpuff Girls）やブラッツドール（Bratz doll）のような、性的な魅力と意地悪な行動のキャラクターがテレビ番組に浸透していきました。最近のMTVの授賞式の番組では、元子役のマイリー・サイラスが露出の高い服を着て、あ

からさまに性的で挑発的なダンスを披露したことが物議を醸しました。残念なことに、この議論の盛り上がりはマーケティング担当者たちが強大なメディアの注目を引くためのイベントとして、あのダンスをさせることを含め緻密な計算の上で行ったことだったようです。セックスやセクシーな格好は女の子向けの番組で主なテーマになっていますし、攻撃性や暴力は男の子向けの番組の共通テーマになっています。マスターズオブユニバース（Masters of the Universe）、トランスフォーマー（Transformers）、マイティ・モーフィン・パワーレンジャー（Mighty Morphin Power Rangers）、アベンジャーズ（Avengers）などは大成功している番組の例でしょう。このやり方は瞬く間に多くの注目を引くものであるため、ときに批判され異議があがるものです。それでもなおこの傾向は、幼い子どもたちの精神に大きな影響を及ぼしていることは十分に理解されないままに、私たちの社会の日常の風景としてあり続けているのです。

　幼児や10代前半の子を視聴者としてターゲットに活動している芸能人は、自分たちを"商品"として"販売"もしているため、若い歌手を"セクシー"だと評することが当たり前になってきています。これも実に心配なことです。リアーナ、レディー・ガガ、ニッキー・ミナージュのようなスターは、とてもセクシーな服を着て、性的な歌詞やときに暴力的な歌詞の歌を歌いながら刺激的なダンスをします。こういった歌手が若い女の子たちのモデルとして示されているのです。また、若い男の子は魅力的な対象として鑑賞するのです。

メディアのねらい：どれほど子どもたちは
メディアのメッセージを受け取っているのだろうか？

　ヘンリーカイザー家族財団（Henry J. Kaiser Family Foundation：KFF）によって刊行された報告書によると、多くの子どもたちで、一日の中で睡眠を除くと、メディアに触れて過ごしている時間が他の何よりも長かったことが明らかになりました（Kunkel et al., 2005）。KFFは一連の

第３章◆子どもの性愛化を取り巻く状況

研究を実施し、この10年間でさまざまな報告を行っています。その中には、マスメディアが子どもたちの生活に影響を及ぼすことによって増大している問題についても述べられています。KFFの初期の報告「０から６歳：乳児、幼児、就学前の児童の生活に関わる電子メディア（Rideout, Vandewater, & Wartella, 2003）」では、６歳以下の子どものいる家庭のうち36％が、テレビを"いつも"つけている、あるいは"ほとんどいつも"つけていました。また、乳児（３歳までの子ども）の30％と幼児（４〜６歳の子ども）の43％は子どもの部屋にテレビが置かれていました。これらの割合が示唆していることは、乳児や幼児でさえ保護者のいない所でテレビや映画を観ており、人生の最早期からテレビは家庭環境の中で不可欠なものとなっているということです。

さらに、KFFのこの「０から６歳」報告書（Rideout, et al., 2003）によると、子ども４人のうちほぼ３人（73％）の家にはパソコンがあり、49％がテレビゲーム機を持っていました。ある意味新しいメディアがすでに古いものをしのいでいるといえます。インターネット環境のある家庭にいる子どもの数（63％）は、新聞を定期購読している家庭にいる子の数（34％）のほぼ２倍です。ほとんど全員の子ども（97％）が、テレビ番組や映画のキャラクターの商品（服、おもちゃなど）を持っていました。あまり驚くことではありませんが、０〜６歳の子どもは、音楽を聴いている割合、本を読んだり読み聞かせをしてもらっている割合、テレビを観ている割合、ビデオやDVDを観ている割合は高かったようです（89％以上）。一方、ほとんど予想していなかったことですが、この年齢の約半分の子どもたち（48％）はパソコンを使っており、30％がテレビゲームをしていました。彼らの両親の報告によると、この年代の子どもたちは画面のあるメディアで一日平均約２時間（１時間58分）過ごし、ほぼ同じくらいの時間（２時間１分）外で遊んで過ごしていました。これらは本を読んだり読み聞かせをしてもらったりする時間（39分）よりもはるかに長いものでした。

2005年のKFFの報告書（Kunkel et al., 2005）では、８〜18歳の子ども

の画面を見る習慣に関する調査データが報告されています。平均すると
これらの青少年は、毎日8時間半メディアに曝されていました。5年前
の調査と比べると1時間以上の増加です。彼らの約3分の2は自分の部
屋にテレビがあり、そのうち約半数がそのテレビにテレビゲーム機を接
続しているかテレビに付属しているゲーム機がありました。

　リドーらによると、子どものさまざまなメディアの使用が急速に増大
しているのに対し、これらのメディアが子どもの社会的、情緒的、認知
的、身体的発達にどのような影響を及ぼすのか、大人の理解はついてい
くことができていません（Rideout et al., 2003）。このことは親だけでな
く、教育者、医療関係者、政治家、児童保護団体にとっても大きな懸案
事項といえるでしょう。幼児期の専門家は、最早期の段階は急速に発達
が進む時期であり、同時に傷つきやすい時期でもあるため、幼い子ども
のメディア使用を理解することがとりわけ重要だと主張しています。

　メディア使用における性差についてリドーらは、最も幼い年齢層の子
どもは、どのメディアであれ男の子も女の子もほとんど同じくらいの時
間使用しており、それらを使う技術の成長も同じ程度で、同年齢の子で
はだいたい同じ程度の使用だといいます（Rideout et al., 2003）。けれど
も4〜6歳までには、男の子は女の子よりもテレビゲームをより頻繁に、
より長い時間遊ぶ傾向があることが分かりました。このため、この年齢
では男の子の方が女の子よりも画面の前で過ごす時間が一日あたり18
分長くなっていました。その他の性差については、テレビで観た攻撃的
な行動をまねする割合の違いがあります（女の子が28％であるのに比べ
男の子は45％）。この差は特に4〜6歳の年齢層で明確でした（男の子が
59％で女の子が35％）。けれども男の子が実際に、より暴力的な内容の番
組を観ているのか、そして彼らが自分の観た攻撃的な行動を単にそのま
ままねる傾向があるのかはまだ分かっていません。

　そこで2003年のKFFの研究では、幼い子どもたちが電子メディアや
双方向メディアの世界にどっぷりと浸かってしまっていることを実証し
ました。リドーらは次のように指摘しています（Rideout et al., 2003）。

第３章◆子どもの性愛化を取り巻く状況

このレベルの曝露が子どもの発達にどのような影響を及ぼすのかはまだ
明確ではありませんが、この問題が保護者、教育関係者、研究者、医療
関係者の早急な対応にかかっていることは明らかです。

フィラデルフィア・アンネンバークコミュニケーション大学院名誉教
授のジョージ・ガーブナーは、マス・コミュニケーションとそれらが文
化に与える影響に関する多くの研究を行っています。ガーブナーはテレ
ビに関して次のように述べていますが、これは新しいメディアについて
もいえることでしょう（Gerbner, 1994）。

　　　かつて家族や地域の中でわれわれをつないでいたコミュニケー
　　ションの形態は、それとは全く異なる文化であるテレビに取って
　　代わられ、テレビはわれわれに文化の創造と継承に参加するあら
　　ゆる機会を与えました。これまで両親や学校、教会、隣人たちに
　　よって子どもたちに伝えられていた文化のほとんどが、ものを売
　　る一握りの世界的複合企業によって常に伝えられています。これ
　　は人類史上初めてのことです。このことが、子どもたちの成長や
　　われわれの生活の仕方、あるいは仕事の進め方に重大な影響を与
　　えていることについて過小評価することはできないのです。

女の子の性愛化

　本節の論述は、APAの女の子の性愛化（Sexualization of Girls）に関す
る専門調査委員会（2007）*の要旨を編集したものです。
　APAの専門調査委員会によると、「テレビ、音楽ビデオ、音楽の歌詞、
映画、雑誌、スポーツメディア、テレビゲーム、インターネット、広告

---

* Copyright 2007 by the American Psychological Association. ここでは許可を得た上で掲載
　しています。本節で述べられた内容の公式な引用元はアメリカ心理学会（APA）女の子の
　性愛化調査委員会（2007）の要旨です。アメリカ心理学会の許可なく複製したり配布した
　りすることは禁じられています。

といったほとんど全てのメディアにおいて、女性の性愛化」が進んでいることが研究のエビデンスとして明確に示されています。専門調査委員会は"性愛化（sexualization）"を次のようなときに生じるものだと定義しています。(1) その人の価値が性的な魅力や行動によってのみ決まり、それ以外の特徴が排除される、(2) その人はセクシーな（狭義の）身体的魅力が基準だという規範を持つ、(3) その人が性的なものとみなされる。つまり、自律的な活動や意思決定をする能力を持った人としてみなされるというよりも、他者の性的な使用のためのものになっている、(4) セクシュアリティがその人に不適切に押し付けられる。これら4つの条件のうちどれか1つでも該当すればそれは性愛化の現れです。特に4つ目の条件（セクシュアリティの不適切な強制）は多くの子どもに当てはまります。というのも、子どもは大人のセクシュアリティを抵抗なく受け入れているように見えることが多いのですが、それは子どもたちが選択したというよりも、たいていは押し付けられているからです。

　テレビゲームや10代の子たちをターゲットにした雑誌など、子どもや青年に特に人気のあるメディアの形態について調べた研究が複数あります。どの研究を見ても女性が男性よりもはるかに多く性的に描写されていることが指摘されています。また、先に定義を述べましたが、女性が頻繁にものとして扱われていることも指摘されています。さらに、きわどく非現実的な身体的美しさのイメージが、小さな女の子が追い求めるべき女らしさのモデルとして非常に強調されていることも指摘されています。

　全ての年代に関する女性の性愛化について調べた研究もあります。ただ、ほとんどが青年期の女子に焦点を当てたものです。少女の性愛化された描写の広まりについて具体的に調べた研究はほとんどありませんが、そういった性愛化は一般的なこととなりつつあるようです。例えば、オドノヒュー、ゴールド、マッケイは、男性、女性、そして一般成人を読者層とする5つの雑誌に掲載されている40年間分の広告をコード化しました（O'Donohue, Gold, & McKay, 1997）。子どもを性的に描写した広

第3章◆子どもの性愛化を取り巻く状況

告は比較的少なかった（1.5％）のですが、それらのうち85％が男の子
ではなく女の子を描いたものでした。さらに、性愛化された広告の割合
は次第に増大していました。

　APAの専門調査委員会の2007年の報告では、女の子の性愛化につい
て具体的に実証された詳細な分析はまだ行われていませんでしたが、広
告、人形やおもちゃ、洋服、そしてテレビ番組など具体例はすぐに見つ
けられるでしょう。この点については本章の初めにレビンとキルボーン
が述べています（Levin & Kilbourne, 2008）。

　専門調査委員会は、保護者もさまざまな点で自分の娘の性愛化に寄与
している可能性を指摘しています。例えば、女の子は魅力的な外見が一
番大事だといったメッセージを伝えている保護者もいるでしょう。中に
は自分の娘が美容整形をすることを許したり勧めたりしている親すらい
るようです。男女問わず友人関係も女の子の性愛化の一因となっている
ことが分かっています。周囲の女の子は痩せることや性的魅力を追い求
めることが当然だというプレッシャーを与えていますし（Eder, 1995;
Nichter, 2000）、男の子は女の子をもの扱いしたり嫌がらせをしたりする
ことがあります。そして最後に、保護者、教師、友達はそれ以外の人
（例えば親戚、コーチ、見知らぬ人）と同様、性的虐待、暴力、その他犯
罪となる少女の搾取を行う可能性があります。これらは最も破壊的なタ
イプの性愛化といえます。

　もし女の子がよりセクシーに見えるようにと、セクシーな洋服やその
他の商品を買う（あるいは自分の親に買ってほしいと頼む）ならば、そし
てもし彼らが自分のお気に入りの"セクシーな"有名人をまねることで
自分のアイデンティティを形成しようとするならば、彼らはまさに自分
自身を性愛化しているのです。また、女の子は自分のことをもの扱いし
た表現で考えるときにも性愛化しているのです。研究者らは、女の子た
ちが自分の体を他者の欲求のためにあるものとしてみなしたり扱ったり
するプロセスを指して"自己によるモノ化（self-objectification）"と呼ん
でいます（Fredrickson & Roberts, 1997; McKinley & Hyde, 1996）。自己に

よるモノ化は男性よりも女性に多く見られることが多くの研究で指摘されています。そして、驚くことではありませんが、小さな女の子は自分たちが美しさの基準として掲げた目標のために、より一層苦しんでいるのです。

認知の分野では、自己によるモノ化によって集中力や注意力が低下することが繰り返し示されています。そのため、計算や論理的推論といった精神活動の成績が悪くなっていくのです（Fredrickson, Roberts, Noll, Quinn, & Twenge, 1998; Gapinski, Brownnell, & LaFrance, 2003; Hebl, King, & Lin, 2004）。例えばフレデリクソンらは大学生を対象に研究を行いました（Fredrickson et al., 1998）。学生たちは更衣室に一人でいる間に、水着かセーターのどちらがいいか考えて着ておくよう求められました。彼らはどちらかを身に着けてから10分間待機したのち、数学のテストを受けました。その結果、水着を着てテストを受けた女子学生はセーターを着た女子学生よりも有意に数学の成績が悪かったのです。男子学生には違いは見られませんでした。

感情の分野では、性愛化とモノ化によって自信の低下と自分の身体に対する満足度の低下が認められています。このことによって、恥や不安、そして自己嫌悪などさまざまなネガティブな情緒的問題が発生することが予想されます。一方では自己によるモノ化との関連、そして他方では外見に関連した不安や恥の感覚との関連、これらは大人の女性だけでなく12歳から13歳の女子にも広まっています（Slater & Tiggemann, 2002）。

少女や大人の女性の性愛化と、摂食障害、低い自尊心、うつ病・抑うつ気分の3つのメンタルヘルスの問題との関連を調べた研究もあります（Abramson & Valene, 1991; Durkin & Paxton, 2002; Harrison, 2000; Hofschire & Greenberg, 2002; Mills, Polivy, Herman, & Tiggemann, 2002; Stice, Schupak-Neuberg, Shaw, & Stein, 1994; Thomsen, Weber, & Brown, 2002; Ward, 2004）。10代の女子と成人女性の両方を対象とした研究では、女性の美しさを限られた表現（例："理想的に痩せている" 人）でしかなされないことと、摂食障害の態度や症状との関連が明らかになっています。

第３章◆子どもの性愛化を取り巻く状況

　また、思春期の女子や成人女性において、女性を性愛化することを理想
としていることと、低い自尊心、ネガティブな気分、抑うつ症状との関
連があることが報告されています。さらに性愛化によるメンタルヘルス
の問題として、少女や成人女性の身体的な健康への間接的な影響がある
ことが示唆されています。

　性的な幸福は健全な発達と全体的幸福感の重要な一部ですが、研究結
果が示しているのは、女の子の性愛化が彼らのセクシュアリティの健全
な発達に良くない影響を及ぼしているということです。自己によるモノ
化は、コンドームの使用の低下など、思春期女子の性的なことがらに関
する自己主張の減少といった、性的な健康の指標と直接つながっていま
す（Impett, Schooler, & Tolman, 2006）。

　魅力について限られた基準にのみ頻繁に曝されていると、セクシュア
リティに関する非現実的でネガティブな期待を抱くようにもなります。
思春期に経験する恥や種々のネガティブな体験は成人期の性的な問題の
原因となります（Brotto, Heiman, & Tolman, 2009）。少女や成人女性を性
愛化したメディアのイメージに頻繁に曝されていると、少女らの抱く女
性らしさやセクシュアリティはそういったイメージに影響されていきま
す。少女や若い女性がマスメディアの内容に頻繁に触れたり消費したり
することで、彼女らは女性が性的な対象であるというステレオタイプの
描写を受け入れていくようになります（Ward, 2002; Ward & Rivadeneyra,
1999; Zurbriggen & Morgan, 2006）。そうして彼らは女性の価値の基本は
外見や身体的な魅力であると考えるようになるのです。

ポルノの特別な問題

　この点に関する論点はこれまで明らかにしてきたように、子どもたち
は"ソフト"なポルノから"ハードコア"なものまで、刺激の強い、あ
るいは過度に性的なものをより一層目にするようになってきています。
それは家庭でテレビや保護者のパソコンで、あるいは学校の始業前や放

課後に仲間たちと一緒にマルチメディア機器などで見ているのです。ポルノには特殊な問題があります。就学前の子どもや学童期の子どもたちがポルノを見ることは、彼らの理解をはるかに超えた刺激に曝されてしまうということです。つまり、わいせつな画像やメッセージは情緒的健康の問題と関わってくるのです。「ポルノによって人は（特に女性は）モノ化されセックスの対象とされるのです。たとえそれが一見思いやりのある関係を装っていたとしても。子どもたちにそういったものを鵜呑みにしないよう教えることはとても難しいことなのです」（Levin & Kilbourne, 2008, p. 47）。

　レビンとキルボーンによると、ある調査では 10 ～ 17 歳の子どもの約40%がインターネットでポルノを見たことがあると報告されています（Levin & Kilbourne, 2008）。また、それらのうち 66% の子どもはそのような画像をもう見たくないと言い、それ以後検索したこともないと答えています。つまり、彼らはインターネットで性的でないものを検索しているうちに、偶然どぎつい性的なサイトにいき当たったのだと考えられます。そのような例をシェアロン・ラムが報告しています（Lamb, 2006）。「チアリーダーになりたいといってウェブでチアリーディングを調べようなどとするととんでもないことになります。"チアリーディングのクラブ"のサイトにたどり着くまでに 10 以上のアダルトサイトを通過して進まなければならないでしょう」（p. 6）。

　今日の子どもたちは、ポルノなど露骨な性的描写をしているものに必然的に曝されています。それが何なのか理解し自分の中で処理していくためには大人の援助を必要とします（Lamb, 2006）。さもなければ彼らは過剰な刺激を受けた結果生じる状態に対応することはできないでしょう。ラムは次のように述べています。

　　過剰な刺激に曝されたときの感覚は圧倒される感覚に似ています。たとえ興奮したとしてもそれは良いことではありません。おそらく子どもや青年の中には、始めは過剰な刺激に曝される感覚

第３章◆子どもの性愛化を取り巻く状況

を気持ちいいと感じてそれを追い求める子もいるでしょう。けれども、体と精神の興奮状態は圧倒された状態であるため、彼らの力ではそのストレスに対処することはできないのです（p. 19）。

保護者がすべきこと

創造的な遊びをさせる

　幼い子どもが、パソコン、テレビ、テレビゲームにのめり込んでいき、創造的な想像力を生み出すことにつながる屋外での遊びや社会的な交流をする機会が失われつつあります。中にはそれら、例えば自然の中で散策することが"退屈だ"という子もいます。黙ってごっこ遊びをすることなどは彼らには想像もつかないことなのです。

　近頃では、保護者が子どもと遊んだり、やり取りをする時間を意図的に作ったりしない限り、子どもたちの遊びはお決まりのものばかりになるでしょう。ラムは「（3、4歳の）幼い子どもは他の子どもたちと想像力を使った複雑で深い遊びをすることは滅多にありません。しかし5歳以降になると他の子どもらとの想像力を使った遊びは非常に多くなり、そして対立の多いものになってくるでしょう」（p. 9）と述べています（Lamb, 2006）。子どもの遊びについて彼女はさらに続けます。「そこには双方の楽しみがあり、意地悪があります。友情があり利己的な裏切りがあります。分かち合いがあり強制があります。子どもたちは遊びの中に不安や興味のあることを表現します。それゆえ、厄介なことも起こるのです」（p. 10）。けれどもその遊びがきちんと見守られた中で行われ、合理的な制限がなされていれば、それは安全な集いの場となります。子どもたちはごっこ遊びを通して、ロールプレイを通して、物語を語ることを通して不安を表現するのです。初めて見たセックスやセクシュアリティが正常な意味で遊びの中に表現されることも時折あります。例えば、子どもは遊びながら無邪気に「きみはママで、僕はパパをするよ。さぁ（セックスを）しよう！」と言うこともありえます。

手本を示し、受容し、指導する

保護者にはまた別の重要な役割があります。それは、手本を示すこと、人前で隠さず教えたりこっそり教えたりすること、そして子どもたちの行動や質問についてしっかりと反応してやることです。保護者の示す行動によって子どもたちは、セクシュアリティをいつどこで表現すべきか、セクシュアリティについて誰と何を話し合うべきか学びます。また、子どもは保護者の示した例から性的な行動はいつから始めることができるのか学びます。子どもが性的なゲームや冗談を含め、裸、接触、他者の性器の探索に関する実験を始める際には、子どもは保護者の示した指針に沿って、生活の中で適切なバランスをとって行います。保護者の誇張した反応、怒り交じりの反応、あるいは怖がったような反応（または不快感や不安からなされる見ていないふり）は、子どもたちにとってはその反応こそがその行為の意味するところとなり、セクシュアリティや性的な表現に対するメッセージなのだと伝わります。保護者がリラックスして、オープンな態度で、愛情を持ち、一貫した適切な手本を示すならば、「保護者の行為は言葉で伝えるよりも強いメッセージとなるのです」（Gil & Johnson, p. 15)。

多くの保護者が共通して非常に心配することの1つは、子どものマスターベーション様の行為です。ただ、この種の自己刺激行動は、正常な発達の一部であることが保護者にもずいぶん理解されてきています。このテーマは保護者の受容と指導が子どもの社会的な発達にとって極めて重要です。「子どもが自分の性器に気付き、そして触るとき、それが保護者に受容されるならば、同じように彼らも自分の体を受容していくのです」（Gil & Johnson, p. 15)。

性的発達は経験によってどのような影響を受けるのかを全ての子どもが知っておくことは重要です。性的な好奇心が増大してしまっている子や夢中になってしまっている子、あるいはすでに性的問題行動を起こしてしまった子にとっては絶対に必要な知識ですし、すぐに伝えるべきことがらです。つまり、保護者はセクシュアリティに関する考えや気持ち

第3章◆子どもの性愛化を取り巻く状況

を話し合うことができるよう前以て計画を立てておく必要があるのです。計画とは、話の流れを組み立て、伝える主なメッセージを明確にしておくことです。保護者は心の準備をし、油断しないようにすべきです。

　最も重要なことは、子どもたちは自分が見たものから学ぶこと、彼らが話してくれたことが決して全てではないこと、さらに彼らが家庭で保護者と過ごす時間が減り友達と過ごす時間が多くなるにつれて友達の影響は増してくることを保護者が理解しておくことです。セクシュアリティに関する子どもの興味は徐々に高まっていきます。突然一気に高まるわけではありませんし、ほとんどがはっきりしたサインを示しません。子どもたちは両親との交流から、きょうだいや友達から、そしてテレビや出版物から、セックスやセクシュアリティの概念を形成していくのです。子どもたちはまた、自分の内側からも外側からもジェンダーの同調やジェンダーアイデンティティに関するプレッシャーを感じるようにもなります。これらの考え、気持ち、感覚はとても早いうちから始まることもあるでしょう。

必要に応じて"セックスゲーム"に適切に対応する

　子どもが行うセクシュアリティに関する初期のゲームの多くには、純真で適切な興味や関心の要素が含まれています。ただ、中にはこれまで述べたような強制的なものもあるでしょう。そういった遊びの中で子どもは通常、葛藤に対処し、適切な反応をしようと試み、興味や関心を表現するごっこ遊びをするのです。強制のある遊びは散発的であまり見られないのですが、起きたとしても子どもの自然な遊びの1つとして世界中どこでも見られることです。こういった行動は子どもたちが自分の価値観は何か、自分はどのくらい共感的か、他者の受容の限界は何か、などを知ろうとするにつれて出現し探索されるようです。けれども成り行きで生じるこの種の遊びが一貫したパタンになり始めたときや、その遊びが徐々に他者との毎日の交流に広がり出したとき、そして子どもが他者の気持ちを共感的に理解することができていないようだと保護者が気

付いたときには、この問題に対し注意深くそして直接的に対処すると良いでしょう。

保護者自身がこのテーマに不快感を持っているためにセラピーを求めてくるケースがたくさんあります。その場合は、メンタルヘルスの専門家が彼らの心配を直接解決させるような説明や助言をすることで、保護者を安心させていきます。子どもの行動にずいぶんと長い間心配し続けたのち、ようやく援助を求めてくる保護者もいます。彼らの願いは大丈夫だと保証されたいということのようです。こういったケースではメンタルヘルスの専門家はその子どもの包括的なアセスメントを行い、保護者の背後にある心配が子どもの不適切な行動に拍車をかけている可能性を明らかにするべきでしょう。

その他メディアの影響に対してすべきこと

本節では、ますます革新的な方法で小さな子どもたちに広がっていくマスメディアや大衆文化が、いかに性愛化した子どもたちを生み出しているかを説明していきます。フレッド・ケーザーは次のように厳しく述べています（Kaeser, 2011）。

> かなりの数の子どもたちがこれまでにないほど早い段階で性的な関心を示したり、性的な行動をとったりしています。以前は大人しか触れることはなかった性的なことがらに子どもたちが触れることができるようになっていますが、そのようなものに多く触れれば触れるほどその代償は大きくなるのです。子どもが受けている過剰な性的刺激を保護者が防いだり減らしたりすることができなければ、子どもたちが目にするものや聞くものの管理・監督はその機器に全て委ねられることになります。残念ながら多くの子どもたちは目にしたり聞いたりする情報に混乱するでしょうし、それらの意味を理解し正しく見定めていくことは難しいでしょう。

第3章◆子どもの性愛化を取り巻く状況

中には見たり聞いたりしたことを実際にやってみたりまねしてみたりする子も出てくるでしょう。また中には、いじめ心性を発達させ、いじめ行為の中に性的な行動を組み入れ、他の子どもに向けて有害で強制的な性的行為を行う子も出てくるでしょう。そのため実際に私は5歳、6歳、7歳、8歳の子たちも他の子に性的な加害をしてしまう可能性があると警告しているのです。（過去10年から15年の間に私は学校の職員からこの問題について相談を受けたことは**全くありません**。）

　先に述べたような保護者に対する助言に加え、この状況に対処するためには他にどのような方法があるでしょうか？　APAの専門調査委員会（2007）は、メディアが性愛化された画像の重要な源なので、学校単位でのメディアリテラシートレーニングを開発・実施することが、性愛化の影響と戦うときの鍵となるとしています。明らかに女性や少女の性愛化に焦点化している多くのメディアを見るときに必要で重要なスキルを教えることが緊急の課題です。また、学校単位ですべき他の取り組みとして、最近増えてきている女子の運動競技やその他課外活動のアクセスを、包括的なセクシュアリティ教育の開発・実施の中に採り入れても良いかもしれません。メディアに関して保護者ができることとしては、性愛化が女の子に及ぼす影響について学ぶことや、子どもたちと一緒にさまざまなメディアを見ながら性愛的なメッセージについて違った見方をするよう伝えてあげることなどがあるでしょう。性愛化された画像を前にして保護者や家族で反対したり、批判的な態度をとったりすることは効果的です。系統だった宗教的な教育や倫理的な説明は、女の子にとって大衆文化から伝えられる価値観に取って代わる意味のある価値観になるでしょうし、女の子や女子グループも変化に向けて努力することができるようになります。

　これまでの印刷物のメディアに加え、フェミニストの"ジン（zines）"（ウェブ媒体の雑誌）、ブログ、その他のウェブサイトのように、代替メ

ディアが女の子たちに新しい選択肢について声をあげていこうと働きかけています。"女子力推進事業団（Girl power）"もさまざまな方法で女の子たちを支援し、影響力のある重要な選択肢を提供しています（APA Task Force, 2007）。

　男の子のいじめやさまざまな攻撃性に関する報告が増えていることを考えると、男の子に共感的なメッセージを一貫して伝えていくことも同じく重要です。加えて、多くの大人は男の子の暴力を当たり前のことだと考え、「男の子はやっぱり男の子だな」とか「憂さ晴らしをしているんだな」といったお決まりのフレーズで片づけてしまおうとするでしょう。本章では男の子ではなく女の子に注目して述べていますが、男の子はどうしても男性の力、強さや支配といったメディアのメッセージや、"不良少年"を美化したメッセージに影響を受けやすいものです。多くの男性は、男ならばこうすべきとされているステレオタイプな行動をとっていなかったり、周囲から"弱い""優しい"などと評価されたりすれば、彼らはいじめの対象になってしまいます。男の子はその時代ならではの美しさを持った女の子を求めるものだとメディアの中で描かれると、彼らもまたそのように思うようになり、結果的に自分の選択を主張できなくなるか、罪悪感や恥を感じてしまうような行動をとらざるを得なくなるでしょう。友達同士のプレッシャーも子どもたちには強力な圧力であり続けます。そのせいで家庭での教育が台なしになってしまうこともあります。最近の子どもたちは折り合いをつけねばならないたくさんの競争のプレッシャーを抱えています。彼らは自分自身や他者について安定した視点を持つことができるようになるために、保護者や学校の支援を必要としています。さらにいうと、今現在、社会全体から得ているよりもさらに多くの支援を必要としているのです。

まとめ

　要約すると、問題は子どもたちがセックスを知っていることではあり

第3章◆子どもの性愛化を取り巻く状況

ません。子どもの性愛化が、幼い子どもたちのその後の性的行動や関係性の基礎を作るこの時期に、悪影響を与えていることが問題なのです。彼らはあまりにも幼いときから性的なことがらに対処していかねばならなくなっています。この時期は、彼らを取り巻く性的なメッセージに対して無防備で何でも吸収してしまう時期であり、これに抗う資源はほとんど持っていません。子どもたちは、自分や他人を見た目や性的なステレオタイプに基づいて判断することを学び、価値観を模索するための他の方法をないがしろにしてしまうのです。モノ化することは人とつながる力や現在の思いやりのある関係性を蝕むことになるでしょう。思いやりのある関係性は、将来的にはセックスもその一部として表現されていくのです（Levin & Kilbourne, 2008）。

　保護者や教育関係者は、性的な発達に関する共感的で一貫した助言ができるよう準備しておかねばなりませんし、セクシュアリティに関する直接的なメッセージを伝える際の心のゆとりを大きく持っておかねばなりません。もし大人が正しい立場でいる努力を怠るならば、子どもたちは、本章で説明したような複合企業メディアの伝えるメッセージを取り入れていくことになるのです。

　子どもたちの遊びの中には試してみたりまねてみたり、そして興味のあることや好奇心を表現したりすることが非常にたくさんあります。さらに、探索したり思いつきでやってみたりするような遊び心に溢れた子ども同士の正常な性的遊びもあります。けれども、保護者は性愛化された遊びや行動にはどのようなものであれ、しっかり観察し、それらに介入し手本を示してあげられるよう依然として警戒しておかねばなりません。

　最後に、子どもの正常な性的遊びは、ただただ探索のための集いだということです。ほとんどの場合、この遊びはどちらの子どもにとっても攻撃的でも有害なものでもありません。けれども強制、いじめ、攻撃性の要素が子ども同士の遊びのやり取りの中に1つのパタンとして見られるようになれば、それらは直接対処しなければなりません。すぐに実行

できる方法の1つとして挙げられるのは、テレビを観るときやその他メッセージを伝えてくるものに保護者のチェックを入れることです。保護者は子どもが電子機器で遊ぶ時間を制限し、アクセスするものを最大限安全管理し、屋外での遊びをきちんと見守ることが推奨されます。屋外は本来、子ども同士の創造的な想像力によって楽しい交流の時間となりえる場所なのです。

第4章

性的問題行動を抱える
子どものアセスメント

子ども（特に非常に幼い子ども）の臨床的アセスメントはたいへん困難を伴う作業です。そのため、これまで多くの臨床的な学術論文や書物で議論されてきました。幼い子どものアセスメントでは、家族、学校、その他の関連情報を得ることに加え、発達的な機能に注目することが不可欠です。当然ながら子どもが幼ければ幼いほど使える言葉は少なくなりますし、複雑な認知はできません。ですから、非常に幼い子どもの場合は臨床的な観察技術と独創的な引き込み戦略が重要となり、従来のやり方に取って代わるような方法で根底にある問題を扱っていくことが必要となります。

　子どもが性的問題行動を示す場合、以下のようなさまざまな子ども特有の要因を考慮しなければなりません。

1. 性的問題行動はそれ単独で生じることはありません。ですから、影響している可能性のある環境要因を検討し評価しなければなりません。
2. 家族の力動は激しい性的攻撃行動といった一連の問題行動の発展に関与している可能性があります。
3. 子どもは性的な被害にあっているかもしれません。その場合、彼らの示す性的問題行動は、その苦しい状況を伝え、誰かの援助を得ようとする試みかもしれません。
4. 性的問題行動に対して、保護者は構造化された介入をしなければなりません。そしてその子が現在置かれている状況において、実施可能で一貫性のある共感的な見守りはどうあるべきか見極めることが重要です。

　保護者と子どもからの直接的な聞き取り（子どもの場合はたいてい簡易なものですが）を始め、臨床的アセスメントにはさまざまな方法があります。加えて、非常に幼い子どもに特化したものは現在のところありませんが、性的問題行動に関する情報が得られるいくつかの心理検査もあ

ります（もう少し年長の子どもや10代の子どもは心理検査によって自分の
考えや気持ちを明確にすることが可能ですし、治療者は問題を持続させてい
るリスク要因の判断がより可能となるでしょう）。言語的にやり取りするこ
とが困難な幼い子どもとの作業、あるいは話せば面倒なことになるに違
いないと思いこんでいるがために、自分の行為を認めようとしない子ど
もとの作業は特有の課題が生じます。それゆえ専門的なアセスメントが
必要となります。

専門的アセスメントプロセス

　ギルらは、プレイに基づいた包括的発達アセスメント（Extended
Play-Based Developmental Assessment：EPBDA）と呼ばれる特別なアセ
スメントプロセスを数十年にわたって行っています（Gil et al., 2010a）。
彼らは、子どもと安心で信頼できる関係性を構築し、意味のある形で子
どもを引き込むことを目指してこのアセスメントプロセスを活用してい
ます。EPBDAでは質疑応答というスタイルではなく、子ども中心のプ
レイセラピー（"非指示的"方法）や、プレイに基づいたさまざまな活動
（"指示的"方法）を活用し、子どもたちが自分自身をどのように認識し
ているか、重要な関係者や自分を取り巻く環境をどのように理解してい
るかといった重要な情報を引き出していきます。EPBDAを使う治療者
は、子どもが考えていると思われることを、"示したり話したり"する
ことで交流していきます。そして、子どもの機能についてアセスメント
する際には、いくつかの道具を追加で準備し、表現療法を活用します。
つまり、子どもが積極的に作り出した芸術作品、物語、プレイの流れと
いったものは、他で得られる情報と同じくらい重要性があるのです。

　性的問題行動のアセスメントプロセスはこのEPBDAを適用したもの
で、子どもの性的発達と性的行動、家族要因、トラウマ歴を調べます。
この応用型のアセスメントモデルは、子どもの性的問題行動アセスメン
ト（Assessment of Sexual Behavior Problems in Children：ASBPC）と呼ば

れています。本章では、知覚的、認知的、言語的な制約があるため、言語的情報を得ることが困難な幼い子どものアセスメントモデルとしてこのASBPCを紹介していきます。また、メンタルヘルス機関に連れて来られるまでに、彼らは自分のやったことに対して恥や罪悪感を持っているかもしれませんし、保護者からすでに何度も聞き取りをされているかもしれません。そのため彼らは自分の性的問題行動を話すことをためらったり、問いかけへの反応が鈍かったりするでしょう。

　第1章と第2章ですでに述べたように、性的問題行動を抱える子どもには多種多様な潜在的な影響因があり、また併存する問題を抱えている可能性もあります。身体的虐待や性的虐待、DVの目撃やその他のトラウマ体験、悲嘆・喪失体験、愛着の問題、器質的要因や発達の遅れ、全般的な調節能力や衝動制御の不全、場合によっては学習障害や注意障害といった特定の併存疾患などがあります。それに加えて、性的問題行動は文脈を踏まえてアセスメントを行っていかなければなりません。子どもはたいてい、発達に影響したり問題行動の維持に関連したりする複数のストレッサーを抱えた複雑な家族システムの中で生活しているからです。

　場合によっては、性的問題行動を抱える子どもの中にはいまだ発見されることなく、それゆえ治療的な処置もなされていないままのトラウマを抱えている子もいるでしょう。このアセスメントプロセスは、子どもとその家族にとって治療の道筋を作り上げていく上で非常に有益な道具となりますが、そういった背景を持つ子どもが別の子どもに加害をしたことで治療に連れて来られた場合、彼らの被虐待歴が明らかにされず解決もされていないならば、自分の行動を変えようと思わせるのは難しいでしょう。彼ら自身が犯した他者への有害な行動に対してなされるのと同じくらい、彼らのトラウマ体験が真剣にかつ慎重に扱われるならば、彼らは現在の問題に過去の経験がいかに影響しているかを整理し、理解することができるようになるでしょう。さらに、ある程度情緒的な癒しが達成されれば、その子はセラピーに取り組んでいこうという準備態勢

第4章◆性的問題行動を抱える子どものアセスメント

が認知レベルでより進んでいくでしょうし、他の子の気持ちを考えていく作業でもより開かれた態度で取り組んでいくようになるでしょう。それは彼ら自身の痛みが認められたからこそできることなのです。

性的問題行動を抱える子どものアセスメントを行う立場の人であれば誰でも、専門的なサービスと併用して、支持的でトラウマに焦点化したセラピーを受けることが最優先だと結論付けるでしょう。

ASBPCの特徴

ASBPCは基本的に子どもとの個別のセッションを4回から8回行います（指示的課題の取り組みに時間がかかったり、サポートが必要となったりする子どもの場合はそれ以上のセッションが必要となることもあります）。セッションはプレイセラピーを行うことのできる環境で、個別に週1回、1回あたり50分の枠組みで行います。（治療者が子どもと1、2回会っていろいろと質問するといった、より手短に行う評価やアセスメントの枠組みとは対照的に）この長時間にわたる枠組みは、子どもがこの場面に馴染むことができるよう、なぜここに来たか分かるよう、そして治療者に慣れるために時間を十分に使えるようにした設定なのです。

ASBPCでは、治療者は最初に子どもに対して彼らの性的問題行動について直接的に尋ねることはしません。そうではなく、非指示的な表現療法を活用しながら、子どもが非言語的に交流し始めるように促していきます。このプロセスで子どもの全体的な機能の程度が分かります。そして彼らの性的な思考、感情、行動が同年齢の子どもたちのそれと比べどうであるかに注目します。さらに、それら性的な思考、感情、行動が子どもの全般的な機能にどのように入り込んでいるかに注目します。

初回の臨床面接

アセスメントプロセスを開始する初回面接には2つの目的があります。（1）保護者から具体的な情報を得ること、（2）保護者に具体的な情報、

指導、限界設定のための方略について説明することです。他にも治療者は保護者と以下のことに取り組みます。

1. 子どもにとって刺激となっている可能性のあるもの（テレビ、パソコン、風呂、寝室など）を明らかにし、家庭の中にある刺激のレベルを下げる方法を話し合う。
2. 他の子を巻き込む危険性のレベルに応じて、学校や保育園に関わってもらう方法を具体的に考える。
3. その子の具体的なリスク要因と、すでに分かっている被虐待歴あるいは虐待を受けた可能性、DV、ネグレクト、その他のトラウマについて確認する。
4. 保護者の治療の同意を得る（署名をしてもらう）。さらに、安全指導について書面で確認し署名してもらい、それを子どものファイルに保管する。

　具体的には、問題が続いている期間、保護者がこれまでその問題に対して行ってきた介入、その行動が起こった状況に対する保護者としての理解、その行動が起こる前と起きた後の子どもの心の状態に関する保護者の感じ方などを確認していきますが、治療者は保護者にそれぞれの問題を行動として説明するよう求めます。先に述べたように、その子の全体的な社会歴と発達歴に加え、すでに分かっている被虐待歴、あるいは虐待を受けた可能性についても話し合っていきます。
　治療の焦点と介入の順序を検討するために、以下のチェックリストも使います。

• 子どもの行動チェックリスト（Child Behavior Checklist：CBCL）6 〜 18 歳用（Achenbach & Rescorla, 2001）もしくは 1 歳半〜 5 歳児用（Achenbach & Rescorla, 2000）
• 子どもの性化行動チェックリスト（Child Sexual Behavior Inven-

tory：CSBI）2 〜 12 歳用（Friedrich, 1997）

- 子ども用トラウマ症状チェックリスト（Trauma Symptom Checklist for Children：TSCC）8 〜 16 歳用（Briere, 1996）
- 幼児用トラウマ症状チェックリスト（Trauma Symptom Checklist for Young Children：TSCYC）5 〜 7 歳用（Briere, 2005）

アセスメント活動の手順

　以下にアセスメント活動の手順を示します（本章末に掲載しているシート 4.1 を参照）。ただ、**実施する活動の順序や各セッションで重点を置くことがらを決定する際には、臨床的判断とそれぞれの課題に対する子どもの全体的なレディネスを見極めてから行われなければなりません。**臨床的判断と子どものレディネスはそのセッションが開始されたときから評価されます。

1. 場面設定、セッションで行うことと構造に関する説明、最初の非指示的課題の導入
2. 指示的課題の導入
   a. 創作課題
     ・自由画
     ・動的家族描画（K-F-D）
     ・自画像描画
   b. 箱庭療法
   c. プレイ・ジェノグラム（play genograms）
3. 性的問題行動を直接取り扱う再構成的課題
4.「気分は何色？」課題
5. 安全点検、終結までの計画、初期評価の説明

非指示的課題

　子どもの支援において、プレイセラピーは診断と治療のための重要な

方法であると認識されています。さらにその応用の仕方や、その他の効果の可能性も多く議論されています（Gitlin-Weiner, Sandgrund, & Schaefer, 2000; Landreth, Sweeney, Homeyer, Ray, & Glover, 2005; Schaefer, 1993, 2003）。非指示的で子ども中心のプレイセラピーでは、子どもが率先して中身を展開させていきます。ランドレスがたいへん分かりやすく述べていますが、子ども中心のプレイセラピーでは、セラピストは子どもに無条件の受容と信頼を寄せた揺るぎない態度で関わっていきます（Landreth, 2012）。彼らの能力が自由に使えるようにし、治療のプロセスが動き出すようにするためです。そのため、どの子どもに対しても最初はその子の回復の力を把握するために、そして心の中の様子を表しているような遊びがなされるように時間を使います。子ども中心のプレイセラピーを活用したこの方法があまり馴染みのないやり方だという人もいるかもしれませんが、ワークショップに参加したり詳しい説明がなされている臨床教材（Giordano, Landreth, & Johns, 2005）を読み込んだりすることで理解できるようになるでしょう。

　ASBPCで行う導入段階での非指示的課題には、子ども中心のプレイセラピー、非指示的な箱庭、自由画などがあります。子どもはプレイセラピーの設定で自由に活動することができます。治療者は、彼らがすることとしないことを把握しそれらを評価していきます。いうまでもありませんが、この領域での訓練や経験を重ねることで子どもの自主的な遊びをより容易に評価することができるようになるでしょう。

指示的課題

　子どもの性的問題行動とは、強制的で他の子どもを危険に曝してしまう問題行動です。この点を踏まえ、性的問題行動には確固たる制限を設け、その代替となる行動を教えるという直接的な介入を直ちに行わなければなりません。子ども中心のプレイセラピーは補助的な働きをする面があるものの、単にそれのみで性的問題行動がどうにかなるものではなく、より専門的な介入を必要とします。つまり、子どもとその子の抱え

る問題をよりよく理解していくために、先に挙げた多くの指示的課題（問題行動に関するプレイや対話の他、特定の芸術活動に取り組ませるなど）を非指示的なプレイセラピーの中に組み込んでいかねばならないのです。この指示的課題については後の節でより詳しく説明します。

　性的問題行動のアセスメントは、無条件の受容を行う子ども中心のアプローチとは明らかに大きく異なるものなのです。こういったケースではその子が他の子を傷つけてしまわないよう、治療者も保護者も同じ姿勢で援助していく必要があります。

データの収集と見立て

　アセスメントを終えたら、治療者は委託機関に見立てをまとめた詳細な報告書を提出することになるでしょう。報告書にはこれで全てということではありませんが、少なくとも次のことがらを記載します。個人セラピー、集団セラピー、家族セラピーの適用に関すること、もし適切だと判断されるならばより高度な援助機関への委託に関する提案もあるでしょう。治療者は保護者とも会い、今後の保護者の責任を明確にし、そして強化します。保護者には子どもに対するこれまで以上の見守りと明確な制限を設定するよう求めます。また、見守りを強化していく際の現実的な方法を共に考え、さまざまな場面における子どもの行動観察に関する相談を行います。そうすることで最も危険な状況は避けられますし問題の改善にもつながっていくのです。

　セッションのうち数回は指示的な活動をする計画が組み込まれていますが、アセスメントの初めのうちの大部分は非指示的です。子どもはそれぞれのセッションでの指示的課題を先に行うか、それとも遊んだ後に行うかを選ぶことができます。もしその子が最初に課題を行うことを選び、早く非指示的な遊びをしたいからといって指示的課題を大急ぎでこなしたならば、異なる構造をセッションに組み込むことになるでしょう（例「今日は遊んだり作ったりするのは最後の15分間だけにしましょう」）。遊びに向かう子どもの態度、遊びのプロセス、遊びのテーマ、治療者へ

の応答性などの臨床的観察は指示的課題と同じようにその子に関係する情報です。先にも述べたように、プレイセラピーの訓練と経験を積んだ治療者は、この情報をよりたくさん得ることができるでしょうが、プレイセラピーに馴染みのない治療者であっても活用できる多くの資源があります。それらに関しては本書の巻末の参考情報の章に載せています。

アセスメントの終了

　数週間にわたる個別のセッションや共同のセッションを行い、広範囲にわたる子どものアセスメントを行ったならば、その子にとって治療者は重要な人物となっており、治療者と共にしてきた時間がどれほど長かったか、そして、アセスメントが終了した後はどうなるかがその子にも理解されているでしょう。

　子どもに最後の日のことを意識させ、それぞれの週で最後の日までの時間について説明していくことが大切です。カレンダーには印をつけておくのが良いでしょう。またはそれぞれのセッションの初めに、「あと3回しますよ」など子どもに伝えるのも良いでしょう。アセスメントの結論がまとまりそうになる頃、治療者は例えば次のように子どもに伝えると良いでしょう。

　　「もう分かっていると思うけれど、○○月○○日が私たちの会う最後の回だね。だからそれまでにいくつかのことをしようね。最初に、あなたが初めてここに来た日のことを思い出してみよう。あのとき一緒にやったこととか、楽しかった遊び、それから自分のことについて分かったこととか。後は、あなたとあなたの親／保護者にこれからどうなっていくのか、あなたにとって大切なことをお話しするからね。そして最後のさようならの回の計画とお祝いの計画もするからね。だから、最後の回はどんなふうにしたいか聞かせてもらえるかな？」

第4章◆性的問題行動を抱える子どものアセスメント

　子どもの年齢にもよりますが、彼らの会話をしようとする意欲、そして全体的な協力的態度や言葉による振り返りはごくわずかなものかもしれません。ですからその代わりに治療者は、アセスメントの中で行った活動や写真を綴じた、ちょっとした冊子を子どもにプレゼントして、その上でこれから先のことを説明してあげるのも良いでしょう。

　それに加えて、治療者は次のようなお別れの言葉を述べるのも良いでしょう。

　　　「アセスメントの面接に来てくれてありがとう」
　　　「お互いのことをたくさん知ることができてうれしかったよ」
　　　「考えていることや感じていたことを、心を開いて教えてくれてありがとう」
　　　「あなたやお父さんお母さん（もしくは保護者）に、どうやったらあなたを助けてあげられるか教えてあげるからね。あと、少し注意しておかなければいけない特別なことも教えてあげるからね」

　子どもはアセスメントセッションを終えることに困難を示すこともあればそうでないこともあるでしょう。さようならを言うことは彼らが人生の中で経験してきた喪失や終わりを思い出させることもあります。その経験の中にはこれまで十分に説明されてこなかったものや、整理されないままになっているものもあるでしょう。子どもはアセスメントセッションが終わることに対して悲しさや怒りを表現したいと思うかもしれませんし、一方でそういった気持ちを直接表現することは無理だと思っているかもしれません。彼らに自分の気持ちを書かせるなど、その方法を示してやることが役に立つでしょう。例えば模造紙を渡しそれに自分が望むことを好きなように書かせるとか、あるいは終結について自分の考えや気持ちを一番よく表しているミニチュア模型を選ばせたりするなどです。このときのセッションは他のセッションよりも少し時間を長く

とることもあります。その場合、最後の回は完了のお祝いだと強調することが大切です。引き続き別の援助を受けることが分かっている子どもの場合、そのことを彼らに伝えることが望ましいでしょうし、保護者にもアセスメントセッションの途中で小休憩をとり、今後の援助について説明すると良いでしょう。

　子どもの最終セッションを行うときの目的は先に述べたような締めくくりを行うことだけではありません。子どもや保護者（そして必要であれば連携する専門家）に評価を伝え、必要に応じて専門家への照会を行い、そして必要に応じて委託する専門家に報告書を渡します。こういった臨床情報のうち、保護者には何を伝え何を伝えないのか子どもに説明することは極めて重要です。保護者に対しては、守秘すべき子どもの情報をどのように守るのか説明することが重要です。また、保護者には子どもに直接大切な情報を話すよう勧めますし、そのプロセスが適切で有益なものとなるよう指導・援助すると良いでしょう。臨床的見立ての中にアセスメントを行った治療者との現在進行中のセラピーを含めるならば、そのプロセスが今後どのように変わることになるか、あるいは変わらず続けられるかを子どもにも説明すべきです。例えば、もしアセスメントによってアンガーマネジメントがその子にとって重要な領域の1つだと判断した場合、子どもにはこれまでのセラピーを維持する時間を確保する一方で、アンガーマネジメントに関することがらを扱う時間も一部とることを伝えます。児童虐待やネグレクトの報告を行わなければならない場合、保護者にはその報告内容について前以て話をしても良いでしょうし、彼ら自身が報告書を書いても良いでしょう。あるいは治療者が然るべき機関に連絡をするとき、その場にいるよう求めるのも良いでしょう。

ASBPCの指示的課題

芸術活動

　ASBPCには3つの描画課題があります。(1) 自由画、(2) 動的家族描画 (K-F-D)、(3) 自画像描画です。

自由画

　アセスメントの期間中はどの段階でも、子どもは自由画を描くことがあるでしょう。もし彼らが初回のセッションで描いたり塗ったりしたがるのであればやらせます。絵を描くよう促すことはしません。初回のセッションでは子ども中心のプレイセラピーの目標を重視します。その目標とは、子どもと温かで思いやりのある受容的な関係性を築くこと、無条件の受容を行うこと、安心でき寛容な雰囲気を作り上げること（そして必要に応じて制限を設けること）、子どもの気持ちに対して感受性豊かで共感的にしっかりと反応すること、子どもが深い理解に至るようその子の気持ちを伝え返すこと、子どもが自分の行動に責任を持つ能力に敬意を払うこと、遊びや会話を子どもが主導すること、子どものペースに合わせることです。

　芸術療法家ではない治療者は、作品を作るプロセスにはもともと治癒的な特性が備わっていることを知っておくことが重要です（Rubin, 2005; Malchiodi, 1998）。ですから、子どもが描いたり塗ったりしている間、話しかけたり質問をしたりしてはいけませんし、他にも邪魔になるようなことは控えましょう。もし作品を作っているときに子どもから話しかけてきたら治療者は耳を傾けますが、決して積極的に会話はしません。治療者は他の重要な変数との比較や対照をするためにも、子どもの絵画に関する研究によく通じていることが大切です（Peterson & Hardin, 1997）。

自由画の教示

治療者は次のように簡単に伝えて始めると良いでしょう。「絵を描いたり塗ったり、したいようにしていいんだよ」、あるいは「思いついたことは何でも作っていいよ」。子どもが自由絵画活動を終えた**あと**に次の治療的な質問をすると良いでしょう。「その絵についてお話ししてもらえるかな？」あるいは「その絵について言いたいことを言いたいだけ話してくれるかな？」

動的家族描画（K-F-D）

K-F-D（Kaufman & Burns, 1972）では、子どもに自分の家族について絵を描くよう求めます。この描画には家族関係に関する子どもの認識が表れると考えられています。また、その子の適応的なスタイルや防衛のスタイルも家族機能に関連したものとして明らかになると考えられています。アセスメント課題としてのK-F-Dの目標は、子どもの自分自身の認識、家族の認識、援助システムの認識、家族の力動、これらを把握することです。絵画はその子のファイルに保存していくと良いでしょう。もしセッション終了後に子どもが絵を持って帰りたいと訴えたら、作品を写真に撮って保存しておくと良いでしょう。保護者には、子どもが表現した作品の写真を撮ることについて文書で同意を得ておくことを勧めます。

K-F-Dの教示

自由画と同様、簡単な指示で始めます。「あなたと家族が一緒に何かをしているところ……何か活動をしているところを描いてもらえるかな？」。子どもが描き終えた後で以下の質問をすると良いでしょう。

　　「その絵についてお話ししてもらえるかな？」
　　「その絵は何をしているところなのかな？」
　　「その絵の中の人はお互いのことをどう思っているのかな？

もしその人たちが話をするとしたら、お互いに何と言い合うかな？」

「もしその女の子（男の子）が話すとしたら、その子は何と言うかな？」

「この人は何を考えているのかな？　何を感じているのかな？」

「家族がこの活動をしていなかったら、みんなは他に何をしているかな？」

専門的な配慮と工夫

治療者はこの活動では強く関与しようとしてはいけません。雑談などをしてしまうと、この活動に対するその子の気が散ったり集中が途切れたりしてしまいます。治療者はただ黙って邪魔することなく描画が進むようにしておくのです。描画が終わったら、その子が幅広い話題を持ち出せるよう開かれた態度で会話を行います。治療者は開かれた質問をし、価値観を押し付けてしまうような言葉を使わないよう気をつけましょう。「この絵ではあなたは他の人よりも小さく描かれてるね。このことについて少し話してもらえるかな？」とか、「あなたとお父さんはとても仲良くしているみたいだね」ではなくて「お父さんはあなたのそばであなたと手をつないで立っているね」のように言うと良いでしょう。

治療者は絵の解釈をするのではなく時系列に沿って見ていくべきです。解釈を共有することでまずいことになった例を示します。

治療者：うわぁ、あなたとお父さんはお互い大好きなのかな。お父さんはあなたのそばにいて、あなたはお父さんの手をつないでいるね。

子ども：（無言）

治療者：お父さんのどういうところが好き？

子ども：（好きなところなんて）ないよ。

治療者：この絵ではあなたとお父さんは何をしているところなの

かな？

子ども：お父さんは僕を部屋に連れて行こうとしているの。

治療者：へぇ、お父さんはあなたを部屋に連れて行こうとしているんだね。

子ども：そう。お父さんは僕を誰にも見られない部屋に連れて行って悪いことをするんだよ。

この子どもの描いた父親は、彼の隣に彼の手をつないで立っていましたが、これは父親が彼を連れて行こうとして近くにやって来たという危険な場面を表現したものだったのです。治療者の解釈はもちろん間違っていました。そのためこの子はあっという間に心を閉ざしてしまいました。幸いにもこの子は治療者に言われた解釈を乗り越えることができました。けれども通常それには相当な自我の強さが必要です（多くの子どもはそのようなことができるほど強くはありません）。そのため解釈は避けた方がよいのです。解釈するのではなく、治療者が見たものを伝えることの方がよほど役に立ちます。例えば、「お父さんはあなたの横にいてあなたの手をつないでいるね。それはどういうことなのかな？」という具合です。

自画像描画

子どもには鉛筆、ペン、絵の具を用意します。幼い子どもであっても一般的な大きさの紙とHBくらいの鉛筆を用意すれば上手に描くでしょう。子どもが色をつけたがったらペンを使わせてあげると良いでしょう。イーゼル、絵の具、絵筆があれば、子どもはそれを使って描きたがることもあるでしょう。けれども水彩画は彼らには少々難しいかもしれません。水彩画は細かい部分を描くことが難しいですし、そのせいで彼らがイライラしてしまう可能性もあります。

自画像描画の目的は、その子の自分自身の認知、感情・気持ち、発達上のことがら、自己イメージ・自尊心、心配事のある場所を明らかにす

第4章◆性的問題行動を抱える子どものアセスメント

ることです。性的問題行動を抱える子どもは性器を強調することがあります。子どもがどう描いたら良いか戸惑っているようであれば、自分の好きなように描けば良いこと、この描画は正しいとか間違っているとかはないものだと話してあげると良いでしょう。

自画像描画の教示

　これまでと同様、簡単な指示で始めます。「自分（の絵）を描いてもらえるかな？」。子どもが自画像を描き終えたら、以下の質問をすると良いでしょう。

　　　「その絵についてお話ししてもらえるかな？」
　　　「その絵は何をしているところなのかな？」
　　　「この小さな女の子（男の子）は何を考えているのかな？」
　　　「この小さな女の子（男の子）は何を感じているのかな？」

　自画像描画に関しては、より理解を深めるために認定を受けている芸術療法家にコンサルテーションを受けることが望ましいでしょう。治療者は静かに観察する役割を忘れないようにしましょう。

専門的な配慮と工夫

　もし子どもが自画像を描くのを拒否したら別の活動に移るべきです（例えば自由画）。主導権争いを避けること、（年長の子どもはそうしがちですが）抽象的な自画像でも自分が描きたい絵であればどのようなものでも描けるのだと強調することが大切です。抽象的な自画像描画の指示は次のように言います。「線と形と色、あとはイメージで自分の絵を描いてちょうだい」。繰り返しになりますが、治療者は積極的にそこにいるけれど、絵を描いている子どもの気が散ったり邪魔になったりしないよう静かにしておくことが大切です。そして作品を描いているときのその子の気持ちの変化を観察するのです。それから気付いたことをコメント

すると良いでしょう。例えば次のように言うことができるでしょう。「絵のここの所を描いているとき、あなたはおでこにしわを寄せて、椅子の周りをうろうろしていたね」。

これら3つのタイプの描画活動に対する臨床的コメントは全て、子どもに向けてではなくその絵に向けてなされるべきです。創作活動の最も大きな価値の1つは、その作品がその子どもの感情から"安全な距離感"をもたらすことです。例えば、子どもは描いている絵の中に自分の悲しみや怒りを表現しますが、そのときはその悲しみや怒りを"抱える"ことなく行っています。この距離感のおかげで子どもは安全に自分の感情を処理し始めるのです。

箱庭療法

アメリカでは箱庭療法の活用がますます一般的になってきています。それは、箱庭療法の臨床的な活用が治療上の大きなリソースとなるという理解が広まってきているからです（Homey & Sweeney, 2004, 2011; Turner, 2005; Mitchell & Friedman, 1994; Carey, 1999）。箱庭療法には"サンドプレイ"と呼ばれる、ユング派の箱庭療法の教育と発想法の普及に特化した専門機関（アメリカ箱庭療法協会：Sandplay Therapists of America）があります。子どもを対象とした治療者はそこで箱庭療法の活用について専門的な訓練が受けられ、より深い理解ができるようになっています。箱庭療法は子どもの内的な世界の探求の援助のために効果的な方法だと認識されているのです。

ASBPCで活用する箱庭療法は、内的な世界の外在化、つらい経験に関する感情や気持ちの同化、投影・ワークスルー・洞察の進展など、子どもがさまざまな経験をすることを可能にします。箱庭療法によって自分や他者について意識していきますし、限られた箱庭空間に何かを作り上げていくことで、感情的に緊張した状況を自分の中に統合していくこともよく起こります。

箱庭療法はアセスメントの中でいつでも行うことができますが、子ど

第 4 章◆性的問題行動を抱える子どものアセスメント

もが自分から積極的にやろうとしないならば、治療者はやってみないか
と促すのも良いでしょうし、砂箱で特定の活動をするよう指示するのも
良いでしょう。

箱庭療法の教示

　以下に述べることがらは、治療者の受けている訓練の範囲内で行われ
るべきです（決して訓練で学んだこと以上のことはしないでください）。

　最初の促しはとてもシンプルです。「使いたいミニチュアを使ってこ
の砂箱に何かの場面を作ってごらん。正しいやり方も間違っているやり
方もないからとにかく自分の好きなようにやってごらん」。中には次の
ように言って促すこともあります。「ここのミニチュアを使って自分の
好きなものを作ってごらん」。どちらの教示の方が良いかは経験を積み、
判断していくと良いでしょう。

　このやり方の他にも、ミニチュアを砂箱に置くところを子どもに見せ
ながら「他の子を触ってしまう問題はどんな感じかな」「学校ではどれ
くらい問題になっちゃってるのかな」あるいは「どういうときその問題
は大きくなりそうなのかな、それとも小さくなりそうなのかな」と尋ね
ることもできるでしょう。

　子どもが箱庭の物語を作った後で、治療者は観察して何が作られたの
かを把握します。その上で箱庭の説明が終わった後の対話をどの程度行
うか判断し、幅広く質問したりその子が自分の作品について振り返るこ
とができるようなコメントをしたりします。

　子どもと自発的なコミュニケーションを行うために、"話したいだけ、
または話せるだけ"話せばいいと言ってあげると良いでしょう。「その
世界について話してもらえるかな？」とか「あなたの作った世界のよう
なものについて話してくれるかな？」、あるいは「ここでは何が起きて
いるのかな？」など、開かれた質問やコメントは有効です。

専門的な配慮と工夫

　治療者は箱庭の物語をしっかりと観察するために十分な時間を確保した計画を立てておくべきです。1つ1つの物語を作り上げるのにかかる時間はさまざまです。もし時間がなくなってしまった場合は、その子どもを労い、写真に撮るか再現するかして後の回でその物語を味わっていくべきでしょう。

　箱庭療法には決まりがほとんどありません。砂箱には砂を入れておきます（この決まりはセッションの最初に伝えるというよりは、子どもが箱庭をやろうとした際に伝えるのが最も良いでしょう）。また、治療者は箱庭の何かを指で指し示すときに、手が箱庭の砂に触れて表面を崩してしまわないようにしましょう。最後に、治療者はできあがった箱庭作品を子どもの目の前では取り壊さないようにしましょう。

プレイ・ジェノグラム（Play Genograms）

　"ジェノグラム"は子どもの家族構成を視覚的に理解し、その属性情報を収集し、子どもが毎日の暮らしの中で重要だと感じている人を明らかにするためのアセスメントツールです（McGoldrick, Gerson, & Petry, 2008）。アセスメントの中でジェノグラムが十分に活かされるよう、治療者は前以てその子のジェノグラムを描いておくと良いでしょう。そうでなければセッションの中で子どもと描きます。そして基本的なジェノグラムが大きな紙に描きあがったら、その子に他に大切な人やペットなどはいないかと尋ねます。

　ギルはマックゴールドリック（McGoldrick）らの方法を応用し、ジェノグラムに遊びの要素を取り入れ、ミニチュアなどを使う方法を活用しています（Gil, 2003a, 2003b）。彼女はジェノグラムが描きあがった後、それぞれの家族メンバーやその他重要な人物に対する自分の気持ちや感情を最もよく表しているミニチュアを探すように指示します。また、自分自身の気持ちを表すものも選ばせます。それからジェノグラムに描かれているそれぞれの人と自分との関係を表しているミニチュアを探す作

業も行うこともあります。

　プレイ・ジェノグラムは個別に行うこともできますし（個別プレイ・ジェノグラム）、その子どもの家族と一緒に行うこともできます（家族プレイ・ジェノグラム）。アセスメントを目的としたプレイ・ジェノグラムの目標は、子どもが家族をどのように認知しているか理解し、彼らのソーシャルサポートシステムに関する情報を収集することです。さらには、象徴的な言語を使ったコミュニケーションの能力を高め、子どもに自分自身や重要な他者に対する気持ちや考えを表現させることも目標の1つです。

プレイ・ジェノグラムの教示

　基本的なジェノグラムができあがった後、治療者は次のように言います。「今から、家族のみんなに対するあなたの気持ちを表しているようなミニチュアをいくつか選んでもらえるかな。あなたを表したものもね。それからそのミニチュアを、家族を表している丸と四角の所に置いてちょうだい」。

　以下に、子どもがプレイ・ジェノグラムを終えた後に行う治療的な質問の例を挙げています。

　　　「このプレイ・ジェノグラムについて何でも、あなたが言いたいだけ、または言えるだけ言ってもらえるかな？」

　　　「これ（ミニチュア）についてお話ししてもらえるかな？」

　　　「～ちゃんにとってこれ（ミニチュア）はどういうものなのかな？」

　　　「これ（ミニチュアA）とこれ（ミニチュアB）はどういう関係なのかな？」

　　　「もし話せるとしたら、これ（ミニチュアA）はこれ（ミニチュアB）に何と言うかな？」

　　　「これ（ミニチュア）は何を考えてる・している・感じているの

かな？」

　「これをやってみてどうだった？」

専門的な配慮と工夫

　プレイ・ジェノグラムをする場合、ミニチュアは子ども自身に選ばせましょう。子どもとジェノグラムを眺めながら"言いたいだけ・言えるだけ"の対話をする十分な時間をとっておくことが大切です。「このミニチュアが意味していることを話してもらえるかな」といった鋭い質問をするよりも、開かれた態度でいる方が良いでしょう。プレイ・ジェノグラムの最中には現実世界に急に戻そうとせず、子どものメタファーの中になるべく留まるよう心がけるのがベストです。もし子どもが自分の父親を表すのにオオカミのミニチュアを選んだら、「そのオオカミについて話してもらえるかな？」「そのオオカミはどんなふうに過ごしているのかな？」あるいは「そのオオカミと一緒に過ごしていそうな人は誰かな？」などと言いたくなるでしょう。そうではなく、「あなたのパパはオオカミとどういうところが似ているのかな？」と尋ねてあげましょう。けれども、子どもがひとたびジェノグラムの中の人物について語り始めたら治療者はそれに任せるのが良いでしょう。

再構成的課題

　どのような再構成的課題でも目標は以下の通りです。子どもが自分の問題行動について認識していることや情緒体験などを整理した形で話せるよう援助する。問題行動が自分や他人に与える影響を含め、子ども自身が問題行動の原因と考えているものを確認する。子どもが話を始めたとき、話の最中、話し終えた後で、その子が感じた気持ちや考えを外在化し抱えることによって問題行動に取り組むことを援助する。心理教育を行い、性的問題行動を修正しなければならないと考えるよう導く。

　効果的な再構成の課題を行うことで、子どもは比較的くつろぎ安心して語ることができるようになります。さらに、起こしてしまったことに

第4章◆性的問題行動を抱える子どものアセスメント

対して行っている原因帰属の意味を検討することができるようになります。セラピーの重要な課題の1つは、自分が何を考えているのか理解できるよう援助すること、そしてどれほどその考えが限定的な考え方であり、自責的であり、自分の非を他人に押し付けているか理解していけるよう援助することです。CBTではそのような考えを"認知の歪み"といい、たとえアセスメント段階であっても、新たな情報を伝えたり別の考え方や解釈を検討させたりして認知の修正を行うことが重要だと考えられています（Cohen & Mannarino, 1993）。また、子どもはよく起こした事件について話すよういわれますが、それよりも創作活動をさせたり文章で書かせたり、あるいはミニチュアで物語を作り出させたりする方が彼らはよりのびのびとそのことを表現してくれます。

　子どものプライバシーに特別に配慮することもあるでしょう。例えば、記入する課題を他者に見られないように一人でさせたり、マスクやサングラスをつけさせたり、あるいはパペットの後ろに隠れて自分が見えないようにカモフラージュしてから、何があったかそのパペットで表現させたりするのです。そのような工夫によって子どもには表現しようという勇気がわいてきます。治療者はアセスメントの目的を忘れないようにしておきましょう。再構成的課題は子どもが自分の話をする義務を果たす際にどの程度安心できているか評価するものです。この時点では治療的な取り組みは行いません。

再構成的課題の教示

　教示は実施する再構成的課題のタイプによってさまざまです。けれども根底にある共通のねらいは、子どもが自分の行動について"プレイアウト（play out）"し、語ることができるようになることです。活動を始める際の教示の例を示しましょう。「これはあなたで、こっちは（被害児とされる子の名前）ね。問題のタッチが起きてしまうときの様子を見せてもらえるかな？」あるいは簡単に「（子どもが起こした特定の事件）が起きたときのことを教えてちょうだい」など。または、パペット用の

舞台の後ろから話をさせることもできますし、他にもその子が一人になれて安心できる体験となるようなやり方であれば行うことができます。

　われわれがよく使う"マンガキャラの語り（cartoon narrative)"は、次のように教示をして始めます。

　　「見てごらん。この紙に、マンガの本やアニメみたいに並べて描いた四角の枠があるよね。今から、あなたの問題のタッチ（あるいは触りたいという考えや触るときの気持ちなど）はどんなふうに起きるのかを描いていくよ。どんな様子か言ってくれたら私が描いてあげることもできるし、描きたければあなたが描いてもいいからね。何が起きたのか字も書いていいんだよ。最初に、問題のタッチが起きたときのことを描くために少し時間をとるからね。それから問題が起こる少し前のことを振り返ってみようね。最後の枠にはタッチのせいで起きてしまった困ったことを描いてごらん」

　治療者の用意したテンプレートを使ってもいいですし、子どもが簡単な線で描くのを最初の枠から最後の枠まで順番に手伝ってあげるのもいいでしょう。線で簡単な四角の枠が描けたら、治療者はそれぞれの四角または人物にふき出しを描いてあげます。そしてそこに、その人たちが思っていること、言いたいことやしたいことを書くよう言います。

　このマンガキャラの語りはおもちゃの家や（箱庭の）砂箱で再構成的課題として行うこともできます。具体的な性的問題行動が明らかになって紹介されてきた子どもの場合、起こした事件のことを物語の中に組み込んで使うこともできるでしょう。けれども、中には自分の性的問題行動をアセスメント過程で表現したり話し合ったりすることができない子どももいます。そのような場合、治療者が事件について知っていることや、両親が話してくれたことを描いたり書いたりして子どもを援助すると良いでしょう。子どもが自分の起こした事件を認めない場合でも、治

療者は「最初はやったことを認めることができない子もたくさんいるんだよ」と言ってあげましょう。

専門的な配慮と工夫

　子どもはこの課題にはあまり乗り気にならないこともあります。そのときは事実をありのまま伝えるやり方で課題を提示すると良いでしょう。ふき出しに書き込むよう子どもを励まし（あるいは書くことを耳元でささやいてあげ）、ふき出しには気持ち、考え、体の感覚、行動を書くよう言いましょう。子どもがなかなか書き始めようとしない場合、「今、どんな気持ちかな？」「今、何を考えてるかな？」「今、体はどんな感じがしてるかな？」など尋ねると良いでしょう。多くの子どもが物語を構成するのに援助を必要としますが、棒線の人物を描いてあげることでこの課題が進むこともあります。クライエントの子どもの棒人形を描いてやったり、問題行動を報告してきた子どもの棒人形を描いてやったりしてこのプロセスを先導していく必要があるでしょう。それからこう言うのです。「これはあなたね……そしてこれがあなたの妹。あなたたちは妹の寝室にいます。ママとパパは下の階にいます。あなたは妹を触ろうかなという考えが浮かんでいました。寝室のドアを閉めた後何があったか見せてもらえるかな？」

　子どもがひとたび語り出したならば治療者はその話をしっかり聞いて、その子が話した自分の考え、気持ち、体の感覚などを伝え返してあげます。例えば、もし子どもが「あいつに思い知らせてやる」と書き出して、その気持ちを"怒りと傷つき"と表現したならば、「ここではあなたは傷ついていて怒っているんだね。そして自分の中で"思い知らせてやる"って言ってるんだね」と伝え返してあげます。ここでもこれまでと同様、目標は臨床的な情報の統合であり、思考がどのように感情につながり、その感情がどのように思考につながっているかを理解することです。治療者は最終的には、ネガティブな思考に関する解釈と、思考と同時に生じている感情の解釈を行います。

「気分は何色？」課題

　「気分は何色？」課題（本章の最後に掲載しているシート4.2参照）は、子どものさまざまな情動の体験や感情の表出体験を評価するものです。感情がどのような状況と関連しているのか、または他者とどのような関連を持っているのかを調べていきます。具体的には次のことを目的としています。その子が"たいていいつも"感じている感情の種類を理解し記述する。子どもがある特定の人といるときに、または特定の出来事や状況にいるときに感じる感情をより明確にできるよう援助する。自分の感情がいかに激しいものかを理解していけるよう援助する（例えば、ある感情が他の人たちが感じるよりも激しいことを知る、など）。特定の出来事や状況が自分の感情に特に大きな影響を及ぼしうることを子どもに説明する。子どもはこの活動に対して積極的に関わってくることが多いですし、われわれは子どもがセラピーにやって来るとたいてい、特定の人、出来事や状況に対する「気分は何色？」課題を実施します。

「気分は何色？」課題の教示

　子どもには「あなたがいつもよく感じている気持ちを書いてみよう」と声をかけ、治療者でも子どもでもどちらでもよいので紙に書き出していきます。それから書かれた感情から線を引いてその先に小さな四角を描きます。そして気持ちの色を考えてもらい四角をその色で塗らせます。そうやって1つ1つの感情を色分けしていくのです。全ての色分けができあがったら、2人の人形（シート4.2参照）を示します。そして本人（2人の人形のうちの1人）が、ある特定の人とある特定の状況下で感じる感情の種類と強さを、先ほどの色分けした色を使って表現してもらいます。性的問題行動を抱える子どもの場合、初めにその子が"たいていいつも"感じている情動を検討します。それから彼らが"身体的接触の問題"（または"身体的接触をしようとする考えや気持ち"）を起こすときに、その情動がどのように変化しうるかを検討します。

　この活動をし終えた後に、子どもに次のような質問をすると良いで

第4章◆性的問題行動を抱える子どものアセスメント

しょう。「この絵について話をしてもらえるかな？」「この絵で何か気付いたことはあったかな？」、あるいは「この2人の同じところと違うところは何だと思う？」。次のようなコメントをするのもまた良いでしょう。「あなたは触りたいって思ったときはとても怒っているようだね」とか、あるいは「いつもは小さいけれど、触りたいって思ったときはあなたの悲しい気持ちは大きくなっちゃうんだね。悲しい気持ちがどんなふうに大きくなっていくのかもう少し話してもらえるかな？」など。

専門的な配慮と工夫

　本章で紹介した他の活動と同様、治療者は静かに見守る態度でいるべきでしょう。そうすることで子どもは集中してこの創作活動にのめり込むことができます。子どもが描き終えた後にオープンな対話を行うのが多くの場合有効です。治療者は開かれた質問を心がけると良いでしょう。繰り返しになりますが、価値観を押し付けるような言葉遣いには気を付けましょう。「体の下の方には暗い（悲しい）色を使っているみたいだね」と言うのではなく、「体の下半分には青と灰色を使ったんだね。そのことについて少し話してくれるかな？」と言ってあげましょう。子どもが幼すぎて、感情の名称を言葉にすることができない場合は、治療者が感情（または思考）を描いたカードを用意し提示してあげると、子どもは自分の感じている気持ちを明確にすることができるでしょう。

まとめ

　性的問題行動を抱える子どもに対して、子どもがスムーズに取り組むことのできる包括的なアセスメントを実施することはたいへんな作業です。彼らのほとんどは言語化することが困難でしょうし、自分の考えや気持ちをオープンに話し合うことには尻ごみするでしょう。専門的なアセスメントプロセスは、プレイに基づいた一連の活動を通して子どもが自分の考えや気持ちを言葉で表現するように促していくものです。家族

や他のきょうだいらと関係性を築くことも同様に重要な点です。家族の指導や援助は、子どもの衝動的で不適切な行動のコントロールに例外なく有効です。また、保護者の反応は治療全体の進展に援助的にも妨害的にもなりえます。

　最後になりますが、このアセスメント法は治療に対する1つの文脈を生み出します。つまり、子どもは治療者が自分の性的問題行動を心配していること、そして中立的で、温かく、思いやりを持ったやり方で援助しようとしてくれているのだと即座に理解するのです。これまでにも述べましたが、子どもたちの多くは自尊心が低く、わずかなソーシャルスキルしかないため、保護者の注意や指導を試すような行動をとるでしょう。

第4章◆性的問題行動を抱える子どものアセスメント

シート4.1 子どもの性的問題行動のアセスメント（ASBPC）の概要

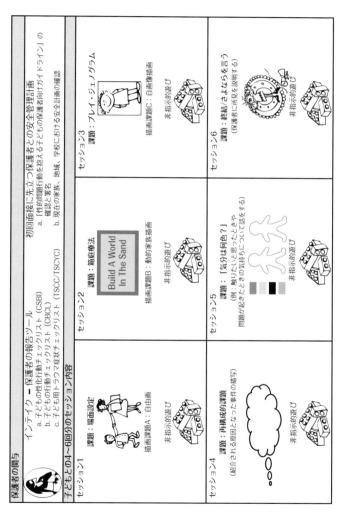

Eliana Gil and Jennifer A. Shaw (2013) Copyright by The Guilford Press. この本を購入された方が個人的な目的で使用する場合にのみコピーが可能です。購入者は www.guilford.com/p/gil9 から拡大できるデータをダウンロードすることができます〔日本語版は www.akashi.co.jp/files/books/4918/4918_sheet.pdf〕。

シート4.2 ［気分は何色？］

いつもかんじているきもちをかきだしてみましょう。いろもぬってみましょう

Eliana Gil and Jennifer A. Shaw (2013) Copyright by The Guilford Press. この本を購入された方が個人的な目的で使用する場合にのみコピーが可能です。購入者は www.guilford.com/p/gil9 から拡大できるデータをダウンロードすることができます（日本語版は www.akashi.co.jp/files/books/4918/4918_sheet.pdf）。

第4章 ◆性的問題行動を抱える子どものアセスメント

_____のときはからだのこのぶぶんにきもちがあるよ

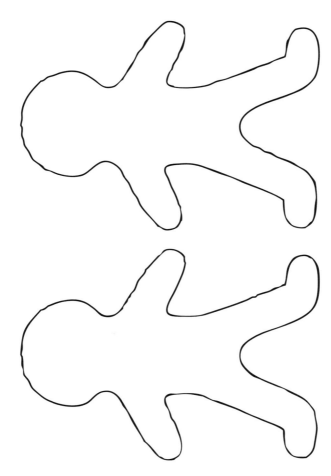

Eliana Gil and Jennifer A. Shaw (2013) Copyright by The Guilford Press. この本を購入された方が個人的な目的で使用する場合にのみコピーが可能です。購入者は www.guilford.com/p/gil9 から拡大できるデータをダウンロードすることができます〔日本語版は www.akashi.co.jp/files/books/4918/4918_sheet.pdf〕。

101

第5章

共通認識されている治療の領域と
保護者との協働に関する提言

専門家は成人の性犯罪者に対する治療指針の原則を、性的問題行動を抱える子どもや青年の治療に適用しがちです。しかし、性的問題行動を抱える子どもと成人の性犯罪者との間には大きな発達的差異があるため、それぞれの年齢層に実施する治療はそうした差異を反映したものでなければなりません（Friedrich, 2007）。また残念なことに、その子は性的虐待を受けているに違いないとか、将来、性犯罪者になるはずだといった頑固なステレオタイプのせいで、就学前の子どもや学齢期の子どもの発達に応じた適切な治療的介入がなされないままになっています。第1章で指摘したように、性的問題行動を示す大部分の子どもにとって、いずれのステレオタイプも正しいものとはいえません。それにもかかわらず、こうした信念からできあがった認識のために、根本的な問題が扱われないとか行動に見合う対応がなされないこととなり、子どもたちはその結果生じる悪影響に直面することになるのです（Friedrich, 2007）。フリードリヒはアタッチメントや自我の発達、自己調整、治療における関係の問題に焦点を当てることを始めとする、子どもの性的問題行動に対するこれまでの見方を修正し、より広い視野で捉えていくことを推奨しています。アタッチメントの力動と家族関係はこの問題の最大の要因であるにもかかわらず、長い間注目されてきませんでした。

共通認識されている治療の領域

　性的問題行動を抱える就学前の子どもや学齢期の子どもたちの治療に関する最近の研究からは、次に挙げるような広く共通認識されている治療の領域が提示されています。（1）（性的問題行動に焦点化したトラウマを統合する柔軟なアプローチによって）適切なときにトラウマに注意を向けること、（2）子どもの養育に直接的に関わる保護者が積極的に治療に関与すること、（3）性的問題行動を直接的に管理するために心理教育や認知行動療法的介入を用いること。さらに、治療的介入の長期的な効果を促進するいくつかの鍵となる要因も示されています。例えば、性的行

動を抑えたり性的な刺激に曝される可能性を小さくしたりする家族や地域による統制の実施（制限を明確にすること、安全を確保／管理すること、制限を設定すること）、対処方略の教育、子どもの情動調整の直接的な援助、子どもと主要な保護者との関係構築の促進、治療以外のサポートの構築などがあります。

共通認識されている領域１：
適切なときにトラウマに治療上の注意を向けること

　治療の優先度と焦点を当てる順序を決定するために、治療に訪れた子どもや保護者、あるいはその他の家族に対して治療選択を行う前に、子どもに関する精度の高い発達のアセスメント（第４章参照）を行うことが必須です。子どもが深刻な性的問題行動と顕著なトラウマ体験の両方を抱えている場合には、重大な臨床的問題が生じます。チャフィンらが示しているように、もし子どもが重大なトラウマに関連する症状を示しているならば、トラウマに焦点化した治療が最優先で基本的な介入となります（Chaffin et al., 2006）。深刻なトラウマ症状がない、または不安や抑うつなど内在化した症状が見られない子どもの場合（特にトラウマが問題の中心的な誘因となっていない場合）には、性的問題行動に焦点を当てたアプローチがより適当な方法となるでしょう（Chaffin et al., 2006; Silovsky et al., 2012）。

　チャフィンらは、トラウマやその他の併存する症状が関連するケースにおける選択肢と治療上の配慮について以下のようなアプローチを提案しています（Chaffin et al., 2006, p. 18）。

　　例えば、性的問題行動を抱えるその子どもが主に深刻なトラウマ性のストレス症状に苦しんでいる場合、必要な環境の調整や見守り、セルフコントロール方略に取り組むといった性的問題行動の治療要素を踏まえながら、トラウマに焦点化された治療を行うことが考えられます。性的問題行動が幼児期の数ある破壊的問題

行動のパタンのうちの１つである場合、親子相互交流療法
（Brestan & Eyberg, 1998）、インクレディブルイヤー（Webster-
Stratton, 2006）、バークレー式反抗的児童用プロトコル（Barkley
& Benton, 2013）、トリプルＰプログラム（Sanders, Conn, & Markie-
Dadds, 2003）といったモデルを性的問題行動の治療の中に取り入
れることが検討されます。無秩序な家庭環境やネグレクト的な家
庭環境に主な問題がある場合、安全かつ健康的で、安定した予測
可能な環境を設定する介入が最優先事項となります。不安定型の
アタッチメントが主たる問題である場合には、保護者の感受性を
強めるような短期的な介入が最も効果的であることが分かってい
ます（Bakermans-Kranenburg, van IJzendoorn, & Juffer, 2003）。

臨床事例

　トラウマが絡む場合の臨床上の表れは、多様で複雑なものとなるで
しょう。私（Shaw）はある10歳の男の子の治療をしました。彼は寝室
で５歳のいとこの男の子と「おちんちん遊び」をしているところを発見
され、その５週間後に治療が開始されました。クライエントのフラン
キーは５歳のいとこの男の子をテレビゲームで買収し、ペニスを舐める
よう頼んだのでした。フランキーに対するアセスメントと被害児童に対
する調査から、これが二度目であることが明らかになりました。

　私はまず現在彼と一緒に暮らしているフランキーの叔父と、祖父母と
会いました。そうしたところ、彼らは私にフランキーには入院治療の必
要があると判断を下すことを期待していることが分かりました。彼らは
私に治療センターの費用の補助制度とその問い合わせ先について尋ねま
した。叔父はフランキーに対して激しく怒ったことを認めました。彼は
フランキーを大声で怒鳴って摑み、ベルトで叩いた上で、児童保護サー
ビスが対応するまで彼を部屋に放置しておいたと話しました。７時間も
の間、フランキーは、何が起きたかについて祖父母、叔父、いとこが泣
きわめいているのをひたすら聞き続けて、部屋の中で待っていたのでし

第５章◆共通認識されている治療の領域と保護者との協働に関する提言

た。彼は叔父が折り返しの電話をかけてきた警察官、児童保護サービスホットラインの職員、事件の担当刑事らに次々に出来事を説明しながら、家中で怒鳴り散らすのを数時間にわたり聞いていました。アセスメントはフランキーの保護者たちが希望する入所治療の必要性を"証明"することが主な目的として設定されてしまっていました。そのアセスメントを受けるために連れてこられたフランキーは、私のオフィスに着くまで誰ともまともに話をしていませんでした。彼は親戚たちから、いとこに近づくなという指示だけを与えられ、"犯罪行為"を見つけ出すことと彼が何回少年に手を出したかだけに関心を持つ捜査員によって事情聴取を受けていました。彼は罰として一人で過ごすよう言われており、次第に心を閉ざしていくようになっていきました。

　事件から５週間、フランキーは寝室と学校の行き来だけをしていました。スポーツクラブに通うことは許されず、部屋のおもちゃは取り上げられてしまいました。彼はそのいとこが叔父や祖父母と頻繁に外出するなど特別に手をかけられているのを目にしました。フランキーの保護者らは恐れを感じ混乱していました。彼らはこっそりと集まり、２人だけで会話をし、フランキーを避けて無視しているようでした。

　フランキーは、学校でも同級生や教師と話をしませんでした。夜尿も始まりました。彼は保護者たちよりも恐怖を感じ混乱していましたが、彼のそうした気持ちは、事件から６週間後に開かれた治療チームのミーティングでは「思いやりがない」と誤解されてしまいました。ミーティングの間、さまざまな大人たちの懸念が渦巻き、彼らは自分たちの保身だけを考えるようになりました。フランキーは、大人たちは自分から他の子どもを守ることだけを気にかけているという考えや認識を持つようになりました。

　フランキーの叔父に会ったとき、私は彼の生後５年間の発達について尋ねました。まだ怒りが収まらないでいた叔父は「育て方に何か問題でも？　悪いことばかり起きてましたよ。でも私たちが**そうしてるんじゃないんです**」と答えました。私は「お手伝いするためにはフランキーに

あった良いことも悪いことも、できるだけたくさん知る必要があるのです。なぜなら、おそらく彼の行動は何か良くないことの表れなのですから」と伝えました。叔父は8歳の頃からフットボールの練習に連れて行ったり、実の息子のように関わったりするなど、フランキーにとって良い親代わりになろうとしてきたことを始め、あらゆることについて話し続けました。私は、明らかに叔父がフランキーに手をかけて育てていたことに安心しました。そして叔父がフランキーに裏切られたと感じていることが（はっきりと）分かりました。「伺えて良かったです。彼には父親が必要です。あなたはすでにそんな彼との間に強い関係を構築してきていることが分かりました。"悪いこと"は、あなたと一緒に住む前の、彼が8歳になる以前に起きていたのかもしれません」と叔父に伝えました。

　フランキーの祖母は踏み込んで、できるだけ多くのことを詳細に話してくれました。叔父と同じく、彼女はフランキーが8歳になるまで会ったことはありませんでした。祖母によると、フランキーは2歳で虐待とネグレクトのために生みの母親との分離を経験しましたが、その6ヶ月後には母親の元に戻りました。しかし4歳のときには身体的虐待のために再び分離されました。その後8歳までの間に、6つの里親家庭での生活を経験しました。最終的にフランキーは、母親との関係が疎遠だったために彼のことを知らなかった祖父母の元に引き取られることになりました。祖母は、フランキーが深刻な身体的虐待とネグレクトを経験し、性的虐待も受けた"疑い"があるという報告を受けたと説明してくれました。フランキーの母親は薬物に依存し、入れ替わり立ち替わりアパートに男の人を招き入れていました。また、ある里親家庭では、身体的虐待を受けたためにその家族を離れるという経験もしていました。フランキーも祖母も彼の父親が誰なのか知りませんでした。それから、フランキーが過去に治療を受けたことがあるか確認しましたが、そうしたことはなかったと聞き私は唖然としました。

　数日後、フランキーに会いましたが、彼は黙っていて目を合わせようとしませんでした。私はなぜここに来ることになったか分かっているの

第5章◆共通認識されている治療の領域と保護者との協働に関する提言

かどうか彼に尋ねました。フランキーは頭を振った後、自分がいとこに
したことのためだと聞いていると話しました。しかし、「おじいちゃん
にただ、約束があるから車に乗れって言われたんだ……」と漏らしまし
た。私のオフィスに来るまでの間に2人が会話することはありませんで
した。3回のセッションの後、私は彼に性的問題行動の事前、最中、事
後の気持ちを確認するためのアセスメントを実施しようとしました。フ
ランキーはそれまで、私とのプレイセラピーを心地よく感じるように
なっており、この時間を楽しみにしていました。しかし、そのアセスメ
ントのことについて説明をすると、すぐに心を閉ざしてしまいました。
彼は床に座って絵を描いていました。そして、うつむいたまま、数分間
話をしませんでした。私は予定していた検査を中断し、静かに彼と一緒
に座りました。そして「たいへんなことだったわね。あなたがそのいと
この子よりも小さかった頃に、たくさんの人に傷つけられてきたのを私
は知っているわよ。そして、誰もあなたのことを助けてくれなかったの
よね。ずっとあなたは傷つけられてきたのよね」と彼に話しました。フ
ランキーは黙って床に横になっていましたが、しっかりと聞いていまし
た。「だから私は、あなたが傷ついたことではなくて、あなたが誰かを
傷つけたことで私の所に来ることになってどんな気持ちなのか知りたい
と思っているのよ……　あなたが傷ついたとき、みんなはどこにいたの
かしらね？」と話しました。

　フランキーは頷き、たちまち泣き始めました。私は彼自身のトラウマ
体験が処理されるまで、彼が他の子に危害を加えないようにするテーマ
に取り組ませるつもりはありませんでした。私は依頼されていた性的問
題行動治療の専門機関への紹介を見合わせ、家族に焦点を当てた統合的
なアプローチを始めることにしました。すなわち、家庭で安全を確立し、
フランキーの保護者を教育し、性的問題行動をする子どもにまつわるこ
とやそういった子どもがどのような大人になるかという神話の誤解を解
くことから始めました。その後の治療では、性的問題行動の原因である
彼自身の被虐待経験を扱った後、彼の行動を被害者の反応として重視す

る取り組みを行いました。

共通認識されている領域2：保護者の積極的で直接的な治療への関与

　就学前の子どもと学齢期の子どもの性的問題行動の軽減を目指した治療の構成内容に関する効果研究では、親子合同のセッション、親と子別々のグループ、そして親に対する支持的療法といった保護者を巻き込んだ治療に対して一貫した高い効果が示されています（Chaffin et al., 2006）。実際、シーロフスキーは「性的問題行動を主訴としている子どもの治療において、個人治療や入院、入所治療といった治療やアフターケアが保護者の関与なしに行われるものの効果は疑わしい」と主張しています（Silovsky et al., 2012, p. 406）。フリードリヒは問題の発生と治療の両面において人生早期の関係性の重要性を強調しています（Friedrich, 2007）。

　　こうした子どもたちは、まず混乱した方法で関係することを学び、そしてそれをモデルとして他の子どもたちと関わっていくのです。関係性の最初のモデルを変えることで、子どもたちの他者との関わり方を変えることができます。私はこれが最も効果的な介入の形であると考えています（p. 4）。

　第1章で見てきた治療研究のレビューでは、性的問題行動の治療の短期的効果と長期的効果の両方とも、保護者の治療参加が関連していることが示されています。そこで指摘したように、治療に関わる保護者は生物学上の親や親族のこともあるでしょうし、里親の場合もあるでしょう。その保護者は現在の子どもの生活に積極的に関与している人が望ましいのですが、理想的には現在の主な養育者であり、かつ将来的にも十分に養育責任を果たす人です。チャフィンらやシーロフスキーらが推奨しているように、保護者は子どもの家庭環境を安定させることができる人であり、家庭環境の安定に影響する要因に対処したり維持させたりするこ

第 5 章◆共通認識されている治療の領域と保護者との協働に関する提言

とができる人でなければなりません（Chaffin et al., 2006; Silovsky et al., 2012）。他の深刻な問題行動と同様、問題行動の強度と頻度を減らすという目標を達成するためには、子どもを取り巻く環境全体に一貫性を持たせることも重要です。それによって保護者は「適応的な行動を支持し強化すること、適切な行動を学ばせること、問題行動に対して発達上適切な罰則を与えることが可能となるのです」（Silovsky et al., 2012, p. 406）。

　チャフィンらの提唱する、より強固なプログラムでは保護者が積極的に関与する要素が含まれています（Chaffin et al., 2006）。保護者が直接支援するものや保護者を介したアプローチ（例えば保護者のスキルトレーニングなど）もあれば、子どもの治療場面で保護者が参加者の 1 人となったりパートナーとなったりするものもあります（Brestan & Eyberg, 1998; Deblinger & Heflin, 1996; Hembree-Kigin & McNeil, 1995）。チャフィンらは最も効果的な治療法として、性的問題行動に焦点を絞った目標指向のアプローチを行い、（例えば、Patterson et al.（2002）が示しているような）実践的な行動管理と関係強化スキルについて保護者へ教育を行うことを提案しています（Chaffin et al., 2006）。

　チャフィンらは効果研究のレビューを行い、効果的な治療方法には、次に示すような保護者が取り組む治療的要素があることを明らかにしました（Chaffin et al., 2006）。行動修正のための明確な説明と指示、望ましい行動に対する具体的な称賛と肯定的な行動への注目、幼い子どもに対するタイムアウトの使用、年長の子どもに対する合理的で必然的な罰則、養育的な温もり、一貫性、敏感性の促進です。さらに、通院治療でも保護者が直接的・積極的に介入することで、保護者は安全と見守りの方針を確立することができ、その方針が守られるかどうかを管理することができると述べています（きょうだいを含む他の子どもに対するリスクの継続的な評価も行います）。そうすることで再度、治療を受けている子どものための安全で性的でない環境作りができるのです。保護者との同時面接あるいは並行面接、自宅での家族セラピー、親子のセッションといった特別なアプローチは、保護者に治療へ関与してもらうためのものでも

あります（Chaffin, 2006）。第 1 章で述べたように、RCTでは子どものグループへの積極的な保護者の参加、そして保護者のサポートグループを別に設けるという 2 つのグループセラピーアプローチの効果が明らかとなっています（Bonner et al., 1999; Pithers & Gray, 1993; Pithers et al., 1998）。

　保護者が積極的に治療に関与することによって、性的行動に関するルールを修正したりバウンダリーについて見直したりする（本章末のシート 5.1 を参照）ような家庭教育の機会が得られます。親子の合同面接や親子別々のセッションで、治療者が子どもに期待する行動に直接働きかけ、保護者が家族全員のプライバシーと尊厳をより尊重する必要があることを強調して伝えていくことで治療はさらに進んでいきます。こういったことは性的ではない環境を作る（Chaffin et al., 2006）ためだけではなく、要求や感情のより適切な表現方法の手本を示したり、練習したりするためにも行われるのです。

臨床事例

　私（Shaw）はモリーという 6 歳の少女がいるグループを担当していました。モリーの母親は彼女が父親から性的虐待を受けているのではないかと疑いを持っていました（4 歳半以前のことです）。モリーは性的問題行動を抱える同年代の子どもたちのグループに参加する前には、トラウマに焦点化した個人療法を受けていました。母親は家庭や学校で生じるモリーのマスターベーションを抑え込んだり、注意を逸らしたりしようと試みてきましたが失敗に終わり、この専門機関を紹介されました。学校からの報告書には「椅子に過度に擦りつけ、やめさせようとしても嫌がったり止められなかったりします」と書かれていました。母親は「モリーはここ、パンツの中に手を入れるんです。私がこっそりやるように言っても彼女には聞こえていないようなんです」と言い、モリーが自宅でたびたび変わらぬ激しさで取りつかれたようにマスターベーションを行っていることを報告しました。母親はこうした行動を不安に思い、非常に心配していました。そして、どうやったら問題行動に直接対処し

第5章◆共通認識されている治療の領域と保護者との協働に関する提言

ながらモリーを情緒的に支援することができるか、その助言を強く求めていました。モリーのマスターベーションは、彼女の自尊心や学業成績、社会性の発達に影響を与えているようでした。

モリーと母親は一緒にグループセラピーに参加しました。治療の第一段階では、安全を確立すること、バウンダリーを定めること、プライバシーと尊厳に関する家族のルールを見直すことに取り組みました。モリーの母親は、正常な性的行動とそうではない性的行動について心理教育を受け、家庭でモリーを援助するための具体的な子育ての戦略を学びました。ここでの学びを基に母親はモリーを守り、学校に専門の"支援者"を要求することができました。その結果、共感的で、このような役割に親和的で、実際にそうした役割を担うことができる立場にあったスクールカウンセラーが支援者として選ばれました。同年代の子どものグループでは、モリーの行為には"タッチの問題"という名前がつけられた上で、発達を考慮した適切なやり方で話し合いが行われました。彼女のタッチの問題は、他の人に影響を与えることからバウンダリーの問題と判断されました。タッチ行為は周りの人を不快な気持ちにするため、モリーはプライベートな場所で性器に触るようにする必要があると指摘されました。また、タッチの問題は"厄介なもの"で"トラブルの原因"でもあると考えられました。グループのメンバーは、タッチの問題が友達を作ることをいかに困難にするか、そしてそのせいで気持ち悪さや不快さ、普通とは違う感じが生じることなどオープンに話しました。また、身体の性的な部分に触れるような刺激に対して生じる性的な感覚は、自然な身体的反応であることを確認しました。

モリーとグループの子どもたちには、それぞれの身体部分が触られたときに（あるいは触られると考えると）どのように反応するか、そしてそうした反応がいかに自然で当たり前のものかについて、彼らの発達に合わせた例が示されました。例えば私は次のように説明したこともあります。

「（実際にやって見せながら）お医者さんがあなたのお膝を叩いて、足の反射をチェックしたとき、あなたの足が跳ね上がったとしたら、それは"悪いこと"や"間違ったこと"なのかな？　それとも身体がやっただけかな？　そうだね。身体がそうしただけで、誰も反射を恥ずかしいと感じることはないよね。『彼女の膝がそんなことをしたとは信じられません』とは誰も言わないよね。なぜなら、身体はやるべきことをやったからなんだよ。それは性器も同じ。良い気持ちになる反射なんだよ」

　モリーは自分の経験が正常なものなのだと分かると、自分はときどき圧倒されるほどに"触りたい気持ち"を持っている人なのだと理解できるようになってきました。気持ちの問題は自分でコントロールする方法を身に付け、対処することができる問題です。私はモリーに、彼女のやるべきことは問題となる気持ちを特定し、それを小さくする方法を学ぶことだと教えました。そうすることでモリーが"触りたい気持ち"を行動で示す必要はなくなっていきました。感情のスケーリング・ワークシートとからだ温度計（それぞれ章末のシート5.2と5.3参照）を使って、モリーはこうした考えを理解していきました。

　モリーは、自分自身の身体について学ぶことよりも、同じグループの仲間が抱えている、自分と似たような感情や行動の問題の話を聞くことに強く興味を持ちました。グループのメンバーは性器に触っても良い場所と時間について語りました。モリーと母親は、多くの子どもたちが自分の体を探索しているけれども、6歳以上になるとほとんどの子は他人の目に触れない所で探索することを学んでいるのだと知りました。

　次にわれわれは"タッチの問題"がどうして起きるのかについて検討していきました。その結果、モリーの感情の強さが明らかになりました（不適切に性器を触られた経験がある子どもは、そのような経験のない子どもよりも性器を触ることを考えたり、触ることの問題を抱えていたりすることが多くあるのです）。親子同時面接では、家族の新しいバウンダリーの

第5章◆共通認識されている治療の領域と保護者との協働に関する提言

ルールが作られました。母親は、モリーがそうすれば不快になることを認めながらも、モリーの気持ちを逸らせる方法を学びました。他の親子グループの他の親子と同じように、モリーと母親は家や学校で行う具体的な計画を作成しました。母親は"家での支援者"で、スクールカウンセラーは"学校での支援者"となりました。

　有効だと思われる具体的な介入についても話し合い、家庭で実践しました。例えば、モリーがマスターベーションをテーブルを使って始めたり、テレビを観ているときに始めたりした場合、支援者として介入することにしていた母親は自信を持ってモリーに働きかけました。モリーは支援を受けながら、母親が嫌な気持ちになってしまうほど"触りたい気持ち"が大きくなっていることに気付くことができるよう取り組みました。それこそが公の場で触らないようにするために必要なことでした。モリーはプライベートな場所を探す作業に取り組みました。するとすぐに、人前で触ることが不適切だということを理解し始めました。母親がモリーにこうした考えや行動が過去の虐待と関連していること、そしてあなたはそれを分かるはずだと話していたため、彼女はこの制限を受け入れることができました。モリーと母親は、触ることを先延ばしにする方法にも取り組みました（何か一緒に活動を行い、その間5分間のタイマーを設定しておき、活動や気晴らしをした後にその気持ちが「大きくなったか」「小さくなったか」を評価する方法）。2人はシート5.2と5.3をそれぞれのセッションで2回使用して慣れていたので、気持ちの強さを簡単にかつ即座に伝え合うことができました。モリーは「私の触りたい気持ちは3（私は触りたい）」と言うことができ、母親は「あなたの触りたい気持ちは4から5になっているように見えるわ。一緒に何かをやって、その後でその気持ちが小さくなるか見てみましょう」と返したりしました。そういった取り組みを通じてモリーは母親を自分の味方だと感じるようになり、母親は娘の不適切な行動に対する無力な傍観者ではなく、積極的で知識を持ったパートナーになっていきました。母親の不安は治療の第一段階の終わりまでに目に見えて減少していました。

マスターベーションに対する保護者の考えや気持ちを治療者と話し合い、子どもにどのようなメッセージを伝えるべきか共に考えていくことが重要です。マスターベーションを罪深いものと信じている保護者の場合、子どものマスターベーションを容認するようなメッセージは伝えたがりません。マスターベーションが公の場でも、“プライベートな場であっても”です。こうしたケースでは保護者が希望する限界の設定を手助けしたり、家庭内に設けられた制限について彼らがどのように考えたり感じたりしているか話し合っていくことに時間がかかるかもしれません。保護者から同意を得られない場合、このテーマにアプローチするために、子どもと個別のセッションを行うこともあります。

モリー親子の治療の第二段階では、モリーとグループメンバーはプレイに基づいた活動を行いました。例えば、箱庭療法によって“タッチの問題”を外在化して向き合ったり、CBTの方略を活用して衝動コントロールを学んだり実践したりしました。さらに、問題がなぜ起こり維持されているのかということについて洞察が得られるよう援助しました。問題の外在化とそれに向き合うことを目的とした箱庭療法の間、モリーはミニチュアの人魚（彼女が個人療法の際によく使用するミニチュア）を用いて“タッチの問題”を表現しました。子どもたちはそれぞれ、自分が選んだミニチュアを置く自分用の小さな砂箱が与えられていました。彼女は人魚を砂箱の中心に置きました。モリーは人魚を砂箱の中央に置きながら、自分がこのミニチュアを選んだのは「私は脚をしっかりと締めてなきゃいけないからなの。そうしたら私は触らないから」と言いました。モリーたちは「自分の問題を助けてくれるようなミニチュア、または問題を小さくするために使えるものを選んでみましょう」という指示が与えられました。すると、モリーは4つのミニチュアを選び、人魚のミニチュアの周りに配置しました。彼女が選んだのは親の人形（「お母さん」）、止まれの標識（「後でやれるってこと」）、人魚の周りを取り巻くフェンス（「これでどこにも行かないでしょ」）、自転車（「私は自転車に乗れるのよ」）でした。

第5章◆共通認識されている治療の領域と保護者との協働に関する提言

　保護者グループでは母親も同じように箱庭のワークで子どものタッチの問題を表していると思うミニチュアを選びました。また、どのように問題を食い止める援助をするかをミニチュアで表現しました。モリーの母親は問題を表しているものとして悲しむ子ども（頭をもたげ座っている）を選び、問題を阻止するためにモリーの助けになる方法として本（「彼女を助けるために学んでいるから」）、親子の人形（「何があってもあの子を愛しているから」）、キーホルダー（「私は彼女にバウンダリーと構造を与えることができるわ」）、小さなおもちゃ（「触りたい気持ちが大きくなってきたときでも一緒にできることがたくさんあるわ」）、郵便箱（「いつでも私と話ができるということを知ってほしいの」）を選びました。それぞれのグループでワークをした後、子どもと保護者たちは何をしたか報告し合う時間を持ちました。大人のグループと合流すると、モリーとグループメンバーの子どもたちは保護者に自分が箱庭のワークで作ったトレーをしきりに見せたがりました。モリーは母親の隣に座り、2人は取り組んだことを"気が済むまで"分かち合いました。このタイプの治療に参加する多くの子どもたちがそう感じるように、モリーも自分の作った箱庭を自慢に思っていました。しかしそれよりも母親がどう思っているのか聞きたがっていました。モリーの母親はそれぞれのミニチュアをよく見てから、どれだけモリーを助ける準備ができているか、そしてどれほど心から助けたいと思っているかを伝えました。そして「一人ぼっちで悲しむ必要はないわ。これがあれば、そしてあなたのその思いがあれば私たちは問題をなくしていくことができるわ」と伝えました。彼らの持っているこの強み、資源、さまざまな道具があれば"問題"は解決していけると2人が確信したとき、モリーはクスクス笑い、母親は泣いていたのを覚えています。その問題には今や名前がつけられ、ミニチュアで表現され、トレーの中は解決につながる資源に満ちているという状況が、2人の目に見えていたのでした。

共通認識されている領域 3：性的問題行動を直接的に管理するために心理教育や認知行動療法的介入を用いること

　3つ目の治療領域を構成しているのは、性的問題行動を抱える子どもと保護者に対する CBT による焦点化した介入と心理教育です。この2つは、12歳以下の子どもに対する効果的な治療プログラムとして、多くの研究によってその効果が支持されています。この治療領域には、コーピングスキルの教育、情動を調整するスキルの獲得、自己コントロールと問題解決方略による支援、そして直接的な介入（例えば「行動する前に立ち止まって考える」方略など）があります。チャフィンらによると、「短期間の通院治療による CBT は、（中略）性的問題行動を抱える全ての子どもにとって最善の選択肢ではないかもしれないが、研究知見からは、保護者の適切な関与のもとで行われる短期間の通院治療による CBT では、多くのケースに持続性のある優れた治療効果が期待できる」とされています（Chaffin et al., 2006, p. 16）。

　前述したように、TF-CBT は性的虐待を始めとする特定の性的問題行動を含むトラウマの影響に対する治療として、性的問題行動を抱える子どもに対する有効な治療法です（Cohen & Mannarino, 1996, 1997; Cohen, Mannarino, & Deblinger, 2006; Deblinger, Stauffer, & Steer, 2001; Stauffer & Deblinger, 1996）。シーロフスキーらによると、TF-CBT は時間の経過による自然回復、力動的なプレイセラピー、非指示的で支持的な治療よりも効果があることが明らかになっています（Silovsky et al., 2012）。

　ATSA の調査委員会（Chaffin et al., 2006）が強調したように、性的問題行動を抱える子どもの治療法に CBT を取り入れている治療者は、認知、社会的側面の発達を考慮する必要があります。例えば、幼い子どもは年長の子どもや青年と比べると、認知的対処方略を理解したり用いたりすることは難しいでしょう。モリーのケースを例に挙げると、彼女は自分を落ち着かせるために自分の性器に触るといった行動的方略に頼ることを学んでいたともいえるでしょう（White, Halpin, Strom, & Santilli, 1988）。したがって、性的問題行動を抱える発達的、年齢的に幼いクラ

第5章◆共通認識されている治療の領域と保護者との協働に関する提言

イエントにとってより良いのは、モリーのケースで述べたような信頼できる大人が、より単純で認知過程への依存度が低く、具体的な代替方法を与えることで積極的に注意を逸らしていく方法です。

さらに、幼児の場合には発達上の制限があるため、性的行動や性的問題行動の発生と維持を含む認知過程の要素を減らして取り上げることになるでしょう（Chaffin et al., 2006）。こうした幼いクライエントは青年に比べて（もちろん大人に比べても）、計画したり、訓練したり、合理化したり、あるいは認知の歪みや"思考の誤り"（青年や大人の加害者の治療プログラムにおいて重要な概念）に取り組むことはできません。

> したがって、性的行動のサイクルについて学んだり身に付いてしまった認知の歪みを修正したりといった、大人の性犯罪者に対する代表的な治療概念は、不適切ではないにしても幼児にはあまり適用することができません。子どもは注意の持続時間が短く、衝動コントロールも限界があります。大人の性犯罪者とは対照的に、子どもの性的問題行動は、強迫的というよりもむしろ衝動的である可能性が高いのです（Chaffin et al., 2006, p. 19）。

さらに、幼い子どもの認知能力は、性的行動に関する単純で具体的なルールを学ぶことは可能でしょうが、そのような規則の重要性について抽象的な理由を理解することは困難でしょう。幼い子どもたちは、概念について話し合ったり、それらを仮説的、抽象的な状況に適応したりすることよりも、練習と一貫した強化を行う具体的でシンプルな実践の繰り返しによってよりよく学んでいくことができます。そのため、幼い子どもの介入で効果を上げるためには、適切なモデリングが重視されます。つまり、明確で外的な制限を設けた上で、子どもを取り巻く環境（例えば家庭や学校など）の中で、新たな、受け入れ可能な、そして適切な行動の練習をしていくのです。さらに、芸術療法や遊戯療法といった表現療法は、子どもの内省と変化への取り組みを活性化していくことでしょ

う（Drewes & Cavett, 2012）。

　10歳以上の子どもの場合、抽象的な原理がより活用しやすくなるため、洗練された認知的コーピング方略を導入することができるようになります。それでも彼らの抽象的な理解はまだ青年や大人よりもはるかに低いといえます（Chaffin et al., 2006; Silovsky et al., 2012）。

　先に述べた通り、子どもと保護者に対する心理教育は、性的問題行動を抱える子どもと家族の治療において望ましいものであると同時に必須でもあります。けれども、心理教育の内容はプログラムごとに異なります。例えば、躾のための行動モデル（例えば条件付け行動など）はたいていCBTのプログラムの中に組み込まれています。親子関係療法（Landreth & Bratton, 2006）のような他の教育モデルも効果的なものがあるでしょうし、治療に取り入れやすいでしょう。

　保護者の心理教育は必然的にプログラム提供者の計画に沿って進められますが、最近は関連する内容についての適切な例が示されたガイドラインを利用することもできます（例えばBlaustein & Kinniburgh, 2010 を参照）。

　われわれは第6章で紹介するバウンダリー・プロジェクト（Boundary Project）と呼ばれるプログラムを作成し実施してきました。このプログラムでは、本章の後半部分で説明する内容を保護者グループにも取り入れました。そこでは治療で取り組む内容を明確化するとともに、その内容に優先順位をつけて実施しています。

保護者との協働に関する提言

　総じて、保護者と協働することは子どもを対象とした治療において最も重要な側面です。特に性的問題行動を扱う場合には重要かつ必須です。その理由は明確です。幼い子どもは保護者の感情表現の仕方や言葉遣い、世話や養育、制限の設定・管理・指導の影響を大きく受けるからです。これらのいずれかが損なわれた場合、子どもたちは動揺したり抑圧的に

第５章◆共通認識されている治療の領域と保護者との協働に関する提言

なったり、注目を引く行動をとったり引きこもったり、あるいは内的統
制や自己統制を伸ばす力と最も関連する環境を手に入れるために行動化
するでしょう。簡単にいえば、子どもたちは心理的、社会的、情緒的な
健康を状況に応じて発達させていくといえますし、それはつまり、大人
の健康的、共感的、温かで、知識に基づいた養育的応答に依存している
ということです。保護者が自己調整が不能な状態に陥っていたり、自分
自身の欲求を満たそうとしていたり、また子育てにネガティブな感情を
持っていたり、あるいは養育能力や有能感に限界を感じていたりする場
合、子どもたちはその悪影響を受けることになります。子どもたちは彼
らを取り巻く状況からさまざまな影響を受けているのです。強烈な苦し
みを伴う深刻なトラウマを抱えていても、安定して、健全で、同調的な
保護者であればそこから肯定的な影響を受けて養育される子どももいる
でしょう。逆に、よそよそしく、葛藤を抱え、不安定で、自分のことに
没頭している保護者であれば、虐待を受けた子どもの治療結果に悪影響
を及ぼしたり妨げになったりするでしょう。

　性的問題行動を抱える子どもの保護者は、しばしば混乱や不安、羞恥
心、罪悪感、苦痛といった多種多様な感情を持っているために、共に治
療を進めていくことが非常に難しいことがあるでしょう。そうした感情
は子どもの行動を隠したり、拒否したり、過小評価したりする原因とな
ります。多くの保護者は、他者の憶測や他者からの評価、拒否される可
能性、または一般的なセクシュアリティや子どもの性的問題行動から生
じるその他の反応をとりわけ恐れています。

　性的問題行動を抱える子どもの親や養育者に対する治療の構成要素に
は彼らの治療への関与が含まれます。具体的には、安定した協力の確保、
心理教育の提供、見守りのための合意、養育に対する明確な指示の提供、
親子関係の強化、役割モデルとしての機能、共同調整の促進などです。
バウンダリー・プロジェクトでは、こうした治療課題は保護者と子ども
の並行治療や、包括的で構造的な家族プログラムの提供など、構造化さ
れたアセスメントの過程で行われます。

保護者の治療への関与

　保護者と共に取り組む最初にして最も重要な課題は、彼らを引き込み、治療過程に力を注いでもらうようにすることです。肯定的な結果は保護者の参加にかかっているといっても過言ではありません。対象となるのが子ども個人、親子やきょうだい合同の面接、あるいは家族全員が揃って参加する面接のどの形態であるかは、治療者の理論的な方向付けやアプローチによって異なります。問題を示しているのは子どもであるため、保護者は子どもこそが治療の対象であると考えている印象を受けることがあります。特定の問題行動を示した子どもへの直接的な介入はもちろんですが、家族システムを扱うこと（言い換えれば、状況や関係に介入すること）は治療の成功において適切であるだけではなく、必要なことだと考えられています。

　第4章で示したように、治療者は性的問題行動のタイプや持続性、開始時期、どのような場面で見られるか、どのような解決の試みが行われたかといったことについて理解するために、発達的、心理社会的な情報を収集する包括的なインテイクを行います。ある時点で保護者に対しても治療の目標や目的への同意を得る必要があります。彼らが治療過程で子どもを支えようという決意と臨床的な指導に従う意志を持っていることは、肯定的な結果を予測する重要な要因となります。

　性的問題行動を抱える子どもの保護者は、治療を煩わしいものとか義務的なもの、あるいは学校から強く求められているから仕方なくなど、どうでも良いことと考えているかもしれません。そのため、アセスメントと治療の初期段階には克服すべきいくつかの課題があります。性的問題行動を抱える子どもの行動は、里親や教職員、デイケアのスタッフ、他の子どもの保護者など関係者が心配して、そこから紹介されてやってくることがたびたびあります。そうした紹介は裁判所や児童保護機関、または保護観察機関からくることもあり、その場合、治療を必ず受けなければならないことが明確に義務付けられています。他にも、われわれは混合家族（再婚の夫婦といずれかの連れ子を含む家族）の一方の子ども

第 5 章◆共通認識されている治療の領域と保護者との協働に関する提言

が他方の子どもに不適切な性的行動を行った場面に遭遇する状況を見て
きました。確かに、そうした家庭では他者とのバウンダリーは馴染みの
ないものであったり、設定されていなかったり、明確でなかったり、あ
るいは混乱していたりすることがあるものです。このような場合、家族
のメンバーは一方の子に対して同情し、まるでその子にだけ寄り添う必
要があるように感じるでしょう。性的問題行動を行った子どもの保護者
は、事を大きくしたくないとか、言い逃れをしたくなったりするかもし
れません。しかしその一方で被害を受けた子どもの方の保護者は怒りや
恐れを感じるでしょう。したがって、こちらの保護者は治療を受けるこ
とに対してより支持的になるでしょう。

　治療で最初に取り組むべきことは、危機に直面しているその状況の中
にあっても治療の意味を理解していなかったり、治療を意味あるものと
評価していなかったりする保護者を治療に引き込むことです。長年にわ
たって、われわれはいくつかの領域で大きな成功を収めてきました。謙
虚さを大切にしつつお伝えしていくつもりですが、それらは包括的なも
のではなく、検討を重ねる際の基礎として捉えていただければと思いま
す。

　参加は常に重要な第一歩です。私（Gil）は保護者の話を聴くときは、
共感すべきあらゆることがらに焦点を当て誠実な応答を行います。彼ら
が置かれた困難な状況について、自分の理解を肯定的に発言します。例
えば、「あなたの気持ちは分かります。自分がすることに他人が口を挟
んでくるのは私も嫌いです」という感じです。他にも「自分の子どもの
ことを分かっていないなんて言われたくはありませんね」とか、「あな
たは支援について素晴らしい考えを持っているようですが、誰も聞いて
くれないんですね」といったように、肯定的に事実を伝えるようにしま
す。保護者だけがなしうるわが子の理解に対し必ず敬意を払うようにし、
その上で何がこのような状況を引き起こしたと考えているのか話しても
らうようにしています。私は「あなたの子どもを助けるためには、あな
たの助けが必要なのです」という言葉を最も頻繁に用います。また、保

護者の子どもへの愛と思いは明らかだと保証し、それが治療の成功には不可欠であることを伝えます。

　また、当該の性的問題行動が現在、保護者にとっていかに苦しいことであるかに焦点を当てていきます。最初は子どもが学校に通えなくなったり退学させられてしまったりしたという事実（これは、クラスメイトにキスをしようとしたといった些細な出来事であっても起こりえますし、性的問題行動を抱える未就学の子どもの場合でも起こりえます）や、保護者の間でその子ども同士が遊ぶことを厳しく禁止している事実に焦点が当てられるかもしれません。治療者はどのようなことであろうと保護者の心の中心にある問題を扱うことが重要です。治療者が本当に意味のある援助ができるようになれば、共感性はますます高まり、さまざまな臨床的な見解を伝えられることでしょう。

　最も有効なアプローチは、温かく予測可能な親子関係の文脈の中で保護者が子どもに助言と制限を与える方法を具体的に示しつつ、あなた方を援助していきたいのだというこちらの思いを伝えることです。性的問題行動を抱える子どもの保護者は、彼らが根底に抱えている恐怖を表現する必要のある場合が多いものです。最も典型的には、彼らは自分の子が将来性犯罪者になってしまうのではないか、あるいは、（性的問題行動が同性間で起きた場合には）同性愛者になってしまうのではないかと心配します。また、わが子のこの早すぎる性的関心が、将来、見境のない性行動や常軌を逸した性行動につながってしまうのではないかという恐怖心を抱くこともあります。子どものセクシュアリティについては感情的に決めつけられた多くの誤った情報が溢れており、心理教育を行うことが治療において必須となります。ですから治療者は子どもの性的発達に関する最新の知見を把握しておく必要があります。そうすることで、治療者は標準的な性的発達だけではなく、標準的ではなかったり性的問題行動だと考えられたりする行動を判断する方法に関するガイドラインや方向性も提供することができるようになります（ちなみに、概してセクシュアリティを重視しているアメリカのような国で、子どものセクシュアリ

ティについての事実関係がよく理解されていないというのは、矛盾したことのように思えます）。

　"治療的な関わり"とは、どのようなことであっても保護者の考え方に耳を傾け、共感し、理解しようとするプロセスです。つまり、クライエントとのつながりを発展させ、信頼を育むような相互の尊重と援助的な関係を発展させることです。関わりの段階の後には治療目標と計画を示し、その目標を達成するための介入法を選択します。治療中、治療者はクライエントの硬直した思考パタンを変えたり認知の歪みを明確にしたりすることに取り組みます。しかし、そうした取り組みはクライエントが同意しているように装っているときや慣れないセラピーの場で努めて落ち着こうとしているような状態のときではなく、彼らが臨床的な説明を受け入れた後に行うべきです。保護者を治療に引き込むことは、おそらく治療において最も重要な要素ですが、一度確立されると困難は減少します。

保護者の協力を得ること

　先に述べた通り、特にアセスメント期間中に保護者を治療に引き込むことは他の治療介入よりも優先されます。しかし、保護者の認識や態度が子どもに悪影響を及ぼしたり、適切な支援を妨げていたりするような場合には、治療者は彼らが柔軟な対応をしていけるよう、より丁寧に取り組むことが求められます。

臨床事例

　私（Gil）は、男性が強くあることや人に頼らないことを良しとする文化を持つ国から来た、ある父親の支援に取り組みました。この父親の息子は、無理矢理乱暴に女の子の上に乗り、その子の口をふさいで性行為を行ったという卑劣な事件を起こしていました。私は、父親が「男の子はやっぱり男の子なんだよ」「このアメリカという国では全てが誇張される。おかしなことばかりだ」と言ったことを覚えています。私は彼の

母国において普通とされる性的な遊びに関する父親の話を関心を持って聞き、公的データに基づいた話としてではありませんが、多くの国で子どものセクシュアリティは同じように出現するものだと伝えました。自分がどのようにしてセクシュアリティについて学んだか尋ねたときにも父親はそのことが正しいと同意してくれました。会話に対して彼がますますリラックスしてきたため（この時点では意図的に彼と議論したり相対する立場に立ったりするのを避けていました）、最終的には彼に自分自身が友達と行った普通の性的な遊びの経験について尋ねました。すると、彼は多くの体験例を話してくれました。私はあまり口を挟まずに熱心に耳を傾け、彼は若い頃を自由に思い出して楽しんでいました。話し終える頃には多くのことを語ってくれていましたが、彼のそうした遊びの話の中では、怒鳴ったり、このことを誰かに話したら殺してやると言ったり、相手の口をふさいだりという話は出てきませんでした。そこで、彼が話し終えたときそのことを指摘しました。すると彼は愕然として答えることができませんでした（幸いにも彼は言葉を失っていました）。

　数回の面接を重ねる中で、私たちは明らかにお互いに信頼し共感し合うようになっていました。実は彼の息子には、以前、年上の男の子から意に反して肛門性交をされたという経験がありました。息子がそのことを父親に打ち明けると、父親は息子のことを拒否するようになってしまいました。しかし、そうなるに至った彼の信念について話し合うことができました。父親は息子が襲われたことを知ると息子に対する態度がこれまでと変わり、息子を見損ない、息子のことを「か弱く」「無抵抗な」存在だとみなすようになったこと、その弱さの原因として妻を責めていることを私に打ち明けました。実は以前、息子は今回の事件の子よりもさらに幼い近所の女の子に対して性的ないたずらをしていましたが、そのとき父親は、男の子とではなく女の子に対して性的な行為を行ったという事実に誇りを持ったようでした。「ほら、男の子にのしかかってあんなことをするよりもまともだろう」と彼は主張しました。

　父親に対して、子どもに対する性的虐待の影響について説明しようと

第5章◆共通認識されている治療の領域と保護者との協働に関する提言

したり、保護者の拒否的な態度は父親が思っている以上に息子に影響を
与えるということについて注意を促そうとしたりする場面では、この家
族との対話は困難を極めるものになりました。そこで私は、父親は息子
のことを援助できる唯一の立場にあること、息子を全面的に認めてやれ
る存在であること、そして父親こそが息子の成長と未来に大きく貢献す
ることを強調しました。これはうまくいったように思えました。1つに
は、父親は息子のことを恥と感じていたため、彼の家族を援助している
専門家から良い評価をされていると実感する必要があったからです。ま
た1つには、治療を受けるように裁判所が命じたということは、彼の父
親としての役割が試されていることを意味していたからです。私が援助
者としての父親の立場を強化すると彼は安心したように見えましたし、
それに適切に応じてくれました。息子を癒し虐待から回復するのを助け
る力を持っているのは他でもない父親だけであることを確信したとき、
彼はリラックスしました。加害者こそがとにかく悪いのです。加害者が
息子を孤立させ、暴力を用いて彼を脅かし、身体的にも心理的にも傷つ
けていたことを理解しました。

　父親は泣く行為については自分の考えを決して変えようとしませんで
したが（彼にとってはそれは本当に弱いことの証でした）、最終的には、強
姦犯に抵抗できなかったことを許してほしいと訴える息子の話に耳を傾
けることができました（それは子どもからすると、ある意味罪の告白のよ
うな、重大な意味を持つ訴えだと思われました。息子は、自分は許されるべ
きだという態度はとらずに話しましたが、より重要だったのは父親や母国の
文化を尊重しながら話したということでした）。彼らはソファに座り、父親
は息子の頭を肩の上に抱き、「大丈夫だよ。その子は卑怯だ。その子は
自分よりもはるかに小さくて幼い子を選んだんだ。自分と同じくらいの
子を選ぶのは怖かったんだ。その子は弱い人間だ」と優しく伝えました。
そして、息子が最初はその男の子を蹴って走って逃げたとも聞いて、父
親は「その子を蹴るなんて頑張ったね。よくやっつけたね。よく頑張っ
たよ。誇りに思うよ」と息子のことを褒めました。父親が息子に失望し

てはいないこと、永遠に恥じるようなことはないことを伝えるのは、他でもない父親である彼だからこそできたことでした。彼は父親として決して拒絶せず、息子の反応を何にも縛られず吟味していく中で息子を許すことができました。自分のバランス感覚を回復してくれる人でいてほしい、そして自分を許してくれる保護者として、自分に“適切な場所”を与えてほしいという息子の父親に対する思いをも彼は受け入れていました。重要なことですが、父親は「自分の文化は1つのあり方であって、ときには他のあり方も考えてみるよ」と話してくれました。また、自分の信念の一部が試されており、子どもの頃に彼が身に付けてきた価値観を柔軟に捉えるようになってきたことも打ち明けてくれました。父親は自分の成長過程にはなかったけれど、息子は“アメリカの良いところも悪いところも持って”育っているのだろうと話しました。

　文化を超えて援助するには、彼らの生い立ちを理解したり新たな文脈の中で捉え直したりすると同時に、保護者の文化的価値観への感受性が必要とされます。特殊な状況ではこれまでの自分の信念を修正しなければならない場合があります。多くの信念や認識が人生早期に形成され、ある特定の状況が人生の中で顕在化するまでそれらに向き合うことはないことを考えると、保護者と幼少期の頃のセクシュアリティを検討する中で、彼らが自分の文化的な背景を明確にすることは非常に重要です。こうした会話は中立的に行われなければなりませんし、治療者は文化の歴史だけでなく文化的な習慣に関する研究知見に基づいて介入しなければなりません。治療者は成育歴を全体的に検討すること、そして、成育歴について分かったことがらを、内省を促すようデザインされた刺激療法（Provocative Therapy）の対話に取り入れることが推奨されています。ほとんどの保護者は、古代ローマの法律では、親には子どもを売ったり、放棄したり、手足を切ったり、あるいは他の方法で処分する権利が与えられていたということや、性別の選択や個体管理のために乳児を殺すことが日常的に行われていたということを知ると衝撃を受けます。議論する文化がどのようなものであるかにかかわらず、この議論は実り多い会

第5章◆共通認識されている治療の領域と保護者との協働に関する提言

話になることが多いでしょう。

健全な親子関係に関する心理教育の提供

　家族と治療関係を構築し、治療に重要な保護者の関与を導き、過去の態度や信念に徐々に取り組んでいくといった治療初期の取り組みによって、治療者は心理教育を行うことができる段階に入っていきます。クライエントの信頼を得ることは、彼らに事実や概念、アプローチの方法や指導を提示するために必要な前提条件です。もし、保護者が耳を傾け、指導が評価されていくような目的意識を持った取り組みがなされなければ、心理教育を実施する治療者が保護者に最善の助言や指示を与えることはとても難しいでしょう。信頼を得られていなければ保護者は助言を無視し、たいてい他の方法に目を向けるようになってしまいます。

　耳を傾けてもらうための最善の方法は、教師や指導者に対してするように治療者が保護者に対して尊重することです。保護者が聞きたいと思っていることや、重要だと考えていること、彼らの置かれた状況には特に有効かもしれないことを把握することが大切です。何を求めているか確認する時間をとること（それからそれらに取り組むこと）は必要であり有益なことです。保護者のニーズを理解し、それに基づいて心理教育の計画を修正したり見直ししたりすると信頼は強固なものになり、受け入れられやすくなります。集団療法では、全てのグループが若干異なる計画を設定していますが、性的問題行動を抱える子どもの保護者の心理教育には通常、省略することができない核となるテーマが含まれています。時間と共に保護者は治療者や治療を、（避けることができない義務や自由を取り戻すために要求されたステップとしてではなく）自分の生活の中にある資源だと考えるようになっていくと、彼らはますます提供された情報を進んで検討し、受け入れ、統合することができるようになっていきます。

　性的問題行動を抱える子どもの保護者への心理教育は、必然的に子どもの頃のセクシュアリティの話題に触れることになります。しかしなが

ら、そこには親子関係の改善や強化に関する文脈的な情報も含める必要
があるでしょう。

見守りに関する保護者の同意

　性的問題行動を抱える子どもの治療では、性的問題行動が衝動的なも
のであろうと計画的なものであろうと、不適切な行動を抑えるための内
的な統制が十分に機能していないというのが中核的な考えの1つです。
この考えに基づくと、保護者が常に見守りを行うことができるような仕
組みを考え、実行することが重要になってきます。こうした見守りは子
どもにとって一時的に外的な統制となります。"見守り"を常に視野の
中で監視すること、と定義することも重要です。保護者はこのようなこ
とを自分の時間がなくなるとか、普通の生活からはかけ離れているなど
と思うことでしょう。それでも子どもの治療期間中は保護者が見守りを
行うことをしっかりと取り決めておくことが治療成功への鍵となります。
　われわれのプログラムに約3ヶ月間参加したある母親は、息子の行動
が変化したことや、息子が性的問題行動をオープンに共有してくれるよ
うになったこと、そして問題に取り組み、治療介入や見守りに手ごたえ
を感じていく中で信頼が増していったことで見守りを緩めていきました。
そのような中、母親が料理をしているときに娘がやって来て、バスルー
ムにあるトイレで用を足しているときに息子が入ってきたという話を聞
き、母親は強いショックを受けました。娘は「お兄ちゃんに出て行っ
てって言ったのよママ。でも、出て行かなかったの」と話しました。母
親が強い懸念と不満を込めた口調で息子に詰め寄ると、息子は「いつも
は鍵をかけることになっているじゃないか」と言いました。さらに彼は、
妹が出て行くように叫んだとき、ドアの所に立ってはいたけれどバス
ルームには入らなかったし、そういう妹の反応はおかしいと思っていた
のだとも話しました。母親は息子のこうした言動で、依然として家庭内
で（彼を見守り妹はドアの鍵をきちんとかけるといったような）外的な統制
が必要であると感じました。母親はそうした教訓をはっきりと理解し、

息子の内的な統制が成熟するまで、より構造化された隙のない見守り体制をとるように戻しました。

保護者の行動について明確な指示を与えること

　性的問題行動を抱える子どもの保護者に見られる最も共通した問題の1つは、子どものセクシュアリティについて大人自身が感じる不快感やその話題に正面から向き合うことへのためらい、そして、子どもの不適切な行動に直面した際に何を言ったらいいのか、何をしたらいいのか混乱してしまうことでしょう。

　子どもの性的な問題を直接的に取り扱うことへのためらいは、保護者の日常生活での教育やその準備の欠如と大きく関係しています。標準的な保護者はみな、自分の子どもと通常の性的発達について話をするきっかけがないことに困っています。そして、保護者として何らかの義務や、強制的に話をしなければならないときでさえ、どのような言葉を使い、どのようなメッセージを伝えればいいのか分からないのです。不安や恥ずかしさを感じるような行動に突然直面したときには、こうした困難は一層増すことでしょう。児童や青年たちはセクシュアリティに関する情報の大部分を、自分で発見したり仲間から聞いたり、その他の情報経路から自分自身で"リサーチ"（例えばインターネットなどで）して得ています。大人が健全な性的発達に関する十分な情報を伝えたり、その中で適切なこととすべきではないことを強調したりすることは稀なことです。

　こうした状況にあるため、初期の介入の1つは、保護者が性的問題行動を明確化するために使うことができる言葉を提供することです。その後に限界の設定やペナルティについて考えます。もちろん、代わりに行うべき行動を伝えることも重要です。臨床的なロールプレイも有効な方法です。それによって具体的なコミュニケーションの取り方が分かるようになりますし、非言語的コミュニケーションもモニタリングする必要があることを意識させてくれます。言葉だけが情報を伝えているわけではなく、声のトーンやイントネーション、表情、姿勢などもメッセージ

を伝えていることを認識する必要があります。強さと優しさを同時に持つことは、保護者にとってはたいへんなことだと感じられるかもしれません。実践と同様に臨床場面で実演して示すことで、どのように反応すればより自然で、また、自信を持ってできるようになるか、その手助けになるでしょう。

　子どものセクシュアリティについての話題全般、中でも性的問題行動は相当に否定的で葛藤的な思考や感情を喚起する可能性があることを考えると、一般的な性的発達と発達の各時期における標準的な行動に関するテーマを、最初の時期にオープンに取り扱う必要があるといえます。ほとんどの場合、保護者は"普通の"子どもたちも明確に性的な好奇心を持ったり、性的行動を示したりすることを知ると、驚くとともに安心もします。

親子関係の強化

　われわれの長年にわたる臨床実践では、幅広く多様なアタッチメント、情緒的なつながり、肯定的な配慮と尊敬、相互育成などの親子関係の要素を取り扱ってきました。遭遇する関係のいくつかは"一時的に構築中"であったり、明らかに修復を必要とする状態にあったりすることもあります。性的問題行動が発生する前に存在していた脆弱性は、性的問題行動を起こしたり続けたりしている子どもが誘発したストレスや危機によって悪化していきます。他にも、何もなかったときには強固だった関係性が、突如として悲惨な家族内の信頼や尊敬、肯定的な関係の喪失という危機に陥ることが生じます。子どもの性的問題行動は、親子関係の脆弱さを際立たせることもあれば、脆弱さが生じる原因になる可能性もあります。ただ、これまでの親子関係やきょうだい関係がどのようなものであったとしても、ストレスに耐えられるように関係の基盤を扱うことや発展する領域を見つけること、子どもの情緒的、心理的健康のために必要な拠り所を提供するために保護者を支援することが重要です。

　アタッチメント、神経科学、良き子育て、健康的な家族機能の分野に

おける長年の研究の末、研究者は親子関係の確立、修復、強化に関する基本的な見解の合意に至りました。保護者にとって有益なことがらが証明されているです。これらの基本的な見解は、日常的な言葉で治療を通じて保護者と共有していくべきでしょう。

役割モデルと共同調整の促進

　治療初期に保護者と取り扱う検討課題の中には、愛情表現とそのときに使う言葉の検討があります。つまり、彼らが自分の気持ちをどのように語り、表現するかというテーマです。この領域はおそらく他のどの領域とも異なり、子どもに対して早期から、そして継続的に教育を行う必要があります。子どもたちは児童期に、自分の感情を識別する方法、自分がどのように感じているか他者に伝える方法、そして社会的に受け入れられる形で感情を表現する方法を学ぶ必要があります。実際に、子どもたちが感情をコントロールする方法を学ぶことの重要性は多くの文献で触れられていますし、子どもの適応的な発達に大きく寄与します。

　感情に関してはよく聞かれる疑問と多くの提言があります。感情に関する考え方や反応には性別に基づいてなされるものがあります。小さな女の子が泣いたときには抱かれて慰められるでしょうが、男の子であれば「いい加減にしなさい」と言われることもあるでしょう。他には年齢に基づくものもあります。飛行機の中で乳児が泣いているときには、苦痛を感じる人も中にはいるかもしれませんが、それに対して批判的な反応がなされることはあまりないでしょう。一方で、7歳の子どもが食料品店でかんしゃくを起こすと、周囲の人ははるかに否定的な反応を示すことでしょう。こうした考えや反応を振り返り、考え直してみるとどうなるか検討することは保護者の役に立つでしょう。

　大人はよく（自分自身の場合でも子どもの場合でも）泣くことに混乱し、悩まされます。あるビジネスウーマンが会議で泣いてしまったことで自分自身に腹を立てたとしましょう。それは、泣いたことで周りの人に弱い人物だと思われることを彼女は恐れているからです。泣くようなビジ

ネスマンは仲間に笑い者にされやすいと思うかもしれません。［一方］テレビでインタビューされている人が泣いているのを見ると、われわれは誰もが心を動かされてしまうでしょう。明白な感情の表出は、肯定的な反応と否定的な反応の両方を引き出します。そして、それらは常に何らかの反応を生み、話題にもなっていきます。

　保護者が自分自身の感情と子どもの感情に対処する力を身に付けていると感じられるようになることは治療の重要な側面です。子どもが自分の感情の折り合いのつけ方やコントロールの仕方を学ぶ際、大人は公私にわたり重要な影響を与えることができるからです。

まとめ

　性的問題行動を抱える子どもと家族の治療に関する研究では、短期的、長期的な治療介入が共に有効だという結果が示されており、この点については、われわれはずいぶんと楽観的でいることができるようです。こうした研究が証明していることは、子どもに外的な統制を与えるための見守りを行うとともに、肯定的かつ修復的な構造を与えようという保護者の十分な関与や意欲が小さな子どもたちには必要であるということです。治療のためには、以下の３つの領域が重要であると共通認識されています。（1）適切なタイミングでのトラウマに対する治療的な関心（トラウマ体験に焦点を当てた治療と性的問題行動に直接焦点を当てた介入とを統合した柔軟なアプローチ）、（2）治療における積極的かつ直接的な保護者の関与、（3）性的問題行動の直接的な管理のための心理教育とCBTに焦点化した介入。心理教育と保護者プログラムは臨床介入に組み込むことが可能ですし、そうすべきです。しかしながら、心理教育のテーマは多様で、子育てのモデルは数多く存在します。本章の後半では、保護者と取り組むことがらの概要を提示しました。

　子どもの性的問題行動に取り組んでいる治療者は、研究知見を常に頭に入れておき、子どもから全面的な協力を引き出す新しい方法を組み入

第 5 章◆共通認識されている治療の領域と保護者との協働に関する提言

れるのを厭わず、多様で強烈な感情を抱え表現するであろう保護者に共に治療に参加してもらう必要があると認識し続ける必要があります。特に、保護者の協力と治療への参加は治療の肯定的な成果に直接関係しているため、保護者を子どもの治療に最大限関与させることは最も重要な臨床課題の１つであるといえます。

シート 5.1

子どもの性的問題行動対応のためのガイドライン

性的問題行動とは？

　性的問題行動は子どもによって異なります。子どもの中には、人前や公共の場で自分の性器を触ったり擦ったりする子どもがいます。自分の性的な部分を他の人に見せる子どもや、性行為に関する言葉を頻繁に発するなど言語的な問題を示す子どももいるでしょう。ある子どもは裸の人や性行為の絵を詳細に描いて表現するかもしれません。他の子に服を脱ぐよう説得し、ベッドの中に誘い、それからその子の体を探索する子どももいるでしょう。子どもの中には、攻撃的にあるいは巧みに他の子どもを操作し、あるいはものやお金を渡すなどして相手の性器を見たり触ったりする場合すらあります。他者の注目を引くために官能的で挑発的なダンスを身に付け、特別な類のダンスを踊ったりセクシーな服を着たりする子どももいます。こうした行動は複数回にわたり生じる可能性があります。長く続くことになったり、それらが一般的な関心事にとって代わるようになっていたりする場合には、より深刻な性的問題行動である可能性があります。

性的問題行動への良い対応とは？

　性的問題行動に対しては、全ての保護者が迅速かつ一貫して対応する必要があります！　また、行動の見守り、矯正、方向修正を絶えず行っていくことも求められます。子どもの性的問題行動に対する反応としては、冷静に、かつ断固として、そうした行動が適切ではないことや放置

Eliana Gil and Jennifer A. Shaw（2013）Copyright by The Guilford Press. この本を購入された方が個人的な目的で使用する場合にのみコピーが可能です。購入者は www.guilford.com/p/gil9 から拡大できるデータをダウンロードすることができます〔日本語版は www.akashi.co.jp/files/books/4918/4918_sheet.pdf〕。

することはできないというメッセージを送ることが最も良い対応といえます。以下のガイドラインは性的問題行動を抱える子どもの保護者にとって役に立つものでしょう。全ての保護者が辛抱強く、長期にわたり、一貫した対応をすることが推奨されます。

徹底した持続的な見守り

　性的問題行動を起こした子どもは、常に見守りが行われていなければなりません。性的な関心や行動の問題が落ち着くまで、子ども同士の遊びは常に大人が見守る必要があります。さらに、友達の家に泊まることは避けるべきで、子どもの内的な統制がきちんと機能するようになるまで、見守りは24時間365日にわたり常に行われなければなりません。こうした見守りは問題行動を止めるために行われていることを、子ども自身が理解していることも重要です。

友人

　子どもが性的問題行動を抱えている場合、友人と一緒に過ごしている時間を見守ることが重要です。友人の中には、あなたの子どもの興奮や動揺を引き出し、自己統制を効かなくさせてしまうような子もいます。すでに性的問題行動を起こしてしまった相手である友人との接触は制限することが望ましいでしょう。

トイレの使用

　子どもは学校でも自宅でもトイレに行く必要がありますが、清潔を保ったり、用を足したりすることはプライベートなことであり、それを守らなければならないことを子どもが理解することが重要です。"プライバシーを守るメッセージ"を伝え、それを強化することのできるあらゆる機会を活用しましょう（保護者や子どもが公共のトイレを使用する場合など）。

裸

　子どもが服を着ない状態でいたら、別の部屋に連れて行き服を着させなければなりません。シャワーを浴びたり風呂に入ったりするときは、自分の性器を人に見せびらかす機会になってしまうこともあるため、大人が見守っておく必要があります。家族の中で互いの裸を目にすることは普通のことですが、子どもたちが正しく自他の境界線を引き、身体的なプライバシーを維持することを学んでいる間は、家族間でも確固とした対応をすることが大切です。

テレビ

　子どもがテレビを観ることは普通のことです。しかし、保護者は子どもがどのようなものを観ているのかモニターしておく必要があります。テレビではあまりにもたくさんの性的で挑発的な番組が流されています。ミュージックビデオ、ゴールデンタイムの番組、メロドラマなどには性的な内容が含まれている場合があります。性的に活発な子どもたちはすでに過度に刺激された状態でいるため、彼らが観る番組を制限したり、観ているものを把握したりするのはちょうど良い機会です。怖い映画や暴力的な映画を観たときにも子どもたちが過度に刺激されたり、激しく興奮したりすることは忘れられがちだということには特に注意すべきです。子どもがテレビで恐怖や暴力を目にしないのが一番ですが、いうまでもなく、性的なことや暴力が描かれていない映画を探すことはなかなか難しいでしょう。

パソコンや雑誌などその他のメディア

　子どもがパソコンなどのインターネット接続機器を使えるような年齢であれば、彼らがセックスや暴力の画像があるウェブサイトに入っていかないよう注意する必要があります。保護者は子どものインターネット使用を管理すべきであり、チャットルームやSNSが持つ危険性を認識しておく必要があります。マンガや雑誌についても同様に調べておく必

第5章◆共通認識されている治療の領域と保護者との協働に関する提言

要があります。どうしてそんなものを子どもが持っているのか驚かされることもあるでしょう。インターネットをしたりマンガを読んだりすることは子どもの正常な活動です。したがって、不適切で過度な刺激を含む性的、暴力的な内容にアクセスしていない限りは、そうした活動は制限されるべきではありません。

性的問題行動の修正

　子どもの性的問題行動が起きた際、そのことに毎回対処することが重要です。子どもが公の場で自分の性的な部分を触る、他の子の性的な部分を触ったり擦ったりする、不適切な言葉を使う、下品な身振りや"性的な"動きをする、人形を使って性行為の再演をする、他にも性的な問題行動に関連していると思われることをした場合には、保護者は以下のことをすべきでしょう。

・それをやめさせる。
・もし理解できる年齢ならば、プライベートな場所で話をするように伝える。もし年齢が幼い場合には、他の問題行動のときにもするような修正を行う。問題となる行為をやめさせ、制限を設定し、他にやるべきことを与えるなど。
・「性器に触ってはいけません。他の誰かがあなたの性器に触るのも、あなたが他の誰かの性器に触るのもダメです。あなたは今（例えば「あなたは、ジミーにあなたのおちんちんを舐めるように言ったよね」のように行動を描写しながら）やったよね。そういうのはダメです」というように同じメッセージを繰り返し伝えます。幼い子どもの場合にはもっとシンプルな言い回しで伝えます。
・（事前に伝えておいた）罰則を示します。
・シンプルに穏やかな声のトーンで話しましょう。あなた自身が落ち着く必要がある場合には、少し落ち着いてから伝えましょう（そうする場合には子どもをどこか安全な場所に待機させましょう）。

方向修正

保護者は子どもの性的問題行動を修正し、事前に伝えておいた罰則を示した後、子どもに何をしたら良いかを具体的に伝えなければなりません。保護者は見守りを行いつつ子どもが友達やきょうだいと一緒にできる活動のリストを作成すると良いでしょう。他には、適切な挨拶の仕方、愛情や遊びたい気持ちの表現方法を練習したり、ロールプレイしたりするのも良いでしょう。

家族の会話

性的問題行動を抱えている子どもたちの多くが、気がかりなことや混乱した気持ちや考えを伝えようとしていることを理解しておくべきです。性的問題行動を示す子どもの中には、身体的虐待や性的虐待を受けている子どももいます。こうしたケースでは、子どもはその虐待によって生じる耐え難い感情や考えに苦しんでいます。ときには彼らの性的問題行動がどこからか"突発的に起きている"ように見えるかもしれません。あるいは、特定の状況や人がその子に虐待の経験を思い出させるかもしれず、そうやって思い出すことが問題のある考えや感情、感覚を引き起こす可能性もあります。被虐待経験を持つ子どもに対して、また、被虐待体験を持たないけれども性的問題行動を示すという子どもに対しても、彼らを援助していくために保護者は断固、かつ即座に制限やその後の罰則を一貫して明確に実施していくべきでしょう。保護者は子どもの気持ちを他の楽しい活動に向け、苦しい気持ちを表現する方法を教える必要があります。

保護者がセクシュアリティについての肯定的なメッセージを伝えることも、子どもにとってプラスとなるでしょう。大人は自信を持って落ち着いて伝えることができるような自分の考えを展開すると良いでしょう。例えば「性行為はお互いの愛を確認するために大人がやることです」などのように。もし虐待を経験している子どもがある程度年長で、かつセクシュアリティに関して混乱しているようであれば、性的虐待とセック

郵便はがき

料金受取人払郵便

神田局
承認

7451

差出有効期間
2021年7月
31日まで

切手を貼らずに
お出し下さい。

101-8796

537

【 受 取 人 】

東京都千代田区外神田6-9-5

株式会社 明石書店 読者通信係 行

お買い上げ、ありがとうございました。
今後の出版物の参考といたしたく、ご記入、ご投函いただければ幸いに存じます。

ふりがな		年齢	性別
お名前			

ご住所 〒　　　-

TEL　　　(　　　)　　　　FAX　　　(　　　)	
メールアドレス	ご職業（または学校名）

＊図書目録のご希望	＊ジャンル別などのご案内（不定期）のご希望
□ある □ない	□ある：ジャンル（　　　　　　　　　） □ない

書籍のタイトル

◆**本書を何でお知りになりましたか？**
　　　□新聞・雑誌の広告…掲載紙誌名[　　　　　　　　　　　　　　　　　　　]
　　　□書評・紹介記事……掲載紙誌名[　　　　　　　　　　　　　　　　　　　]
　　　□店頭で　　　　□知人のすすめ　　　□弊社からの案内　　　□弊社ホームページ
　　　□ネット書店 [　　　　　　　　　　　] □その他[　　　　　　　　　　　]

◆**本書についてのご意見・ご感想**
　　■定　　　　価　　□安い（満足）　　□ほどほど　　　□高い（不満）
　　■カバーデザイン　□良い　　　　　　□ふつう　　　　□悪い・ふさわしくない
　　■内　　　　容　　□良い　　　　　　□ふつう　　　　□期待はずれ
　　■その他お気づきの点、ご質問、ご感想など、ご自由にお書き下さい。

◆**本書をお買い上げの書店**
　　[　　　　　　　　　　市・区・町・村　　　　　　　書店　　　　　　　店]

◆**今後どのような書籍をお望みですか？**
　　今関心をお持ちのテーマ・人・ジャンル、また翻訳希望の本など、何でもお書き下さい。

◆**ご購読紙**　(1)朝日　(2)読売　(3)毎日　(4)日経　(5)その他[　　　　　新聞]

◆**定期ご購読の雑誌** [　　　　　　　　　　　　　　　　　　　　　　　　　]

ご協力ありがとうございました。
ご意見などを弊社ホームページなどでご紹介させていただくことがあります。　　□諾　□否

◆**ご　注　文　書**◆　このハガキで弊社刊行物をご注文いただけます。
　　□ご指定の書店でお受取り……下欄に書店名と所在地域、わかれば電話番号をご記入下さい。
　　□代金引換郵便にてお受取り…送料＋手数料として300円かかります（表記ご住所宛のみ）。

書名			
			冊
書名			
			冊

ご指定の書店・支店名	書店の所在地域		
		都・道 府・県	市・区 町・村
	書店の電話番号	（　　　　）	

第5章◆共通認識されている治療の領域と保護者との協働に関する提言

スの違いを教えてやることが援助となりうるでしょう。

　さらに、家族が幼児に伝える基本的なメッセージとして次のようなものがあります。
- 「あなたの体はあなたのものだよ。あなたの体には性器もあるし、他にもいろいろな部分があるんだよ」（子どもたちに自分の体のさまざまな部分をリストアップさせて、どのような所が性器か確かめていくのは楽しい作業となるでしょう。例えば「性器は水泳のときに着る水着で覆われている部分だよ」というような感じです）
- 「性器は、他の人には見せないようにしているから性器と呼ばれているんだよ。他の人には見せないし、他の人の性器に触ってはいけないよ」
- 「親が小さい子どもの体をきれいにするときと、お医者さんや看護師さんが病気から守るためにやるとき以外は、子どもの性器に触ることは許されないんだよ。お医者さんや看護師さんは性器を見たり、薬を塗ったりしなければならないことがあるからね」
- 保護者は子どもが自分の性器を触ることについては、多かれ少なかれ気軽に話せると考えているかもしれません。ほとんどの保護者はプライベートな場で行う限り、子どもが性器を触ることは問題ないと感じています。保護者は子どもに伝えたいメッセージや価値観をしっかりと持っておく必要があります。

最後に、そして**最も重要なこととして**

- 子どもが性器を誰かに触られたとき、その相手からこのことを秘密にしておくように言われることがあります。こうした秘密を守ることで、その子は不安、罪悪感、恥ずかしさ、混乱、怒り、悲しさを感じる可能性があります。誰かが保護者には秘密

にするよう言ったならば、その秘密は絶対に話さなければならないサインだということを子どもが思い出せるようにしておくべきです。

子どもを救うために保護者にできるその他のこと

きちんとできていることを子どもに伝えたり、目標を達成したときにちょっとしたご褒美を与えたりすることが大切です。ときには、監督をしたり子どもが間違ったことや不適切なことをしないように正していったりすることで子どもの気持ちを逸らします。好ましいことをやっているか、上手にやれているかを把握することが重要です。

自尊感情はゆっくりと構築されます。それは積み木で高い建物を作り上げていくのと同じで、基礎が強い（大きく頑丈な）ほど、積み上げやすくなります。保護者が子どもの良いところを見つけ、伝えることを日々積み重ねることで子どもの自尊感情を高めてやることができるのです。

信頼もまた時間をかけて構築されます。子どもは可能な限りの早さで大人を信頼していくでしょうから、無理に急かす必要はありません。保護者に対する最善のアドバイスは、大人がことあるごとに信頼に足る存在であることを示すこと（つまり、子どもとの約束をしっかりと守ること）です。

子どもが他の子とうまく遊べるように支援する必要もあります。子どもたちは遊んでいるときには自分が監視されていることをほとんど気にしません。

役割モデルもとても重要です。古い格言にあるように「私の言うことを聞くのではなく、私のするように振る舞いなさい」というのは概ねその通りです。子どもたちの多くは周囲の大人から学びます。保護者は自分自身の行動を通して、感情を安全かつ穏やかに表現する方法、他者を尊重する方法、他者にものごとを尋ねる方法などを、子どもたちに教えていく必要があります。大人がプライバシーや他者とのバウンダリー、身体的な愛情などに関連するモデルとなる行動を示す機会を多く持つこ

第5章◆共通認識されている治療の領域と保護者との協働に関する提言

とも必要です。

　もし、子どもが問題行動のために治療を受けている場合、保護者は子どもの治療者と緊密に連絡をとり続け、尋ねたいことを書き留めておいて、それらを治療者に気軽に尋ねて確認できるようにしておくべきです。

学校における子どもの見守り

　最後に、性的問題行動を抱える子どもの保護者は、子どもの問題を学校にどう伝えるか決めておく必要があります。もし、性的問題行動を抱える子どもが友達と一緒に過ごす時間に見守りがなされていないようであれば、そのことを学校に伝えておけば問題が起きないようにすることができるでしょう。多くの学校に、トイレにはペアで行くというルールがありますが、子どもが性的問題行動を抱えている場合、その習慣は危険をもたらす可能性があります。保護者はどの程度情報を共有しておくか決めておく必要もあります。「子どもがパーソナルスペースの問題を抱えていて、他の人と一緒に過ごすときには見守りが必要です」としか言いようがないこともあるでしょう。

　読んでいただき、ありがとうございます。ご不明な点や付け加える必要のあるものがあればお気軽にお尋ねください。ご意見や質問をいただくことはいつでも歓迎です。

　私（　　　　　）は、この説明を読んで了解しました。質問したり、行動計画を立てたり、方向性を定める機会が得られました。私は子どもの性的問題行動に取り組むことに同意します。

　　お名前 ＿＿＿＿＿＿＿＿＿＿＿＿＿　　＿＿年　＿月　＿日

シート 5.2

感情のスケーリング・ワークシート

1つ以上の気持ちを選びましょう。
そしてそれぞれの気持ちの大きさを選んで○を付けましょう。

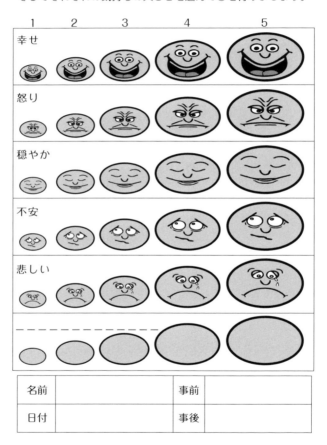

Eliana Gil and Jennifer A. Shaw（2013）Copyright by The Guilford Press. この本を購入された方が個人的な目的で使用する場合にのみコピーが可能です。購入者はwww.guilford.com/p/gil9から拡大できるデータをダウンロードすることができます〔日本語版はwww.akashi.co.jp/files/books/4918/4918_sheet.pdf〕。

第5章◆共通認識されている治療の領域と保護者との協働に関する提言

シート5.3 からだ温度計

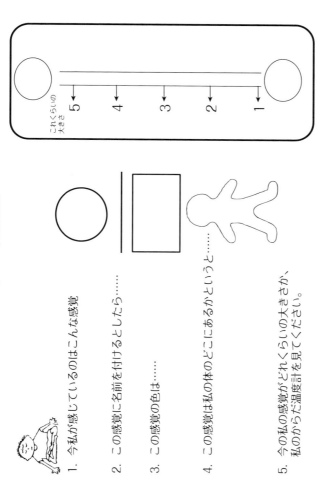

1. 今私が感じているのはこんな感覚

2. この感覚に名前を付けるとしたら……

3. この感覚の色は……

4. この感覚は私の体のどこにあるかというと……

5. 今の私の感覚がどれくらいの大きさか、私のからだ温度計を見てください。

Eliana Gil and Jennifer A. Shaw (2013) Copyright by The Guilford Press. この本を購入された方が個人的な目的で使用する場合にのみコピーが可能です。購入者はwww.guilford.com/p/gil9から拡大できるデータをダウンロードすることができます（日本語版はwww.akashi.co.jp/files/books/4918/4918_sheet.pdf）。

145

第6章

バウンダリー・プロジェクトモデル

本章では、研究に基づいた実践的で家族に適したセラピーのモデルを紹介します。このプログラムは、ここ20年の間にさまざまな設定で行われてきました。そして現在では、構造化されマニュアル化されたアプローチへと発展してきています。その効果は親と子どもからの報告だけでなく、特定のターゲット行動の治療前と後の検証で良い治療結果が示されています。バウンダリー・プロジェクトは性的問題行動を抱える4歳から11歳の子ども（そしてその保護者）を対象とした、家族に焦点を当てた統合的モデルです。このモデルではトラウマに焦点を当てたセラピーの基本原理を基に、CBT、（プレイセラピーや箱庭療法、アートセラピーといった）表現療法、心理教育、アタッチメント理論に基づくアプローチ、（誘導リラクセーション、呼吸法、マインドフルネスなど）リラクセーション・エクササイズといった一連のアプローチを包含しています。このアプローチの戦略は、子どもと家族の根本的な要因に取り組みながら、同時に性的問題行動を減らすという目標に向かうよう設計されています。

バウンダリー・プロジェクトの特徴

　バウンダリー・プロジェクトモデルは家族に焦点を当てています（例えば、子どもと少なくとも1人の保護者が、それぞれ同じくらい治療に関与することを求めます）。治療の目標は個人やグループ、そして家族療法それぞれに対して設定されます。

　バウンダリー・プロジェクトは段階を設定した治療モデルであり、概してジュディス・ハーマンの治療の3段階である、安全と関係性の構築、トラウマ関連への取り組み、統合と未来への方向付け、に沿ったものとなっています（Herman, 1992）。当然ながら、家族の力動や環境的要因についての潜在的なトラウマの影響と同様、治療の中間段階では、特定された過去のトラウマとなった出来事の文脈において、性的問題行動についての取り組みに対してわれわれはさらに注目します。われわれの考

第6章◆バウンダリー・プロジェクトモデル

えでは、たとえ過去のトラウマが現在の彼らの問題行動を焚きつけたり煽ったりしている場合でも、子どもを援助する中で性的問題行動の根源的な原因を突き止めること、そして具体的で一貫した制限を設定することが必要です。虐待を受けたにもかかわらずそれをケアされる機会を得られなかった子どもたちの多くは、彼らの痛みや、情緒的な困難、混乱、不安に向き合おうと努力する中で、虐待的な行動をとることもあるでしょう。さらに、親子関係を強化することが臨床上重要です。親子関係が強化されれば、保護者は自信と有能感を持って子どもに対して支援と指導を行うことができるようになっていくのです。特筆すべきは、保護者の自信が増すにつれ、子どもは保護者をより肯定的に見ていくようになることです。つまり、子どもはその保護者を、養育をしてくれる人物か一貫したケアの拠り所などとみなすようになり、それゆえ限界設定や報酬の仕組みを受け入れるようになるのです。だからこそ、性的問題行動を抱える子どもの保護者との作業では、家族の強みを同定し、具体化し、保護者に効果的なペアレンティング・アプローチに関する具体的な指導を行い、彼らが自分で対処し、セルフケアする方法を作り上げていく援助をしなければなりません。そうすることで、保護者の共感的で一貫した能力は最大限に高まり、恐れや疑い、不安は減少していくのです。

　最後に、バウンダリー・プロジェクトの特徴である2つの点について触れます。1つは、表現療法に価値を置いて採用しており、それを勧め促進する点、そしてもう1つは、ポストトラウマティックプレイ（Gil, 2010b）を通して子どもは自らの苦悩を行動で表す意思と能力があると考え、子ども中心のプレイセラピーを活用するという点です。バウンダリー・プロジェクトはトラウマに焦点を当てながらそういったアプローチを活用し目標達成を目指します。そこでは治療過程に子どもが積極的に努力していくようなさまざまな仕組みが用意されているのです。プレイやアートといった表現セラピー（Sobol & Schneider, 1998）は、内省や洞察、補償となる具体化した活動を通して情緒的表現の可能性を高めるためだけでなく、困難な臨床上のテーマを扱う機会を設けるために組み

込まれています。また、子どもがより認知的プロセスを調整し、注意を向け、その力を活用することができるように、TF-CBTのような実証に基づいたプログラムによる方略も組み込まれています。ペリーは介入が子どもの脳機能の変化に対して影響を受けやすいことから、治療の順序性を強調しています（Perry, 2009）。例えば、衝動的で反抗的で制御が難しい子どもは、認知的内省や処理に集中することができないこともあります。その場合、子どもの大脳皮質が年齢相応に機能している必要があるようなディスカッションを導入する前に、リラクセーションや呼吸法、肯定的・共感的応答のような活動を通して、まず子どものコントロールの困難さを取り扱う方が良いでしょう。子どもの脳の発達に関する基本原則は保護者の教育プログラムの中に組み込まれており、子どもの問題行動にどう対応するか、どのようなタイプの対応が最も肯定的な結果をもたらすかといったことを学んでいきます。シーゲルとペイン・ブリソンは、子どもの "脳全体" を常に気に留めておくためのたいへん役に立つ方略を提唱しています（Siegel & Payne Bryson, 2011）。

治療の構成

　子どもの性的問題行動は、第4章で紹介した構造化された子どもの性的問題行動アセスメント（Assessment of Sexual Behavior Problems in Children：ASBPC）を使ってアセスメントします。このアセスメントでは、子どもの発達年齢や機能のレベルに重点を置いているため、子ども（とその家族）は適切な治療の道筋に乗ることができるのです。グループはたいてい子どもの年齢によって分けられます（4～6歳、7～9歳、9～11歳）。全てのグループで、同じ保護者が12週間の治療プログラムに連続して参加することが求められます。バウンダリー・プロジェクトでは保護者の参加が大きな問題となることはほとんどありません。それには次のようないくつかの理由があります。それはまず、児童保護サービスによって彼らの出席が義務付けられていること、そして（ときどき

第 6 章◆バウンダリー・プロジェクトモデル

自分自身でセラピーに来る青年期の子どもとは対照的に）対象が小さい子ど
もゆえに、誰かがセラピーに連れて来なければならないことです。また、
保護者はたいてい子どもの性的問題行動を改善するために熱心に努力し
ますし、彼らは子どもに対応するときの最も良い方法の指針を欲してい
るし、それが必要であることが分かっているためです。

　特定の子どもや問題の種類によってはグループの設定が適切でない場
合があります。あるいは新しいグループが開始するのを待たねばならな
い期間があったり、家族治療の必要性がより切実であったりする場合も
あります。このような場合は個別の心理療法が推奨されます。それらの
ケースでは、個別の設定の中で治療の方針が示され進められていきます。
もしその子どもが個人の治療の後に参加することになるグループのメン
バーである予定ならば、治療方針はそこでも繰り返し取り上げられます。
つまり、目標となる同じ概念が、ロールプレイや脱スティグマを行う機
会が設けてあるピアグループの中で繰り返し強化されていくのです。

　最後に、中にはグループの参加者になるよりも、個別の配慮をする方
がより良く機能すると思われる家族メンバーがいる場合、家族全員での
治療セッションが非常に有効であるケースもあります。一部の保護者が
グループに適さない理由はさまざまです（例えば、情報の処理に困難を抱
えていたり、コミュニケーションのスタイルに問題があったり、過去に根深
いトラウマ歴があったり、発達遅滞があったり、母国語など言語の問題が
あったりなど）。子どももそういった理由や他の原因によってグループに
加わることが難しいこともあるでしょう。ほとんどの場合その理由は、
明らかに過覚醒の状態にあるとか、他者といることで興奮してしまうた
めに、自分の行動が調節できなかったり、自分自身をコントロールでき
なかったりするためです。このように、子どもや家族にさまざまな形式
で援助を提供できることは彼らとプログラムの成功において非常に重要
です。

治療の目標とその段階

　治療はアセスメントを行った後に開始されます。アセスメントでは第4章で述べたように、子どもの総合的な機能を明確にすることが求められます。例えば、問題行動の深刻さや範囲をより詳しく分析したり、発生の原因となる要因や維持要因の影響を把握したりするのです。アセスメントを行うことで、治療者は治療の標的に優先順位をつけることができ、またすでに分かっている性的問題行動だけでなく、疑いのある性的問題行動に対しても直接的な管理のあり方が分かってきます。さらに、アセスメントには安全確保や見守りの必要性を検討することも含まれます（いかなる緊急の場合であっても、委託された子どもが治療を受けている間、他の子どもの安全性が保障される必要があります）。

　幼い子どもの性的問題行動に関する研究に基づく現在の見解（第1章と第5章参照）における治療の焦点は以下の通りです。

1. 子どもと保護者の関係性の基礎の構築
2. 子どもと大人両方の情動の同定と適切な表現の促し
3. 性的問題行動とその影響に関する歪んだ認知の修正
4. 過去に虐待を受けた経験や現在のハイリスクな要素への対処
5. 問題行動の根本的な原因に関する子どもと家族の気付きの増大
6. 社会的交流およびバウンダリーの改善とリソースの適切な活用

教育の統合と保護者グループ

　クライエントである子どもが12週間の構造化されたグループに参加

している間、保護者は隣接した部屋で子どもと同じように、治療のねらいとなる多くの概念について学び実践します。グループの最後の 25 〜30 分間は、大人と子どもが一緒になり、彼らがそれぞれのセッションで何を学んだかをお互いに話し合います。治療者はそこで親子の相互交流を観察することができますし、彼らにオープンなコミュニケーションを促していきます。レッスンの内容が誤解されていたり、不明瞭なときには修正していきます。子どもが 12 週間の個人セラピーを受けている場合は、保護者は子どもがセラピーのセッションで学んだことの振り返りをする最後の 15 分間に参加します。バウンダリー・プロジェクトが終結すれば、保護者と子どもはさらなる個人セラピーや家族療法を含む追加のサービスを受けることができます。

　家族療法のセッションでは心理教育での内容の振り返りを行います。また、家族の強みと脆弱性をアセスメントしてから保護者の監督について確認します。そして、この外的なコントロールが提供されている間に、信頼回復のための支援を行います。

日常とセッションとを移行する際の活動

　構造的かつ一定のペースで、そして一貫していることは、全ての子どもたちにとって重要な要素ですが、中でもトラウマを体験し、深刻な問題行動を抱えているために治療に委託されてきた子どもにとっては特に重要なことです。セラピーを始めるときと終えるときに、セルフアウェアネスとリラクセーションを促すような時間があれば、子どもたちはより困難な活動にも取り組みやすくなります。

感情のスケーリング（自己認識）

　感情のスケーリングの活動は、それぞれのセッションの始まりのとき（"チェックイン"）と、そして再度終わりのとき（"チェックアウト"）にも行われます。セッションごとに 2 回、感情のスケーリングをする具体的

なねらいは、子どもが自分の感情を特定し認識するのを促すことです。そうしたのち、感情の強さを増やしたり減らしたりする方法を身に付けられるよう援助していくのです。子どもが感情表現のための言葉を獲得すること、適切な方法で感情を表現すること、感情が意味するニーズを理解することは、子どもとのいずれのセラピーにおいても重要な側面です。(Jaffe & Gardner, 2006; Gottman, 1997)。

　感情のスケーリング・ワークシートとからだ温度計（第5章の章末のシート5.2と5.3を参照）は、子どもがそれぞれのセッションの始めと終わり、あるいは個人やグループセラピーの際に感情のセルフモニタリングをするのに役立つでしょう。子どもがからだ温度計に描かれた感情の状態を指し示したら、治療者はその子が選んだ感情が（小さいから大きいまでの）5段階に分かれている感情のスケーリング・ワークシートを提示します。それから治療者はその子に「今のあなたの感情の大きさを指さしてちょうだい」と指示します。たいていは否定的感情が減り、肯定的感情が増えるといった治療セッションの良い効果を見ることができます。しかしながら、時折その反対を示すこともあります（例えば、難しいテーマに取り組んだとき、まだ帰りたくない気持ちがあるときなどは肯定的な感情が否定的になることがあります）。

　感情のスケーリング・ワークシートには描かれていないけれど、入れてもらいたいような感情を子どもが感じていれば、その新しい感情の顔を描くよう求めます。また、よく人が同時に1つ以上の感情を持つことを子どもが知ることも重要です。

　保護者には、子どもたちに毎日の日課の前と後、一日の始まりと終わり、そしてたまにあるような負担となる出来事の前後に、家庭で“チェックイン”させ、子どもの感情評価を強化してもらいます。また、保護者には、一日を通して自分自身の感情に名前をつけ、スケーリングをしてもらい、感情のスケーリングを使用するモデルとなるように伝えます（例えば、「お母さんの自信は5よ。なぜならあなたが家に帰ってきて、私が言わなくてもあなたは自分から宿題をやったからよ」とか「お父さんの

幸せの気持ちは2だよ。だって交通渋滞に巻き込まれたし、不満の気持ちは3から4になったからさ」など）。子どもと保護者には、どのような感情の変化にも、そしてその感情の強さの変化にも気付き、それらの感情の状態に至るのは何がそうさせているか考えることを促します。この取り組みで、彼らは自分の考え、感情、行動は相互につながっていて、それらの方向は変えることができるしコントロールすることもできるのだと気付き始めるでしょう。

　また、治療者は"感情カード"のセットをいつでも利用できるようにしておくべきでしょう。そうすれば子どもが自分の感情の状態を捉えるのにより的確な感情を指し示すことができます。

リラクセーション・エクササイズ

　リラクセーション・エクササイズ（呼吸のコントロール、漸進的筋弛緩法、ビジュアライゼーションの誘導、マインドフルネス瞑想など）は毎回のセッションの始めと終わりの両方で実施し、保護者と子どもをセラピーの時間へと方向付けます。このリラクセーション・エクササイズの具体的なねらいは、子どもも大人も心を研ぎ澄まし、積極的な学びの準備をすることです。つまり、子どもが落ち着いた状態になり注意を持続させ、集中できるように訓練するのです。また、先に述べたように、子どもと大人が日常からセラピーのセッションへと移行ができるように支援するのです（Greco & Hayes, 2008; Hawn, 2011）*。バウンダリー・プロジェクトでは"チェックイン"で感情のスケーリングをしたすぐ後に3分から5分間のリラクセーション・エクササイズを行うようになっています。2番目のリラクセーション・エクササイズは、セッション内に設定されているレッスンや活動に続いて行います（"チェックアウト"の感情のスケーリングの直前に行います）。マインドフルネスとリラクセーション・

---

* マインドフルネスの効果に関する研究知見をさらに知りたい方は、下のウェブサイトを参照してください。（www.thehawnfoundation.org/research）

エクササイズは、個人セラピーや親子ペアのセラピー、グループセラピーでも使うことができます。保護者には瞑想の教示をする製品を使って家でもマインドフルネスやリラクセーションを行うよう伝えます（"Breathe2Relax；ブリーズ・トゥ・リラックス"と呼ばれるiTunesのアプリは子どもにも使いやすいでしょう）。

治療目標：バウンダリー・プロジェクトのレッスン

バウンダリー・プロジェクトには12の基本的目標があります。子どもや保護者に説明しやすいようにシート6.1にまとめてあります。

1. 安全性の振り返りと状況の設定
2. 身体的バウンダリーと心理的バウンダリーの定義
3. 情緒的な緊張：同定、スケーリング、安全な表現
4. タッチのタイプの区別と理解
5. "タッチの問題"の起源の特定
6. "認知の三角形"を学ぶ：考えと感情と行動を結びつける
7. 衝動コントロール：脳とタッチの問題
8. 問題の外在化と抑制
9. 自己統制感と自尊心の構築
10. リソース／サポートの特定と助けを求めること
11. 強化：学びの振り返りと終了の準備
12. 安全性の振り返りと終了のお祝い

次に、これら12の目標について簡単に説明します。

安全性の振り返りと状況の設定

セッション1は、なぜあなたはセラピーに来たのか、そして、ここでは何をするのかという話をするための場面設定です。あなたたちは性的

第6章◆バウンダリー・プロジェクトモデル

問題行動が理由で紹介されてきたこと、そしてここのセラピーに来たら治療者は、その問題行動を止める方法についてあなたたちと話をしていくことを説明します。このセッションの目標は、治療グループにいるメンバーがお互いに自己紹介を行うことと施設の紹介をすること、セッション中の子どもの行動のための規則やガイドラインを設定すること、そして、重要な用語を取り上げて説明する他、セッションの始めと終わりの儀式（情緒の特定、感情のスケーリング、リラクセーション）を決めて練習することです。

身体的バウンダリーと心理的バウンダリーの定義

　セッション2の目標は、子どものバウンダリーの現在の理解と身体的空間をアセスメントすることです。身体的、心理的両方の"バウンダリー"の意味を説明します。そしてセッションの間、お互いの境界やバウンダリーを尊重することを確認しながら、そうできるように練習します（Gil & Shaw, 2010; Cook, 2007）。

情緒的な緊張：同定、スケーリング、安全な表現

　セッション3の目標は、情緒の特定と制御の力を向上させることです。次に感情のスケーリングは実施し続けながら、安全な感情表現のためのツールを導入します。その瞬間の感情の状態を特定すること、そして感情には激しさがあるという考え方を紹介します。最後に体の緊張を和らげ、"タッチに関する考え・感情・問題"に対して適切に反応する統合的な方法を身に付けるための基礎を作ります。

タッチのタイプの区別と理解

　セッション4の目標は、子どもたちがタッチの種類の違いを理解し、それぞれ異なるタッチをどのように感じるかという体験をすることです。タッチのタイプをカテゴリー化し、グループのメンバーで不適切で問題のあるタッチを明確にやめるという取り組みを開始します。「3タイプ

のタッチ」カリキュラム（ペンシルヴァニア反強姦団体（Pennsylvania Against Rape）作成）が、このセッションで役に立つでしょう。

"タッチの問題" の起源の特定

　セッション5の目標は、参加しているそれぞれの子どもたちの "タッチについての考え" が "問題行動となるタッチ" へと発展する道のりを理解することです。考えの発端を同定し、問題が発展して現在の状態に至るまでの道のりについてブレインストーミングを行います。また、その発展に関わっている子どもと家族の特定の要因を同定します。そして、問題は大きくもなりうるし小さくもなりうることを説明します。

"認知の三角形" を学ぶ：考えと感情と行動を結びつける

　セッション6の目標は、考えること、感じること、行動することの関連について子どもに示すことです。どのように3つの要素が相互作用するか例を用いて "認知の三角形" の概念の説明をします。思考の置き換えを始め、"認知の歪み" や "思考の問題" の概念も紹介します。タッチの問題にこの概念がどのように関連しているか検討していくための基礎を作るのです（Narelle, 2011; Stallard, 2002; Lamb-Shapiro, 2000）。

衝動コントロール：脳とタッチの問題

　セッション7の目標は、脳に由来する衝動や本能の概念を紹介することです。衝動性の高さやタイプにかかわらず、反応をコントロールするという考えを紹介します（例えば、性的・非性的思考や感情それ自体が行動を引き起こすことはありません）。思考を停止することや思考を中断することに関する教育を行います。緊張感を減らす方法として、そして問題解決のための代案として、リラクセーションやマインドフルネス／瞑想の有効性を、実演しながら説明します。

第6章◆バウンダリー・プロジェクトモデル

問題の外在化と抑制

　セッション8の目標は、問題行動と関連しているそれぞれの子どもの思考や感情、知覚を探索することです。子どもたちが投影能力を使って行動を外在化し、安全な距離感を保った状態で問題を検討する場面を設けます。問題は小さくすることができ抑制できるのだという子どもたちの気付きを促進します。問題をコントロールするためのリソースや援助者の存在を強調します。

自己統制感と自尊心の構築

　セッション9の目標は、子どもの内的・外的リソースを同定して褒めることです。行動と感情の自己コントロールを促進し、子どもの自尊心を高めます（特に、問題行動は自分自身の持つ自己意識とは別物であるという見方をするよう援助していきます）。

リソース／サポートの特定と助けを求めること

　セッション10の目標は、人生の中で自分を助けてくれるような、つまり人生のリソースとなるような、安全で適切な人に子どもたちが注意を向けるよう働きかけていくことです。子どもと親が共有している家族のリソースやサポートを特定し確認し合う機会を提供していきます。

強化：学びの振り返りと終了の準備

　セッション11の目標は、中心となる概念を振り返り、強化することです。保護者をサポートし、彼らの疑問や心配事を明らかにします。治療の終了と家庭環境での学びに移行するための準備をします。

安全性の振り返りと終了のお祝い

　セッション12の目標は治療プロセス完了のお祝いです。これまでの全ての学びと話し合いを振り返ります。また、子どものアート作品も振り返ります。そして、さよならを言うことの重要性について話し合い、

イメージを使って子どもが治療の内容（グループ治療やグループのメンバー）を思い出すことを援助します。最後に、それぞれの子どもに小さなプレゼントと修了書を渡します。

　これらの治療目標は、週1回行われる12回の構造化されたセッションの中で紹介され、繰り返し示されます。そして保護者には、解決に焦点を当てた、子どももやりやすい活動を家庭でも行ってもらい、その活動を通じて治療目標を強化していきます。先に述べたように、アセスメントプロセスを通して同定された治療ニーズ次第で、これらの12セッションは個人、グループ、家族療法のいずれかの形態で実施されます。

課題とねらい

　バウンダリー・プロジェクトモデルは、性的問題行動の根底にあり、問題を維持し悪化させている可能性のある家族の要因や環境的要因に取り組みながら、幼い子どもたちの性的問題行動を改善していけるよう設計されています。近年の研究に基づき、バウンダリー・プロジェクトによる介入は次の2つの主要な領域をねらいにしています。（1）子どもの性的問題行動の治療、教育、見守り、（2）保護者が治療セッションへ参加することや、家庭で積極的な治療的関与（家庭内での関係構築活動）を行うことを通してなされる親子関係の促進。

　このプログラムの最終的なねらいは以下の通りです。

- 安全で、信頼でき、心地よい環境を作る。
- 委託された子どもの家や学校、地域にいる、他の子どもの安全性の確保に取り組む。
- 不適応的な対処方法を健全で役立つ方法に置き換える。
- 各セッティングの間で外部のモニタリングを強化する。
- 子どもの内的コントロールの発達を援助する。

第6章◆バウンダリー・プロジェクトモデル

- 性的問題行動を減らす。
- 性的問題行動の発生に寄与している要素を減らす。
- 子どもへの適切な反応の仕方と見守りの方法を保護者に教え実行してもらう。
- 保護者に対する心理教育、支援、リソースを提供する。

　性的問題行動を抱える幼い子どもとの取り組みは、これまでの章で述べてきたように大きな困難を伴います。試行錯誤を通してわれわれは、構造的であること、発達的に適切であること、関与すること、時間的枠組みを遵守し反復的であることの重要性を学んできました。加えて、知的、感情的、身体的表現活動を取り入れることによって、子ども全体を引き込むような治療セッションこそが、熱心で心からの参加を引き出す、より大きな可能性を持つことを理解してきました。その上、近年の研究で示唆されているように、保護者が参加し協力することは、治療の短期的な有効性についてはもちろん、問題行動の根底にある要因の長期的回復に対しても極めて重要です。

　このモデルの実践を通して、われわれは治療の成功の可能性を大きく高める、あるアプローチと活動を発見しました。例えば、子どもの限られた集中時間を考慮し時間を定めた"レッスン"などの治療構造は重要です（レッスンは、それぞれのセッション内で20分以上続くことはありません）。加えて、保護者が同時に心理教育的介入を受けることで、彼らは子どもが学んだ内容を知ることができ、それゆえその内容を家庭で強化していくことできるのですが、この仕組みが非常に有効なのです。また、新しい概念を紹介する前に、それぞれのセッション内でこれまでの内容の振り返りを頻繁に繰り返し行うことがとても役に立つことも分かりました。われわれは治療の間、一貫して、新しいテーマに移る前にこれまで学んだことを繰り返します。最後に、子どもと保護者が家で繰り返し行っていけるように、実演することと彼らにそれを練習させることはどちらも必要不可欠であることが分かりました。単に言葉の指示を与える

だけでは十分ではありません。臨床場面で実演し練習することは成功を確かにする上での重要な戦略なのです。

　最終的に、呼吸法やマインドフルネスのエクササイズを学ぶことと同様に、感情の状態やレベルを特定することに焦点を当てることが、保護者と子どもにはより役に立つようです。家族からのフィードバックに基づき変更した介入の１つですが、これまで個別で行わせていたものを家族で行うようリラクセーション方略を組み込むようにしました。家族の方は、リラクセーションの方略を学べて良かったということや、治療場面の中で子どもも大人も練習しておくとその後お互いがあれをやってみようと言い出すようになること、一緒に繰り返すことで子どもも大人もより上手にできるようになっていくことなどを報告してくれました。

治療の進展の客観的な測定

　治療者は自分の仕事を評価する方法として、治療の前後でクライエントの機能の測定を行うことが強く推奨されます。治療の前後で比較する方法を用い、関連事項のベースラインを測定し、治療後にそれらを再度アセスメントすることが非常に有効でしょう。治療の始めと終わりに実施される標準化された測定方法は、治療者に治療の成功を伝えるだけでなく、治療構造から離れた後に子どもと家族が取り組むべき課題を見出す手掛かりとなります。これらの測定の結果の説明は、保護者や委託した機関とのフィードバックセッションに組み込んで実施すると良いでしょう。治療者はインテイク時と治療プログラム終結時に、以下に示す子どもと親の測定尺度を実施することが推奨されています（これらの尺度のほとんどは第４章で説明しています）。子ども用トラウマ症状チェックリスト（TSCC）、幼児用トラウマ症状チェックリスト（TSCYC; Briere, 1996, 2005）、子どもの年齢層ごとに用意されている子どもの行動チェックリスト（CBCL; Achenbach & Rescorla, 2000, 2001）、子どもの性化行動チェックリスト（CSBI; Friedrich, 1997）、親子関係チェックリス

ト（PCRI; Gerard, 1994）。結果は、治療終結時にセラピーを勧めるときや、家庭や学校、地域の指導者に対する安全上考慮すべき点として伝えるときに使用されます。

　加えて、遊戯的で芸術を主体にした活動も子ども中心のプレイセラピー（第4章参照）の期間と同様、治療の評価として組み込むことが可能です。子どもの芸術表現作品は、自己や他者に関する自分の認知の洞察を深めていくために、注意深く振り返りをしていくべきです。さらに、創作した多くの作品は、子どもが心配事を象徴的に外在化し、内省し、自分の情動を次第にコントロールしていけるようになるための機会にもなります。それはギルが、子どもの自然で自己選択的で緩やかな曝露と呼んでいるものです（Gil, 2012）。これらの場面も同様に評価されるべきです。

まとめ

　バウンダリー・プロジェクトは家族と共に行う構造化されたプログラムであり、子どもの性的問題行動に焦点を当て、外的な統制として保護者が参加し、基本的には子どもたちの行動化を煽るような感情の状態を理解し探索することができるように設計されています。バウンダリー・プロジェクトのスタッフのメンバーは、子どもに対し一貫して共感的で再現可能な役割モデルと、対処法としての方向の変え方を提供します。それによって子どもは不適切な行動を克服し、自己コントロールする感覚を発達させていきます。加えて、保護者は子どもを援助し、振り返りをし、治療中のレッスンで学んだ内容のモデルとなることを通じて積極的な参加者となっていき、そのことによってより着実な学びの伝達が起こるのです。

　保護者には共感的な理解をした上で、彼らが感じる恐れと不満について一貫して取り組んでもらいます。われわれの経験では、保護者の多くは、バウンダリー・プロジェクトに紹介されてきた当初はためらいを示

すものです。スケジュール調整をしなくてはならないたいへんさや、個人的なことについてオープンに話をすることにストレスを感じることもあるかもしれません。あるいは、問題を解決することに関する罪の意識や無力さを感じながら治療にやって来るかもしれません。親グループは心理教育のための機会であると同時に、サポートグループでもあります。われわれの経験では、保護者は自分の恐れや不満が検討され、それが周りに理解されたと感じられたなら、より参加するようになります。保護者に対する臨床的な課題は他の箇所でも述べていますが（第４章参照）、大人が参加し協力することが、子どもの治療が成功し性的問題行動が改善することの予測因子になることはたいへん重要であり強調しておきたい点です。

　バウンダリー・プロジェクトのグループ治療版では、保護者と子どもたちの並行グループを行います。このスタイルによって、学びを強化し、機能的な親子相互関係を促進し、過去の秘密に影響されてきた行動についてオープンなコミュニケーションのモデルになることを同時にもたらします。セラピーは、子どもが保護者と回復プロセスを共有することによって決して神秘的なものではなくなっていきます。加えて家族メンバーには、セッションとセッションの間の１週間、提案されたスキルを使ってより快適になるよう積極的に試みていくことを勧めます。

　われわれのプログラムの独自の側面は、子どもたちは個別でも、グループでも、家族療法の設定でも介入を受けられることと、もし治療者が必要と判断したらもう一度そのサイクルを実施できる点です。さらに介入にはプレイフルで身体的、全人的学びのアプローチが注ぎ込まれています。それぞれの子どもの個性やジェンダーの違いに加え、子どもと家族の発達上のニーズを考慮していくためです。治療スタッフのメンバーは、忍耐強く、非難せず、優しく、そしてレッスン計画を説明し実施するための方法のレパートリーを身に付けています。

　要するに、バウンダリー・プロジェクトは研究に基づく統合的モデルなのです。取り扱うテーマに関する最新の情報を組み込み、子どもに表

第6章◆バウンダリー・プロジェクトモデル

現的技法に参加させ、有効性の立証されたトラウマに焦点化した認知行
動療法の原理を取り入れ、子どもに心と体に関することがらを教え、子
どもに対して共感的で断固とした限界設定と信頼のおける養育の担い手
として保護者を治療に参加させているのです。

シート6.1　バウンダリー・プロジェクト：子どもと保護者が取り組む12セッションの治療の目標

親と私は別々にやります。でもそれぞれのセッションで同じことをします。

どう感じているか観察する （あるいは、たった今の感情を選ぶ）	そして、感情の大きさを選ぶ （どのくらい大きく、あるいは小さくそれを感じているかを示す）	学んだことを伝える （そして親が学んだことを教えてもらう）

親と私は、新しいスキルを一緒に学び練習します。

1. 導入と安全性 安全な場の確認、セッションの構造 自己紹介	2. バウンダリーって何? 身体的・心理的バウンダリー、私たちの感じ方を説明します	3. 緊張に対処する 体をリラックスさせ 自分の心に集中する	4. タッチの種類 愛のあるタッチ・良くないタッチ・ダメなタッチについて学び話し合います
5. なぜ問題が始まって、どのように進んでいったのか? 問題の根っこをみてみます	6. 認知の三角形 思考→感情→行動という枠組みを学びます	7. 衝動のコントロール 感情を評価すること、大きな感情の安全な表現のしかたを学びます	8. 内側を見てみる 家族で問題を外に出してらくにさくします
9. 自己習熟 自尊心を作ります 自分のスーパーヒーローパワーを見つけます	10. 自分の資源を見つけ出す サポートと助けを求めることを学びます	11. レッスンの振り返り 振り返り 家族の安全画作りを学びます	12. 安全性の振り返り さよならパーティーで卒業

Eliana Gil and Jennifer A. Shaw (2013) Copyright by The Guilford Press. この本を購入された方が個人的な目的で使用する場合にこのみコピーが可能です。購入者は www.guilford.com/p/gil9 から拡大できるデータをダウンロードすることができます〔日本語版は www.akashi.co.jp/files/books/4918/4918_sheet.pdf〕。

第7章

ケーラのケース

基本情報

　8歳の女の子ケーラは、性的問題行動の専門治療を受けるために地域の児童保護サービスから紹介されてきました。基本情報には、ケーラが不適切な行動をとること、最近に至っては攻撃的な性的行動を繰り返したために、学校は2度目の登校停止を通告したことが記載されていました。治療を開始するに先立ち、性的問題行動の原因、タイプ、範囲に関する総合的なアセスメントを実施しました。アセスメントでは両親や学校のこれまでの対応についても確認しました。治療に紹介されるきっかけとなった事件はスクールバスの中で起きました。ケーラは6歳の男の子のペニスを摑み、その子に自分の"下の方（陰部）"を触るよう言ったのです（そのとき彼女はその子の手を摑み、その手を自分の下着の中に持っていっていました）。ケーラはこれまでにも年下の子に対し、スクールバスや校庭で威圧的に関わったりいじめたりしたことがありました。例のごとく、ケーラはその子に、もし命令に逆らったり誰かにこのことを話したりしたら痛い目に合わせてやるし、"**あんたが**これをしようと言ってきたんだってあんたのママとバスの運転手さんに言ってやるから"と口止めしていました。その男の子はとても怖かったに違いないでしょうが、家に帰った後、母親にケーラのしたことを話しました。そうして学校に伝えられたのです。

　スクールカウンセラーは法律の定めるところにより児童保護サービスと連絡をとり、ケーラの性的虐待行為に関する学校の懸念を伝えました。ケーラは停学中で、"学校でのリスクアセスメント"の実施は保留されていました。担当ソーシャルワーカーは、ケーラが性的虐待を受けているのではないかと学校職員が疑っていることを話してくれました。この事件を受けて学校はケーラのことを"性的に攻撃的"で他児にとって危険な存在だと認識し、校長はケーラの両親に、今後どのようなものであれ事件を起こしたらすぐに除籍し、代替施設（オルタナティブ・スクー

ル）か専門矯正施設へ紹介すると伝えました。われわれのセンターに紹介されてきたとき両親は、在宅型の教育サービス機関を必死に探していました。地元の児童保護サービスの職員はケーラの母親と継父と連絡をとり、両親とケーラ、そしてきょうだいに聞き取り調査を行いました。保護者による虐待はケーラやきょうだいからは語られませんでした。けれども、ケーラの亢進した性的行動を考えると、下の2人のきょうだいの安全の確保はまず取り組むべき懸案事項といえました。そのため児童保護サービスの職員は、ケーラの両親に、監視していない状態で下のきょうだいとケーラを一緒にさせてはならないと伝えました。

心理社会的背景

　ケーラは3人きょうだいの長女で、アセスメント時は小学2年生でした。彼女は実母と実父の間に生まれた唯一の子どもでした。ケーラの母親はヨーロッパ系アメリカ人で、父親はアフリカ系アメリカ人でした。現在は別の州に住んでいる父親とケーラは断続的に連絡をとっていました。連絡をとるのは実父が彼女の町にやってきたときや祝日など限られていました。ケーラの実母と実父は結婚しておらず、ケーラは3歳半のときから継父によって育てられました。紹介されてきたときケーラの異父妹（ケイティ）は3歳で、異父弟（カレブ）は2歳でした。ケーラの母親によると、ケーラは、私は家を出てお父さんと暮らすのだとよく言っているとのことでした。

　ケーラの母親はまた、次のことを話してくれました。ケーラの妊娠中の発育と出産時の様子には特別なことはなかったけれど、当時は経済的にも情緒的にもストレスがありました（ケーラの父親はケーラが生まれた直後に州外へ去ってしまい、当時21歳のシングルマザーだった母親には家族のサポートがほとんどありませんでした）。ケーラの母親は自分自身トラウマ歴（身体的虐待）があると話しました。また、思春期から抑うつ症状にも苦しみ、妊娠中からケーラの幼少期の間は特に重症でした。全体

的に見て、ケーラの幼少期や早期の発達は、身体的健康は良好で主な発達課題も年齢相応に達成されていたようです。ケーラの母親は抗うつ薬を処方されていました。しかし他から得られた情報で分かったことですが、十分な健康保険料を払うお金がなかったため、定期的には服用していなかったようです。ケーラも母親も外来の治療機関には行ったことがないとのことでした。

　先にも述べたように、ケーラはこのとき実母と継父と共に暮らしていました。継父もヨーロッパ系アメリカ人です。ケーラの肌は、母親と継父の間に生まれた他の2人のきょうだいよりもずっと黒めでした。ケーラの母親との臨床面接から、母親はケーラの実父に対して否定的な感情を持っていることは明らかでしたし、その気持ちをケーラの前で隠すこともありませんでした。母親は実父のことを軽蔑した様子で語りました（例えば、「あの人はウソつきなんです……自分のことしか頭になくて……注目されるためだったら何でもするような人なんです」など）。娘の行動は実父の行動によく似ているのだとケーラの母親は2回も言及しました。そして2回とも「あの子は父親そっくりなんです」と付け加えるように言いました。アセスメントの間じゅう母親は抑うつ的で動揺しており、また、怒りを抱えているようでした。ケーラの高いエネルギーによって不快な感情をひどく刺激され、母親はケーラの将来を嘆き、そしてその気持ちは即座に表に出ていました。あとの2人の子どものことを話すとき、彼女の気持ちは明るくなりましたが、結局はケーラに関して否定的なことを語るのでした。「あの子たちもそのうち悪くなるんでしょうね。だってケーラがすることを見ているのですから」といった具合です。母親の話では、家族の否定的な出来事や家族メンバー間の緊張が、全てケーラのパーソナリティや行動のせいにされていました。

　母親によるとケーラは"常にたいへんな子だった"そうです。"たいへん"とはどのような様子だったのか尋ねると、ケーラは要求がましく、人を巧みに操ろうとし、なかなか満足しなかったと語りました。彼女はそして、小さい頃からケーラを落ち着かせたり安心させたりすることは

第7章◆ケーラのケース

"誰も"できなかった、なぜなら"生まれたその日からケーラは問題を起こしていた"からなのだとそれとなく話していました。

ケーラは保育園と幼稚園は問題なく過ごしました。母親はこのときはケーラも家族も良かった時期だったと言いました。継父が家庭にやってきたときケーラは3歳半でした。そして2年もたたないうちに母親は2人の子どもをもうけました。初めはケーラもお姉ちゃんになることを楽しみにしていましたし、母親もその頃のケーラは勉強の成績も平均以上で幼稚園でもうまくやっていたと話しました。ケーラは幼稚園では"落ち着いた"子だと評価されていました。複数の友達がおり、担任の教師もケーラは"社交的で賢く自信に満ちた元気の良い子"だと評価していました。彼女は確かに、指示に従うことや注意を払うことに苦労することもあり、突然興奮することもありました。しかし、小学1年生になるまで学校での介入が必要となるほどではありませんでした。

母親によるとケーラは規則正しい睡眠と安定した食欲を示していました。けれどもケーラはたびたび悪夢にうなされ、その後はたいてい再び眠りにつくことができませんでした。ケーラは悪夢の後、落ち着くために母親を求めることはありませんでしたが、継父にはベッドまで運んでほしいと頼んでいました。ケーラは1年半くらい前から、だいたい週に2回の頻度で夜尿をするようになったということです。それ以外には目立った医療的な問題もなく、過去に入院歴もなかったようです。

ケーラの継父は予約したアセスメントのセッションに全て参加しており、母親の否定的な報告に対してすぐにケーラを守ろうとしていました。継父は外で2つの仕事をしており、ケーラと日常的なやり取りをする時間はほとんどありませんでした。彼はケーラとの関係は「まあまあだけど、もっと良くできるはずだと思います」と言いました。彼は家庭がしばしば騒々しく混乱した状態になってしまっていること、家に帰ると母親はいつも苛立ちケーラに向かって怒鳴りつけていると話しました。そのときはケーラ自身も母親と衝突して怒り狂っているか泣き叫んでいるかどちらかとのことでした。継父は静かで落ち着いており、受け身的で、

ものごとに直面化するやり方は回避するような印象がありました。彼は
ケーラの母親が自分の話に入ってくると、自分が話すことは止めていま
した。

インテイク面接のとき継父は、現在ケーラの母親は妊娠3ヶ月である
こと、そして経済的にとてもたいへんな状況にあることを付け加えまし
た。児童保護サービスの職員は、ケーラの家庭は散らかっていて、母親
は家事と2人の小さな幼児の世話に追われてすっかり疲れ果てているこ
とは明らかだと述べました。ケーラはダンス、ガールスカウト、スポー
ツに興味を示していましたが、課外活動には一切参加していませんでし
た。母親は課外活動に行かせてやる経済的余裕はないと言いましたが、
下の2人の子がもう少し大きくなったら考えてやるつもりだとも話して
いました。ケーラは午後2時半に学校から帰宅してからは外に遊びに行
くことはありません。毎週土曜日だけ、継父が彼女を見てやれるので近
所で自転車に乗せてやっていました。

ケーラにどのような躾をしてきたか尋ねると、母親は「何をしても役
に立たなかったわ」と即答しました。彼女はケーラの軌道修正を試みた
りタイムアウトをしてみたりしたと言いましたが、実際に彼女がやって
いた躾の主な方法は、怒鳴りつけることと叩くわよと脅すことだったと
打ち明けてくれました。「あの子にはそれしか効かなかったものですか
ら」と話していました。母親はだいたい週に1回くらいはケーラを叩い
ていたことを認めました。またそれは口論しているその真っただ中に叩
いてしまっていたということでした。継父は、ケーラとは他の子たちが
寝静まった後、彼女が落ち着いているときに話をした方がいいと思うと
言いました。彼は、そのようにするとケーラは提案に対して理性的で好
意的に受け止められると感じていましたが、彼女の肯定的な意思とは裏
腹に、実際の行動はうまくいかないことにも気付いていました。特に母
親とのやり取りはそうでした。

ケーラの性的行動に関しては、校長も現在の担任の教師も、ケーラが
1年生のときから気になっていたと述べています。特に心配だったのは

性的な言葉と行動でした。ケーラが2年生になる前に起こした事件は最初の停学につながりました。その後学校の共用スペースでは特に厳しい監視がなされるようになりました。学校での前回の事件は次のようなものでした。ケーラは同級生（ケーラよりも小さくおとなしい女の子）と一緒にトイレの個室に入り、自分の後ろのドアの鍵を閉め、それからその子に向かって、もし陰部を私に見せてくれたら"親友"になってあげると言ったのです。教師はまた、ケーラがいつも性器に関する冗談を言ったりふしだらな歌を歌ったりしていたこと、彼女の年齢から平均的に考えられるよりも多くの性的な言葉や行為を知っていること、さらには他の子に性的行為の絵（例えば、キス、ベッドに寝ている2人の人物の絵を描いてタイトルに"セックス"とつけたものなど）を描いてあげていたことを話しました。ケーラはどのような子なのか尋ねると、担任教師は「抜け目がなく、賢くてエネルギッシュな子」と表現しましたが、それだけでなく「騒々しくて、愛情に飢えていて、操作的で卑劣な子でもある」とも言いました。さらに校長は、ケーラは女性職員よりも男性職員の注意をよく引こうとしていたし、体育の時間や休み時間には"誘惑するようなダンスや腰フリ"をしていたと話しました。ケーラはまた、自分には**"たくさんの**ボーイフレンド"がいるのだと周囲によく話していましたし、自由時間には上級生の注目を浴びようとしていることも知られていました。

アセスメントプロセス

　ケーラの気質と性的問題行動の範囲について把握するため、ASBPCを行いました。そしてケーラと家族の治療的介入の必要性について検討しました。詳細は第4章で述べたように、このアセスメントモデルでは子どもとプレイに基づいたアセスメント課題（芸術活動、遊び、箱庭療法など）を行います。他にも非指示的な子ども中心のプレイセラピーを行うことも特徴の1つです。その中で訓練を積んだ治療者が遊びの内容や

プロセスを評価していきます。さらに、このアセスメントモデルでは付帯的情報（教師や学校関係者からの情報など）の収集と成育歴の聴取を行い、学校での評価を確認し、標準化測定尺度の数値を評価します。測定尺度は保護者や教師が評定するCSBI（Friedrich, 1997）と各年齢層に応じたCBCL（Achenbach & Rescorla, 2000, 2001）の他、必要に応じてTSCCやTSCYC（Briere, 1996, 2005）も行います。

非性的行動に関する標準アセスメント

　ケーラの教師も両親も、彼女は絶え間なく、そしてますます問題となる行動を示していることを指摘しました。とりわけ、攻撃的で、強制的で、違反となるような行為です。こういった懸案事項とケーラが示すその他の問題を踏まえ、ケーラにTSCCを実施しました。これは外傷後のストレスや精神症状に関する子ども用の測定尺度で、外傷的な出来事（例えば、身体的虐待、性的虐待、大きな喪失、自然災害など）を体験した、あるいは暴力を目撃した8～16歳の子どもを対象としたものです。54項目からなるこの尺度は、不安、抑うつ、怒り、外傷後ストレス、解離、顕在的な解離、ファンタジー傾向、性的関心、性的とらわれ、性的苦痛といったさまざまな領域を測定するものです（Briere, 1996）。この尺度の保護者による評定では、ケーラの得点は、怒り、不安、外傷後ストレス、性的関心、性的苦痛が臨床域に該当していました。この尺度の外傷後ストレス尺度は、侵入的な感覚、思考、過去の苦痛な思い出、悪夢、思い出や否定的な考えの回避、女性恐怖症／男性恐怖症を反映したものです。

　親の評定によるCBCL（Achenbach & Rescorla, 2001）の結果からは、ケーラは同年代の子どもに比べて怒りや攻撃性が高いことが確認されました。また、情緒や衝動性のコントロールに困難を抱えているようでした。母親がケーラの否定的な行動や日常的に示している怒り交じりの態度を過剰に報告していたことを考慮すると、これらの結果は学校の報告よりも重要性は低いと考えられました。ケーラの2年生の担任教師は

CBCLの教師評価に回答してくれましたが、ケーラのことをより前向きに評価していました。ケーラは友人の中ではリーダーシップを発揮し、堂々としていて勉強の理解力もあるところが強みだと話していました。けれどもこの教師もまた、自由時間での全般的なコントロールのできなさや、衝動コントロールの乏しさを指摘していました。ケーラの行動は、自由時間には一層破壊的なものとなるようです。

性的行動に関する標準アセスメント

　ケーラのアセスメントにはCSBI（Friedrich, 1997）も活用しました。本書を通じて解説されているように、CSBIは2歳から12歳までの子どもの広範囲にわたる性的行動について、保護者による評価を測定する尺度で、実証研究によって妥当性や信頼性が立証されているものです。CSBIは、性的虐待が子どもの早熟な性的行動の発現と高い頻度で関連しているという知見に基づいています。38項目からなるこの尺度は、バウンダリーの問題、露出、性役割行動、自己刺激、性的不安、性的関心、性的強要、性的な知識、のぞき行為といったさまざまな領域を測定します（Friedrich, 1997）。正常群も臨床群も、裸やセックスへの曝露はCSBIの総合得点と関連することが分かっています（第1章で詳述しています）。

　ケーラのCSBI総得点は同年齢の子どもたちと比較して高いことが示されました（T得点＞110）。CSBI総得点は2つの領域それぞれの合計点を基に算出されます。1つは発達に関連した性的行動で、これはその子どもの年齢と性別に適切なレベルの行動を反映しています。ケーラのこの領域の得点は高いものでした（T得点＝80）。2つ目は、性的虐待に特定の領域で、これは性的虐待歴に関連することが実証された項目からできています。男の子と女の子とで異なります（Friedrich, 1997）。ケーラの母親と継父の報告によると、ケーラはこの領域の得点も同年代の子どもより有意に高いものでした（T得点＞110、危険域）。

初回アセスメントの印象

ケーラは母親と継父と共に毎週行われるアセスメントのセッションに遅れることなくやって来ました。両親は下の2人の子どもも連れてきました。母親は待合室にいる間、イライラし疲れ果てた様子が見て取れました。下の子たちが廊下を走り回ると怒鳴りつけ、彼らの後を追いかけていました。継父は努めて静かにしようとしており、下の子たちにも受け身的に静かに応じていました。そして母親に対しては落ち着いた労りの態度で彼女を安心させようとしていました（そのことは母親をしばしば苛立たせました）。

ケーラはすぐに私（Shaw）とのラポールを築き、家族と離れるときには彼女の感情ははっきりと変化しました。彼女はよく到着してアセスメントセッションに移るまでの数分間はイライラし立腹していました。この移行のための1つとしてケーラは3〜5分間のリラクセーションエクササイズを行いました。そしてエクササイズの始まりと終わりに瞑想で用いるチャイムを鳴らしました。初めは抵抗していましたが、ケーラはすぐにこのリラクセーションの時間を受け入れるようになり（アセスメントセッションの前と終わりの両方で実施）、そしてエクササイズを始めるチャイムを鳴らしてほしいと頼むようにもなりました（エクササイズでは呼吸のコントロール、漸進的筋弛緩、そして子ども用瞑想CDのガイドを用いた視覚イメージ（ヴィジュアライゼーション）を行いました）。

最初のアセスメントセッションで、ケーラにはあなたがここに来ることになった理由と、学校で問題となった行動について話は聞いていると伝えました。それから、ここは子どもたちが抱える"大きくなってしまった気持ち"を小さくしていくための場所なのだと説明しました。大きな気持ちには性器を触ろうという気持ちや、単純に"触りたい気持ち"もあるのだと説明しました。また、ここにはその触りたい気持ちが"タッチの問題"になってしまった子どもが大勢いること、そしてその気持ちや問題行動を小さくしていくために（セラピーで）できることがあるのだと伝えました。私が彼女にプレイ用の部屋を紹介しているとき

第7章◆ケーラのケース

や、一緒にやっていくことを確認しているとき、そしてなぜ彼女がここにやってくることになったかを指摘しているとき、ケーラはとても熱心に聞いていました。ケーラはここに自分と同じような問題で"たくさんの子ども"が来ていることを知って驚いたようでした。私は、最初にやることはお互いのことをもう少し知ること、そしてその次にやることは、学校や家庭で問題を引き起こしているタッチの問題のことをもう少し理解してから援助していくことだとケーラに話しました。また、ケーラの触ろうという考えがどこからやってくるのか、何がその気持ちを大きくしてしまうのか、そして気持ちを行動に移してしまうポイントは何かを知りたいということも話しました。ケーラは実に注意深く私の話を聞いていました。そうしたところ彼女は他の子たちのことを聞いてきました。「その子たちのタッチの問題はどこからやってくるの？」。彼女の関心の高さと、私と話をしようというその気持ちは、やや過剰ともいえるほどでした。他の子たちは調子が出てくるのにもっと時間がかかりますし、たいていは何度もセッションを重ねるまで遠慮がちな態度でいるのです。

　第2回目のセッションの初めに、以下のような呼吸のコントロールのエクササイズと感情のスケーリング（"たった今"どのような気持ちであるかを評価し記述する）を行いました。ケーラは明らかに前回のセッションのことが気になっており、ここに来る他の子どもたちの問題について多くの質問をしてきた他、性器に関して極めて具体的な質問をしてきました。ケーラは好奇心が旺盛で、その好奇心を安全で援助的な環境の中で追求したがっているようでした。この第2回目のセッションで最も注目すべきことは、ケーラはこの話し合いの間、とても落ち着いていて集中していたことです。また、小学校入学前の夏に12歳のいとこの男児（タイラー）とさまざまな事件があったことを打ち明けてくれたのもこのセッションでした。ケーラは夏休み休暇のうち数週間、母方の祖母といとこと過ごしていました。ケーラは当時6歳で、タイラーは彼女よりも6歳年上でした。ケーラは単刀直入に打ち明けてくれました。「私のいとこもタッチの問題を持っているのよ。彼は私を**いっぱい**触ったの

よ」（落ち着かない様子でクスクス笑いながら）。私は、その事件のせいで彼女の触りたい気持ちが急速に強くなり、そして問題にまで至ってしまった原因なのかもしれないと伝えました。第2回目のセッションの残りの時間と第3回目のセッションは、彼女が打ち明けてくれたこの事件について重点的に取り組みました。両親にこのことを伝え、児童保護サービスと連絡をとった上で、ケーラと母親そして継父に対してセラピーを実施しました。事件の発覚と、そのことを知った母親がケーラに対して（当初抱いていた不信感やケーラが嘘をついているのではという心配を私に聞かせてくれた後に）望ましい対応をしてくれたこともあり、ケーラの全般的な気分と家庭での行動は著しく変わっていきました。

構造的アセスメント課題

プレイ・ジェノグラム

　第4章で解説したように、"ジェノグラム"は家族メンバーやその関係性について視覚的に表現したものです。治療者はこれによって、その子の家族、個人の特性、そして子どもの視点から見た家族関係の特質を把握することができるのです。通常ジェノグラムは家族構成の情報だけでなく、その家族メンバーが生きているか亡くなっているか、離婚しているか養子か、さらに子どもの出生順位も示されます。ケーラはまず誰が自分の家族にいるかを考えて、それを次のように書き出しました。母親、実父、継父、きょうだい（カレブとケイティ）、そして2年生の担任教師も書きました。

　それから私はケーラに次のように指示しました。「家族のみんなそれぞれの人について、あなたが考えていることとかあなたの気持ちを一番表していると思うミニチュアを選んでちょうだい」。それを聞いたケーラは、しっかり考えながらゆっくりじっくりと取り組みました。彼女は集中して、家族の一人ひとりに対して一番ピッタリとくるものを探しているようでした。ケーラはまず継父と実父に対するミニチュアを選び、母親のものは最後に選びました。ケーラは継父に対し2つのミニチュア

第 7 章◆ケーラのケース

を選びました。小さな陽気な熊とブリーフケースです（「だって優しいし、たくさん働かなきゃいけないからね」）。実父に対しては、肩に小さな子どもを抱き上げている大きな男性の人形を選びました（「だって私のことが大好きだし、私と離れてさみしい思いをしてるからね」）。きょうだいには、それぞれに小さなおもちゃを選びましたが、それは泣いている子どものミニチュアでした（「だってあの子たちはとーってもよく泣くからね」）。担任教師に対しては、本を持って笑っている背の高い女性を選びました（「先生は私のことが好きだし、私も先生のことが好き」）。自分自身については、ケーラは3つのミニチュアを選びました。（1）小さな怪物のような人形（「だって私はときどき意地悪だからね」）、（2）電話をしながら服を着替えている十代くらいの少女の人形（「これは私。彼氏に電話をしているの」）、（3）自転車に乗った子ども（「自転車に乗るのは大好き」）でした。母親に対しては大きな女性の怪物のミニチュア（大きな口を開けて鋭く尖った歯を見せ、マントを羽織っています）を選びました。母親に対して選んだミニチュアは最も大きく、それに対し継父ときょうだいに対して選んだミニチュアは最も小さなものでした。自分に選んだ3体のミニチュアは全て母親と継父から顔を背けた向きで置きました。そして母親のミニチュアはケーラの方を向くように慎重に置き、ケーラに向かって移動していました。自転車に乗ったケーラ自身を表すミニチュアは、実父に対して選んだミニチュアの方に向いているように置きました。

　このプレイ・ジェノグラムによって、ケーラの根底にある問題について多くのことが分かりました。また、これまで彼女が私に話してくれたことと両親が話してくれたことは一致しているようでした。興味深いこととして注目したのは、継父は彼女が3歳半のときからの主たる父親であったのですが、彼女はどちらの父親もジェノグラムに含めていたことです。ケーラは一見すると実父には見捨てられた感覚を持っているようでしたし、その離別の感情はいまだ解決されていない感じでした。彼女が実父に対して自分の気持ちや感情を表すミニチュアとして選んで見せてくれたのは、彼女自身と父親が一緒になったものでした。実際には父

親に抱えられている子どもでした。つまり彼女の実父に対する渇望の思いは非常に明瞭といえました。彼女は継父を、陽気だけれどたいてい不在にしている人だと言っていましたが、それをしっかりと表現していました。また、きょうだいは周りの注意を引きたがる迷惑な存在として表現していました（きょうだいに対する反応としては特別変わったものではありません）。母親のミニチュアは彼女の方を向いており、大きく、そして攻撃的なもので、イライラして怒れる母親が非常に否定的で敵意に満ちた態度でケーラを注視しているとケーラが感じていることが分かりました。また、ケーラが自分自身を表すものとして選択したミニチュアの1つは、彼女も怪物であることを示していました。深いレベルでは、ケーラはおそらく母親とのつながりを見つけようとしており、現時点で彼らが共有できていた感覚は他者に対する攻撃性だったのかもしれません。興味深い点であり指摘すべきことは、母親がケーラの方を向いて立っているため、ケーラ自身は背を向けてしまっていたことです。このことはセラピーの中で再検討すべき点として留意しておくことにしました。

　最後に、このプレイ・ジェノグラムで重要だと思われたことが他にもいくつかありました。まず、ケーラは彼女の担任教師と好意的な関係を築いていました。誰かに好かれているという感受性と、その感情を互いにやり取りする能力を示してくれました。2つ目に、男の子のことで頭がいっぱいだということ、そして彼氏とおしゃべりを楽しむようなティーンエージャーに早くなりたいという願望があり、それは興味深い表現がなされていました。彼氏ができるのはもう少し年上の子であり、自分のような7歳にはまだ早いと彼女は理解していたのです。私は今後、このとき彼女が選んだ自分自身を表す3つのミニチュアを再度活用することを心に留めておきました。それらを彼女の抱える3つの重要な問題の橋渡しとなるように活用しようと思いました。3つの問題とは、男の子たちと関係を持ちたいという気持ちが押し寄せていること、自分の問題を怪物のようなものと捉えていること、そしておそらくもっと早く動

きたいという気持ちを意味するであろう、自転車に乗ること（彼女の明らかに高いエネルギーを示しています）です。このプレイ・ジェノグラムによってセラピーのときに注目すべき情報も得られました。それは彼女の2つの主たる関係性と、それぞれに抱える現在の困難です。ケーラはプレイセラピーを行うのにうってつけの対象と思われました。つまり、彼女の象徴的な言語は豊かで、また、多くのことを伝えてくれていたのです。

描画課題
自由画

　もし子どもが描画や絵画に興味を示したら、「頭に浮かんだことを何でも描いていいんだよ」とか、「描いたり塗ったりしたいものは何でも描いていいからね」と勧めてあげると良いでしょう。ケーラはクレヨンを使って手をつないでいる男の子と女の子の絵を描きました。そしてこう言いました「これは私で、こっちは新しい彼氏よ」。それからケーラは"秘密"を教えてくれました。彼女には学校に10歳の彼氏がいるそうです。彼女は校庭でキスをしたことを教えてくれましたが、その男の子はそれが"デート"だと思っていたかどうかは分からないそうです。ケーラは興奮気味にその子のことを話し、学校でその彼に渡したという"ラブレター"の中身についても教えてくれました。また、ケーラはその子に"セックス"の絵を描いてあげたことも話しました。セックスとは"（自分の両足の間に手を置いて）ここに男の子のものを入れること"と説明してくれました。どうやってセックスのことを知ったのか尋ねると、ケーラは「ずっとずっと前から知ってるよ」と答えました。

動的家族描画

　第4章で説明したように、K-F-Dの教示は「あなたと家族が何か活動をしているところの絵を描いてくれるかな」です。子どもは"家族"という言葉について質問してくるかもしれません。特に、どの家族を描け

ばよいのかと聞いてくるでしょう。治療者はどれでも自分の描きたい家族を描くよう促します。子どもがこの課題を終えた後に、治療者は子どもに話したいだけ、あるいは話せるだけ話すよう求めます。

　ケーラは自分を含めて現在の家族の全員を描き、実父も描きました。彼女は棒人形でどの人物もほとんど同じように描きました（それぞれの頭の上にその人の名前を書くことで識別しました）。けれどもそれぞれの人物に異なった色を使っていました（ケーラ自身は黒でした）。ケーラは描画に装飾はせず、この課題はすぐに完了しました。家族は何をしているところか尋ねると、ケーラは「別に何も……ただみんなだよ」と言いました。父親はケーラの隣の脇に最も大きく描かれていました。地面は描かれず、まるで全員浮いているようでした。表情もみな同じでした（例えば、口は直線が横に一本など）。

自画像描画

　子どもに自由画を描かせた後に、自画像を描くよう求めます。このときの教示はシンプルで単刀直入に「自分の絵を描いてちょうだい」と伝えます。ケーラは第3回目のセッションで自画像を描くよう求められると嫌がりましたが、その後のセッションの中で描くことができました（そのときは自由遊びの時間に先立ち、最初の活動として設定しました）。けれども、彼女は急いだ様子で描きあげ、そしてすぐにそれを裏返しにして言いました。「私は絵がとっても下手なの。これすっごくブサイクだわ」。彼女は黒のクレヨン使って描きました。その絵には体が描かれておらず、ただ顔に（とても小さく釣り合いのとれていない）点で描かれた目、小さな鼻、耳、そしてまたしても線を一本引いただけの口でした。彼女はそれに数本の髪の毛を加えていましたが、徐々に落ち着かない様子になっていきました。そのため、彼女は不満な様子ですぐに終えてしまい、描画を終えるとあっという間に裏返してしまい、イライラした様子で箱庭の方へ向かっていきました。ケーラは急いだ様子で箱庭活動へと移ってしまいましたが、自画像課題は彼女を不快にさせ、情緒の明ら

かな変化が生じることが分かりました。

「気分は何色？」

第４章で解説したように、「気分は何色？」アセスメント法は、子ども
もに自分の感情を知覚させ、その感情の強さについて検討するよう設定
されているものです。具体的には、子どもに自分がたいていいつも感じ
ている感情のリストを作らせ、それからその感情を最もよく表している
色を選ぶよう求めます。シート4.2に載せていますが、感情のリストの
横には小さな四角が並んでいる列があります。子どもはその小さな四角
に自分で選んだ色を塗り、自分だけの色のコードを作ります。子どもが
自分の色のコードを完成させた後、輪郭線で描かれた人形のシート（こ
れもシート4.2に載せています）を提示し、その子が“タッチの問題”（ま
たはその子どもが呈している問題に関連する状況）を体験しているときの
気持ちがどれほど小さいか、あるいはどれほど大きいかを考えてもらい
ながらその人形を自分の色のコードを使って塗っていくよう求めます。
この課題を終えた後に、その子が仕上げたものについて話したいだけ、
あるいは話せるだけ話すよう求めます。

ケーラは彼女が“たいていいつも”感じている気持ちを４つ挙げまし
た。（挙げた順に）幸せ、熱狂、怒り、悲しみです。彼女は人形の中に小
さな点で色を次のようにつけました。幸せ（胸）、熱狂（頭部/顔）、怒
り（足元）、そして悲しみ（腕）。彼女はこの課題はすぐに仕上げてしま
いました（図7.1参照）。

次に“触りたい感じ”が生じたときの気持ちを、同じ色のコードを
使って人形に描き込むようケーラに求めました（私は例としてバスでの
事件を挙げました。「あの子を触って、そしてあの子にも自分を触るように
言ったときに、あなたが体で感じていたときみたいにね」）。ケーラは幸せ、
熱狂、怒り、悲しみを表す同じ色を使って行いましたが、よりたくさん
色を塗り、とても熱心に取り組みました。

“触りたい感じ”を描き込み、体のどこにどれだけ強く感じているか

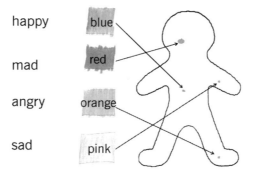

図7.1 ケーラが"たいていいつも"感じている気持ち

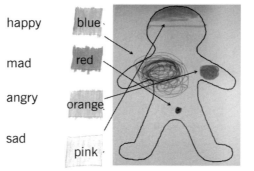

図7.2 ケーラに"触りたい感じ"が生じたときの気持ち

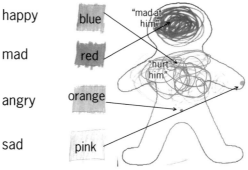

図7.3 ケーラが触られた／虐待されたときの気持ち

尋ねると、ケーラは自分の頭の上部に悲しみの色を塗りました（頭の半分に色が塗られました）。胸の部分に幸せの色を（これが気持ちの中で最も大きいものとして描かれました）、手に近い所の腕に怒りの色を、そして熱狂の色を両足のつけ根につけました（図7.2参照）。ケーラはこの絵については多くを語ろうとはしませんでした。

　治療段階（性的問題行動を抱える女の子のグループの開始に先立ち実施された支持的な個別セラピー）では同様の教示を行い、ケーラは同じ色のコードを使って、また別の「気分は何色？」課題を行いました。けれどもこのときは、彼女のいとこのタッチの問題によって傷ついたときに感じた気持ちが、どこに、どのように、どれくらいの強さで生じたかについて描き込むよう求めました。図7.3に示しているように、彼女の頭部にあった悲しみは"怒り狂う気持ち"と入れ替わり、そして人形の頭の部分の全体が塗りつぶされました。彼女の幸せな気持ちは最も大きく描かれ、彼女の胸、胴、腕の一部にまで及びました。彼女は「うれしかったよ、だってあの子をいじめてやったからね……ベッドから突き落としてやったんだ」と話しました。怒りは再度彼女の足の間に描かれました。悲しみは、ここでの「気分は何色？」課題では小さく描かれました（小さな点が彼女の手に描かれました）。つまり、自分自身が虐待されたことを考えたときに生じるケーラの主な感情は、その色によって"怒り狂う気持ち"と（虐待した者を傷つけることによる）"幸せ"だということが示されたのです。

箱庭療法

　アセスメント課題として箱庭療法を行う場合、既定の大きさの長方形の砂箱を用意します。その箱の内側の側面と底は青く塗られ、箱の中には細かい粒子の白い砂が入っています。箱のそばにはたくさんのミニチュアが棚に並んでいます。基本的にそのミニチュアは箱庭療法で使うものです。子どもに砂箱を示しながら、「ここにあるものを使いたいだけ使って、砂の中に作りたい世界を作っていいんだよ」と言います。子

どもが自発的に発した言葉は記録しておきます。治療者は静かに観察し、子どもが直接手伝ってほしいと言ってきたときだけ手伝ってやります。砂箱にその子の思い描く場面が完成した後で、治療者はその子どもに、話したいだけあるいは話せるだけ話すよう求めます。

　ケーラは6回のアセスメントセッションの中で2つの箱庭を作りました。どちらの箱庭も製作過程と内容は似通ったものでした。ケーラは箱庭課題をもっぱら楽しんでいました。アセスメントのそれぞれの回で彼女は箱庭をする時間があるかどうか尋ねていました。6回目のセッションまでに、彼女はその箱庭を母親に見せて話したい、あるいは完成した箱庭の写真を撮ってほしいと言いました。ケーラは砂箱で自分の世界を作っている間は最小限のやり取りしかせず、作り終わった後にそれぞれの物語を詳しく話してくれました。テーマはデートのシナリオでした。女の子と男の子がデートをするもので、女の子がデートの準備をする過程が描かれていました。女の子と男の子はデートに出かける、キスをする、そしてデートの最後にはセックスをするというものです。彼女は"デート"までの設定とボーイフレンドがやってくるのを楽しみに待っている場面に多くの時間を費やしました。2つの箱庭のどちらにも大人は登場しませんでした。2つ目の箱庭のシナリオの最後には（2つのミニチュアが重なり合うようにしてキスのときの音を出しながら）ケーラは言いました「私と彼氏よ」（彼女が学校でラブレターをあげた10歳の男の子）。彼女の頭の中が性的なことでいっぱいになっていることは、彼女が取り組んだほとんど全てのアセスメント課題において見られましたし、これらは治療目標として取り扱うべきことがらとなりました。

アセスメント結果

　ケーラは私と心地よく過ごすことができ、広範囲にわたるアセスメントにしっかりと取り組みました。彼女はそれぞれのセッションの最初と最後に行ったマインドフルネスエクササイズを喜んで行いました。その

ため、表現療法（箱庭療法、描画課題、プレイ・ジェノグラム）や非指示的プレイの中で積極的に発言し、自分自身と非機能的な家族のパタンに関する否定的な認識を話し合うことができました。ケーラは自分の受けた虐待行為の経験や、そのときの感情体験をたった一人で抱え続けていましたが、それらを告白することで心の重荷から即座に解放されたのでした。彼女が自分の受けた虐待をプレイの中で表現し語り始めるにつれて、彼女の感情はセッションの中でも家庭の中でも変化していきました。ケーラの継父は私に、ケーラの全般的な気分が落ち着いてきていることを熱心に話してくれました。母親はまだその進展に気付いたり認めたりすることができず、父親の報告に対しても「この人はケーラがたいへんなときにはいませんし、彼女のひどい状態は私にしか分からないんです！」と言い、彼の評価を最小化しました。

　ケーラの自己イメージは性的行動が深刻化する以前から数年間にわたり悪化し続けていました。彼女は全てのアセスメント課題に協力的に取り組みましたが、最もやるのを嫌がったのは自画像の描画でした。彼女は怒り交じりにこの描画課題を行っていましたし、時間もあまりかけたがりませんでした。また、描き終えた作品を見ることも嫌がりました。先にも述べたように、彼女は急いで描き、その絵をすぐに裏返しました。そして、これは醜いと言い、うんざりとした様子で文字通り立ち去っていきました。

　約2年間、ケーラは見捨てられ、裏切られ、情緒的欲求と対人欲求に関心を持たれないという対人経験を重ねてきました。ケーラの行動上の問題は1年生のときに深刻化し始めました。その行動のせいで彼女は友達から徐々に孤立していき、教師や両親から否定的な目で見られるようになりました。また、そのことによってケーラは、圧倒されるような情緒、混乱、性的な感情に対処する能力はほとんどない状態のままとなりました。彼女は自分の身に降りかかった例のトラウマ体験（性的虐待）からの傷つきをどうにかしようと、安全基地もなく、大人からの全般的なサポートもなく、とりわけ母親の理解と心遣いもなくもがいていまし

た。そのストレッサーに加え、彼女は理想化していた実父から見捨てられたと感じていました。そのため彼女は、自分が実父を切望しているのと同じくらい実父も自分のことを切望しているという非現実的な考えを持ち続けていました。母親は2人の幼児の世話で疲れきっており、エネルギーを使い果たしているようでした。そのことに加え、どういうわけか母親はケーラのことを、世話をしても実りがなく、要求がましい、自分の人生で絶えず続くストレスとなる子だとみなしていました。このような気持ちはケーラが生まれた直後から生じていました。おそらくケーラは気難しい子だったのでしょう。あるいは、母親は若い年齢で子どもを育てること、もしくはケーラの実父との間に子どもができるということにアンビバレントだったのかもしれません。母親はケーラの実父についてあまり多くを語りたがりません。おそらく彼は彼女にとって何らかの形で苦痛となっていたのでしょう。そして彼の娘ということでこの苦痛は彼女に残ったのではないかと思われます。否定的な親の気持ちがどのように生じて、どのように留まっているのかを理解するのが難しいこともあります。けれども母親にとってはケーラと自分の関係性が大きな不満となっていたこと、そのためにケーラは母親に世話してもらうことはほとんど期待しないとばかりに背を向けるようになったことは明らかでした。

　ケーラと6回のアセスメントのセッションを終え、現在の情緒的問題、行動上の問題、性的な話題への没頭の背景にあるもの、それを促進させ維持させているいくつかの深刻な問題が明らかとなりました。ケーラが過度の怒り、機能不全、深刻な気分の変動を示していたことは非常にはっきりしていました。彼女はまた、攻撃的で、侵入的で、反抗的な行動を学校でも家庭でも示していました。そして性的なことへの没頭の結果、彼女は友達や小さい子どもに対して攻撃的で性的な行動をとるだけでなく、性的で思わせぶりな言葉を使っていました。

治療目標

治療目標は以下のものを設定しました。

1. 問題のある母子の愛着（出産時から生じており、加えて治療されなかった産後うつや、不適切で一貫性のない養育、そして母親がケーラの実父の望ましくない特性をケーラに過度に同一視するために悪化した）に取り組む。
2. 家族が現在のストレッサー（ケーラが唯一世話をしてくれる養育者だと認識している継父の関わりが限られていること、主たる養育者としての母親の情緒的な関わりの欠如と母親不信、持続的な経済的ストレッサーを含む）に対処する、あるいは解決するのを援助する。
3. 実父の不在に関連するケーラの未解決の喪失への取り組みを援助する。
4. 未治療のままになっているケーラの性的虐待に関連した考えや感情の処理を援助する。

ケーラは他の子どもの安全を守るために治療に委託されたのであり、決して着実に深刻化している彼女自身の問題行動への懸念からではないことをしっかりと認識しておくことが重要です。このような委託は性的問題行動を抱える子どもの治療においては典型的です。委託を求める関係者は今後被害者となりうる子どもの安全を主に心配していて、紹介する子どもの背後にある社会的、情緒的、行動上の困難には関心を持っていないものです。残念ながら、公的に罰を与えたり、登校を停止したりといったケーラに対して行った措置は、彼女の自尊心の低さを強化してしまうだけでした。ケーラが他の子に行った行動に対して即座に強く反応したことで、ケーラとしては、自分は"悪い子"だとか"手のかかる

子" なのだという認知を強め、それゆえ、自分は優しくされたり理解してもらえたりするに値しないという感覚を強めたのでした。それに応じてケーラの反抗的で攻撃的な行動は悪化し、そのために母親はますます不適切な反応を示し、心理的虐待やネグレクトをするようになっていたのでした。

治療計画と治療プロセス

治療に先立ち、ケーラの母親と継父はアセスメントのフィードバックのセッションに参加し、アセスメントの結果と治療の方針について話し合いました。彼らには口頭と公式の文書による報告を行いました。また、性的問題行動を抱える子どもの親に対する一般的な指針（第5章シート5.1参照）を渡し、家庭における見守りと初回の家族療法セッションに参加することの誓約を行いました。そして先に述べた望ましい治療目標の概要、図示された性的問題行動を抱える子どものための12回のセラピープログラムを渡しました（第6章シート6.1参照）。

ケーラと彼女の家族には、現在も関わっている地域の家庭支援部門のソーシャルワーカーが担当することとなり、この家族の治療にかかる費用も地域が保証してくれました。このソーシャルワーカーは母親と良い関係性を築き、母親にとって役に立つと思われる援助をさまざまなやり方で行いました。セラピーやベビーシッターにかかる費用は全くかからないようにしてくれましたが、そうでなければこの家族にはそのようなお金はありませんでした。

以下に述べるような指針をこの夫婦に作成しました。それには彼らのストレッサーへの対応策だけでなく、ケーラの行動上の問題に対する総合的な対応策も示しました。

1. ケーラと母親の関係性を取り扱うため、そして肯定的な相互作用を構築するための訪問カウンセリング

2. 以下のことがらを検討するための保護者カウンセリング。安全管理と見守りに関すること、問題行動、種々の行動に対する保護者の不適切な対応、外来セラピーの目的の強化、グループセッションで紹介されたことの家庭での取り組み

3. 毎週1回、計12回実施される性的問題行動を抱える子どもと保護者のそれぞれ並行して行われるグループセラピーへの参加。それぞれのセッションの最後に行われる親-子の関係性の強化が含まれる（第6章バウンダリー・プロジェクトモデルを参照）

4. 性的問題行動の専門的治療の終了後から実施する、ケーラの個別のトラウマフォーカストプレイセラピー（Gil, 2012）

5. グループセラピーの期間に、保護者担当セラピストと子ども担当セラピストによる進捗状況の報告を受けて作成される提案内容の検討

6. ケーラの放課後の向社会的活動と毎日の身体的活動の機会の増大

7. セラピスト、ケースマネージャー、両親、ケーラの担任、カウンセラー、校長で行う緊急の会議。（a）現在のリスク要因と、学校職員による援助の拡大の必要性の確認のため、（b）ケーラが学校復帰するにあたり、他の子どもに対するリスクとケーラ自身が除籍させられるリスクを減らすための心理教育の実施のため

8. まだ手がつけられていない、ケーラを虐待したいとこ（テイラー）に対する、児童保護サービスの介入と関連する法的措置の検討

9. 母親に対する週に1回の支持的セラピー。精神科のコンサルテーションと気分障害に対する可能な薬物療法の検討

　この治療計画に示されているように、こういったケースに対しては総合的な対応が不可欠で適切な方法です。加えて、チームアプローチが必

要となります。ただ1つの専門家が一人で実施できるようなものではありません。ケーラの増大する攻撃的で性的な行動に関する学校の安全管理上の深刻な懸念を踏まえると、すぐに対処すべきターゲットは、ケーラに性的な思考と感情に対処するための方略を持たせることでした。そうすることでクラスメイトやきょうだいなど、他の子どもたちへのリスクがなくなるのです。この目標を達成するために、グループセラピーで各セッションの終わりに親子で行う振り返りのときに、バウンダリー・プロジェクトの課題を導入しました。そして次のセラピーセッションまでに、ケーラと両親との間の関係性の構築を促進し情緒的な交流を改善するよう設定された、特別な活動を家庭で行ってもらいました。

われわれの行っているアプローチには、従来のセラピーではほとんど扱われることのない種々の要素に注目するという独自の特徴があります。例えば安全で適切な環境を設定するための具体的で一貫性のある指針を提供することなどです。ケーラの場合、この指針の中にケーラが観る全てのテレビ番組やその他メディアの使用に対する保護者の監督、学校／家庭／セラピー場面間での連携、ケーラときょうだいとのやり取りに関する保護者の見守り、彼女が一人で遊んでいるときの見守りの強化を取り入れました。そのことに加えて、彼女のケアに関わる全ての人に対して、状況横断的に、ケーラが不適切な行動をとっているのを目撃したときに、一貫性を持って明確なメッセージを彼女に伝えるようお願いしました。この子が受け取る周囲からの否定的な注目の総体を考慮し、そしてそれらが彼女の自尊心とアイデンティティに多大なる影響を及ぼすことを踏まえて、全ての養育関係者に対し、あらゆる場面においてケーラには優しく接するようお願いしました。そうされれば彼女は、自分の価値、必要性、（多くの人から）愛されていることを実感することができるでしょう。

その他いくつかの方略を家庭でも行ってもらうように設定しました（リラクセーションとマインドフルネス瞑想、感情の同定と数値化など）。ケーラは自分から両親に一緒に活動をしようと求めることがうれしかっ

第7章◆ケーラのケース

たのです。そのことが結局は両親に対して、どのようなときでも自分が
感じたことやそのときの気持ちがどれだけ大きいか小さいかなど伝える
ことにつながりました。

　継父はこれまで通り楽観的に対応しました。母親は自分に関すること
がらについては時間がかかりましたが、自分のセラピーに通ううちに
ケーラの実父との関係性に関する問題も解決され始め、彼女の態度や振
る舞いは変わり始めていきました。親子の関係性はいくらか良い変化が
表れてきたようでしたが、広範囲にわたるケーラと母親との間の溝は乗
り越えることができませんでした。けれども継父はケーラのあきらめず
に立ち向かう面を彼女の長所だと理解していきました。そして最終的に
は、母親はケーラと過ごすことを楽しめるようになったのでした。母親
はまた、ケーラが下の子たちの世話をすることができることを誇らしく
思うようになり、ときどきケーラに一休みするよう伝えることもありま
した。

　ケーラとのセラピーは順調で、急速に進展していきました。彼女は治
療的な働きかけに対してとてもよく反応しました。そして、終始協力的
で熱心に関わりました。われわれは長期的な関わりが重要であると考え
セラピーを行い、約1年半かけて目標を達成したのち終結しました。そ
の期間にケーラはダンスと出会いました。母親は彼女を週に一度レッス
ンに送迎しましたが、このことによって、ケーラは母親を慕うようにな
りました。ケーラはまた、学校で自分の問題行動が大騒ぎにはなってい
ないことが分かると、学校は安全で温かな環境だと理解しました。そし
て学習面でも対人面でもより有意義な経験を重ねていくようになりまし
た。最も重要な経験はおそらく、ケーラが同級生のある女子と友人関係
を築くようになったことでしょう。彼女たちは2人ともお互いが思いや
りを持っていて、そのおかげでぐんぐんと成長していけるのだと感じて
いました。そのため、ケーラは何度か自分のセッションにオリビアを連
れてきたいと主張しました。彼女は私とその子を会わせたがっていまし
た。ケーラは「2人とも私のことが好きでしょう。そして私も2人のこ

193

とが好きなんだもの」と言っていました。

まとめと結論

　ケーラは性的問題行動で専門の治療を求めてわれわれのセンターに連れて来られる子どもの典型例でした。こうした問題に取り組むときの最初の目標は、発達を的確に捉えるよう専門的に設計されたASBPCを用いて情報を収集することです。われわれの経験では、こちらが彼らに関心を持って知ろうとしたり、話を聞いたり、そして理解を示すことに対して子どもたちはしばしば驚きます。例えば、孤立、学校での懲戒・登校停止・除籍など、性的問題行動を抱える子どもは往々にして、彼らの行動が他の子どもにとって深刻となるほど問題化してしまったり、その行動のために深刻で否定的な結果を引き起こしたりした後に紹介されてきます。保護者はたいてい罪悪感や恥の感覚に苛まされています。加えて、混乱し、失望し、どうしてこのような行動を起こしてしまったのかと不安になっています。

　まさにケーラのケースがそうであったように、アセスメントを行うことによって、介入しなければならない多くの問題となる領域が明らかになります。そして、その子どものみが"治療"されるべきだという考えは間違いであることが分かるのです！　たいてい子どもの問題行動はこれまで未解決のままだった多くの要因から生じています。例えば、個々の悲惨な経験、刺激が過剰な環境、子どもが理解しきれないような露骨な情報を伝えてくる電子媒体や紙媒体へのアクセス、何らかの形でその問題に寄与しているか維持させている家族の力動などです。性的問題行動を抱える子どもはたいてい自分自身が圧倒されるような実に多くの感情を抱えています。ケーラのケースでは、実父を慕う気持ちとその実父に見捨てられるのではないかという気持ちがありました。さらに母親の否定的な態度に対する混乱もありました。家族内ストレッサーとしては、継父が仕事で忙しく家庭にあまりいないこと、母親の家計のやりくりに

第 7 章◆ケーラのケース

関する絶望感、両親の注目を引こうとする下のきょうだい、などがあり
ました。

　性的問題行動を抱える子ども全員が必ずしも虐待を受けてきているわ
けではありません。けれども、そういった行動は被虐待歴と関連してい
ることも多いですし、子どもの発達から見て処理することが困難な露骨
な性的情報にすぐにアクセスできる環境にあることと関連していること
もあるでしょう。さらに、不適切な友人関係が不適切な性的行動を招い
てしまうことがあります。そういった性的な活動は、上のきょうだいや
保護者によって発見されることもあるでしょう。

　最後になりますが、性的問題行動を抱える子どものアセスメントや治
療においては相互に関連する要因を考慮していかねばなりません。これ
らの要因に対して、包括的、協調的、効果的な対応をすることが不可欠
です。保護者の治療への参加や注力によって治療の成果は増大します。
つまり、自分の子どもをしっかり理解しようとか、優しく適切に接しよ
うなどといった大人の意志がなければ治療はうまく進まないのです。保
護者が子どもの治療（親グループへの出席や家庭でのフォローアップを含
みます）に十分に力を注がない限り、進展が妨げられるか、性的問題行
動の減少が単に一時的なものとなるか、あるいは性的問題行動が他のま
ずい行動や情緒の問題に取って代わるだけになってしまいます。

　われわれの臨床実践からいえることは、性的問題行動を抱える子ども
の不適切な行動に対しては止めるための援助ができるし、子どもは自分
をより良く適切に表現することができるようになるし、痛みや喪失、フ
ラストレーションを抱えながらも、たいていは素晴らしいレジリエンス
と信頼を構築することができるようになるということです。このことは
研究でも支持されています。それゆえ、この問題への治療介入は楽観的
かつ熱意を持って取り組むことのできる仕事だといえるのです。

第8章

トーマスのケース

基本情報

　トーマスはヨーロッパ系アメリカ人の4歳の男の子で、彼の通っている保育園の園長から性的問題行動のアセスメントで問い合わせを受けました。この2ヶ月の間にトーマスは、他の子どもを不適切に触り家に戻されたことがありました。例えば彼は、クラスの子や先生にキスやハグしようとしたり、自分のペニスをいじるところをクラスの子たちに見せようとしたり、他にもクラスの女の子のスカートをめくろうとしたりするのですが、保育園の最も大きな懸念はそれをやめさせようとする指示にトーマスが従わないことでした。これらの行動は当初、男の子の発達から見て年齢相応の興味だとみなされていましたが、今では保育園の職員はみな、トーマスがかなり深刻な問題を抱えているためにこのような遊びをするのではないかと心配しています。そこで園長はトーマスの性化行動と不適切な行動の原因の可能性として性的虐待がないかどうかアセスメントを依頼してきたのです。担任の先生によると、トーマスは相手の子を他の子から離れた所に連れて行き"自分のやることを隠そうとする"ということでした。トーマスは、彼を他の活動へ方向をうまく変えさせようとする周囲の働きかけよりも、プライベートな秘密の方法で自分の興味と関心を追い求める欲求の方により強く反応してしまうようでした。

　クラスの子たちはトーマスをからかうようになり、トーマスの問題行動のせいで彼と遊びたがらなくなりました。保育園の職員たちは、クラスの子たちが彼と遊ぶのを拒否したり遊んでも条件をつけたりするにつれ、トーマスがより攻撃的に反応するようになったことに気付いていました。また、あるときは、トーマスは引きこもり、混乱し、立ち上がって歩き回ったりしました。そうして、彼はクラスの中に加わりたがらない、あるいは加わることができないようになりました。担任は「トーマスは状況を悪化させたまま何時間も周りとの関係を絶ち、他の子たちと

話したり遊んだりすることを拒否するのです……。彼は過剰に興奮した状態からほんの一瞬でスイッチが切れたような状態になり、通常の状態に戻るのにすごく時間がかかるのです」と話してくれました。

最近の保育園の会議で、トーマスの担任は、彼のためにクラスに個別支援の加配スタッフをつけ、他の子どもたちの安全を確保することを提案しました。加えて、幼稚園年齢の間はオルタナティブ・スクールに紹介することも提案しました。トーマスは認知能力的には年齢よりも発達していると考えられていましたし、かつてはクラスにうまく適応できていたのですが、保育園側はトーマスが幼稚園に進むのを快く思っていませんでした。頻繁に起こす性的問題行動以前に、トーマスは別の困難のために支援を必要としていたからです。それは、クラスでの活動の際、スタッフの個別の支援なしに適切に参加したり注意を向けたりするのが困難であることでした。身体的バウンダリーの問題もまた性的問題行動以前から存在していました（例えば、相手の気持ちに気付かずに子どもたちを押しのけたり、友達や先生との距離が近すぎたり、ときにはスタッフが指導するとそのスタッフを蹴ったりしました）。

このときトーマスは治療的里親の元で生活していましたが、そこは過去13ヶ月間で2つ目の里親で、この里親家庭には約半年います。最初の里親は現在の治療的里親が見つかるまでの一時保護でした。トーマスにとって不幸なことに、彼はその最初の里親家庭（里母、里父、その家庭の2人の10代の子ども）に愛着を抱くようになったのです。彼はその家庭に養子にしてほしいと頼むほどでした。トーマスが担当のソーシャルワーカーにこのことを頼んでから1ヶ月後、彼は措置先が決まり、説明もなく現在の里親家庭へ移されました。この新しい里親家庭への移行は困難でした。彼はよく以前の里親家庭に戻りたいと言っていました。

トーマスの担当ソーシャルワーカーと現在の里母との臨床面接で、約2ヶ月前、トーマスが5歳の里子の姉、ナタリーの服を脱がそうとするところを見つかったということが分かったのです。ナタリーはのちに、以前トーマスはパンツを2度脱がせようとしてきたことがあったが、問

題となって里親の元を離れなければならなくなることを心配してそのことを話さなかった、と里母に打ち明けました。里母は、トーマスとナタリーはお互いによく戯れていることに気付いており、家の中ではしっかりと監督するようにし、彼らだけでは遊ばせないようにしていたそうです。彼女はまた、トーマスがナタリーの服を脱がせているところを見つけたとき、最初トーマスはギクリとして恥ずかしがっていたとわれわれに話しました。そして彼はその場から逃げ、家具の後ろに隠れて2時間も出てくるのを拒みました。里親とソーシャルワーカーが行ったその後の聞き取りではこの出来事に関してそれ以上の情報や開示はありませんでしたが、それ以来トーマスの行動は変わっていきました。彼は言葉数が少なくなり、次第に防衛的で怒りやすく、攻撃的になっていったのでした。里母は「まるであの子には感情も自責の念もないように見えました。だから私はあの子をずっと監視しなければならなかったのです」と冷静に話しました。

　その上トーマスの里母は、トーマスが彼女の胸やお尻に執着しており、不適切に触ってくるため何度も彼をタイムアウトしなければならなかったことを話しました。さらにトーマスがまさに彼が保育園でやっているように、自分のペニスを公共の場で曝し、里母がそのことで怒ると彼は神経質に笑うことについても言及しました。彼女は「私はもうあの子に対してどうしていいか分かりません。あの子は何も気にしてないように見えますし、私を怒らせようとしているように思えるのです」と言いました。ソーシャルワーカーは、トーマスの増大する問題行動は実母との交流が再開したことと関係しているのではないかと指摘しました。里母も、実母の訪問の後でトーマスが興奮すること、そして傷ついているようにも見えることに同意しました。

心理社会的背景

　今から1年と少し前、トーマスが3歳半のとき、トーマスは同棲して

第8章◆トーマスのケース

いた実母のボーイフレンドに身体的虐待を受けているところを児童保護サービスに発見され、実母から分離されました。実母もまたそのボーイフレンドからの身体的、心理的虐待の犠牲者でしたし、トーマスはそのDVの場面を目撃していました。トーマスが実母の元にいたとき、近所の人は頻繁に起こるケンカや怒鳴り声、そしてボーイフレンドがトーマスを公園で体を強く揺さぶったり叩いたりしていることを通告していました。担当ソーシャルワーカーによると、実母はトーマスがボーイフレンドの虐待の直接的な犠牲者であることを知ってからは、積極的にDVの専門家による彼女自身のセラピーを受けることや、職に就くこと、直ちにボーイフレンドと連絡を絶つことなど、勧められた提案の全てに応じました。児童保護サービスがトーマスをアセスメントに紹介した時点では、彼は週末の帰省を経て、実母の元に戻す準備が始まっていました。彼は3ヶ月で家に戻る予定でした。

　トーマスは一人っ子で、母親が22歳のときに生まれました。実母はトーマスの実父と虐待的な関係のため1年で離婚しました。実母によると、トーマスの父親はドラッグやアルコール依存で、家族を養うことはおろか、自分自身の自立もできていませんでした。実母は、元夫が家の中でドラッグを使用しているときに身体的な暴力を振るってきたため、トーマスを連れて彼の元を去りました。実母はトーマスが9ヶ月からほぼ2歳になるまで、地域のシェルターで住居サービスと経済的なサービスを受けていました。実母は自分自身とトーマスのための住居を見つけ、現在のボーイフレンドに出会うまでは安定した生活を過ごしていました。

　報告によるとトーマスは、周産期の合併症などはなく予定日通り生まれました。けれども、"妊娠5ヶ月のとき、庭で押し倒され、お腹を蹴られた"と母親は報告しており、そのことで妊娠中に損傷を受けた可能性があるという記録が残っています。彼女は緊急治療施設へ行きましたが、幸運なことに検査では彼女と赤ちゃんに急性の損傷のサインは見られませんでした。出産前のケアは限定的で、医療側からの報告では、トーマスは話すことと言語理解に中程度の発達の遅れがあったと記され

ています。また、トーマスが眠りにつくことや眠り続けることが困難であったこと（生後13ヶ月までは夜通し起きていた）、食欲は乏しく、彼女が知っているどの乳児よりよく泣いたということを実母は報告しています。トーマスは、現在のアセスメントの6ヶ月前まで、つまり4歳近くまで日中のおしっこのコントロールができていませんでしたし、ほぼ毎晩夜尿がありました。トーマスは身体的には健康な子どもで、粗大運動も微細運動も発達上問題はなく、大きな病気も事故も起こしていませんでした。社会性については、他の子どもに関心は示すし遊ぶ仲間を求めますが、友達とは"荒っぽく遊ぶ"ことが観察されていました。友達との関係ではソーシャルスキルの欠如、衝動コントロールの乏しさ、集中力全般の欠如や、他の子どもの身体的バウンダリーへの気付きに欠けることが示されています。保育園からは、彼の社会性の困難からアスペルガー障害の基準を満たしている感じがあるということが報告されていますが、特定の兆候や症状は挙げられていませんでした。認知的には、トーマスは保育園の全てのカリキュラムの領域で平均以上の能力を示していることが報告されていました。彼はすぐに概念を習得し、すでに文字を読むことができていました。読書がとても好きで、そして実験を行う科学の課題を最も好んでいましたが、グループになると問題が生じたとスタッフは述べています（彼はグループに圧倒されていた）。

　トーマスは、実父と関係を絶たれていましたが、里親に措置されると、彼は父親についてよく質問するようになり、父親と暮らしたいとせがむようになりました。報告によると、父親が裁判所命令による薬物依存のカウンセリングを終了し、実母に経済的支援をするようになれば、その1年後にはトーマスと再会できることになっていました。父親はまた、ソーシャルワーカーとの面会を続け、自分自身の回復に関わる全てのプログラムに一貫して参加していました。実母は、彼がセラピーを受け続けること、そして最初は監視付きの訪問という条件で、再統合の努力に対して前向きでした。

　トーマスは担当のソーシャルワーカーか里母に連れて来てもらい、7

週間にわたる週１回のアセスメント面接を行いました。私（Shaw）は
インテイク面接と終了面接のときにトーマスの実母と会いました。彼女
はこのアセスメントと、トーマスの全面的な養育を彼女が引き受けると
いう指示に対して協力的であり、裁判所の全ての要求にやる気と関心を
持ち、喜んで応えようとしていました。実母は自分のセラピストとの取
り組みを続けていましたし、治療計画の目標を随時相談していくことの
同意書をわれわれのチームに提出しました。

　私はトーマスに会って担当のソーシャルワーカーと里母とのミーティ
ングに出席する前、彼の保育園を訪問し、ある活動から別の活動に移る
とき、そして構造的／非構造的な時間における彼の行動を観察しました。
構造化されたグループ活動でフェルトペンを借りようとして２人の子ど
もを押しのけたり、ある子と協力して、２人に加わろうとした別の子へ
の攻撃を何度も繰り返したりして、１時間半の間にトーマスは５回注意
を受けました。トーマスはからかわれると、昼食のテーブルを離れ、本
を読むための静かな場所を見つけるとそこに行きました。スタッフが昼
食に戻るよう説得しましたが、彼はそれを無視しました。性化行動は観
察されませんでしたが、彼は２度女性スタッフの足に腕をまわし、強制
的に引きはがされるまでその腕を離しませんでした。彼がタッチや親密
さを求めようとしたとき、周囲がその行為を正そうとすることがトーマ
スの怒りや欲求不満のトリガーとなり、そのため近づこうとしたり心地
よさを求めたりする彼の試みが裏目に出てしまうことになり、その結果、
彼は我を失い混乱してしまうようでした。トーマスを観察した後で担任
と話をしましたが、彼女は私の観察したことが彼女の日々の奮闘と一致
すると述べていました。けれども彼女は、トーマスが１日うまく過ごす
ことのできる日は、彼と実に楽しい時間を過ごすことができるのだとも
付け加えました。また、トーマスは創造的で、たいへん賢く、愛らしく、
陽気で、"彼がなろうとするときには"クラスのリーダーになることも
できると述べました。

アセスメントプロセス

　トーマスのケースにおける "性的虐待を防ぐ" ための特別な介入はまずASBPC（第4章参照）が良いと考えられました。広範囲にわたるプレイに基づいたトーマスとのアセスメントは7セッションで終了しました。

　アセスメントプロセスの最初に行うことは、問い合わせてきた専門家とインテイク面接を行い、口頭と記録の両方から全般的な情報と特定の情報を得ることです。構造化インテイク面接で発達の様子、保育園のスタッフと園長から学習と社会性に関する情報、そして以下のアセスメント尺度の結果を得ました。CSBI（Friedrich, 1997）、1歳半から5歳の子ども用CBCL親評価版（Achenbach & Rescorla, 2000）、TSCYC（Briere, 2005）。また、保育園での活動中（上述）と7回の面接期間中にトーマスの様子を観察しました。そこではたくさんの指示的・非指示的プレイや表現的芸術の課題の取り組みに参加しました。

　トーマスはアセスメントに関する全ての構造的な課題をこなし、私との自由遊びや共同的な遊びにも全て参加しました。トーマスはしばしば私を（悪を絶滅させるパートナー役として）"スーパーヒーロー" ごっこに誘い、セッションの全てをスパイダーマンかバットマンのマスクとマントをつけて過ごしました。私は悪者をやっつける彼のアシスタントか仲間、または補助役として加えられました。トーマスは部屋中で "悪者" をエネルギッシュに、そしてドラマティックにやっつけました。

　一方で彼はまた、静かな遊びも楽しみ、"善人" と "悪者" の間の壮大な戦闘シーンを作り上げました。トーマスは完全に2つのチームの戦略の設定を作ることに没頭し、悪者チームを倒し、善人チームの勝利に喜びを感じているように見えました。善人はいつも、トーマスを大いに喜ばせるドラマティックな最後のシーンでモンスターや悪の戦士を倒しました。いくつかの戦闘シーンでは実に暴力的でしたが、以前の里親宅で年長の子どもたちとよくテレビゲームをしていた4歳の元気な男の子と

しては決して特別なことではないでしょう。トーマスの今までの人生経験は、多くの刺激が彼のファンタジーを生み出す力を増大させ、そのファンタジーの中で、より大きく強く、恐ろしい特別な力を持った人々が、トーマス自身を見えなくさせ、大きく強く、そして凶暴にさせてしまったのでしょう。それは危険から飛び去っていく能力、遠くからでも脅威を見つけることができる能力をも身に付けさせてしまったのでしょう。

　ASBPCで指示されているように、それぞれのセッションには構造化された課題の時間があります（描画課題、箱庭、「気分は何色？」課題）。また、標準的なプレイセラピーの環境で、子ども中心の非指示的プレイを行う時間もとり、そこでのトーマスも観察してアセスメントしました。

非性的行動の標準的アセスメント

　保育園と里母からも報告されていたことですが、トーマスは感情調節に困難を抱えていました。欲求不満耐性が低く、音や移動、他人と身体的距離が近くなることで容易に過剰な刺激を受けてしまいました。彼は動揺したときや理解されないと感じたときは攻撃的になることもありました。トーマスの保育園のスタッフは揃って、彼は侵入的な身体的行動を示し、それを切り替えさせることが難しいと報告しています。しかし、トーマスは静かな環境にいるとき、自分で選んで楽しむことのできる遊びの課題に参加しているとき、あるいはクラスの友達や大人から1対1の注目を受けているときは、とてもうまくやることができていました。

　早期の虐待、母親からの分離や喪失といったトーマスの成育歴を確認した上で、里母にトラウマ後のストレスと心理的症状に関するチェックリストであるTSCYC（Briere, 2005）を評価してもらいました。この評価尺度は、不安、抑うつ、怒り、トラウマ後ストレス、解離、明確な解離、ファンタジー、性的関心、性的没頭、性的苦悩といったさまざまな領域を評価します（Briere, 2005）。里母の説明では、トラウマ後ストレスの領域の得点が高いようでした。類似尺度のTSCC（第7章参照）と

同様、TSCYCのトラウマ後ストレスの得点は、侵入的な興奮、思考、痛みを感じる出来事の記憶、悪夢、記憶や否定的思考の認知的回避、他者への恐れといった症状を示しています。臨床的に深刻な範囲にあった得点は、不安、解離、性的関心、怒りでした。里母によって評価された1歳半から5歳児用のCBCL（Achenbach & Rescorla, 2000）の結果からは、トーマスが同年齢の子どもと比べ感情と衝動をコントロールできないこと、そして他の子どもと関わることが難しいことが確認されました。この評価尺度の中で最も顕著であったものは、怒り、攻撃性、不注意、社会性の発達（の未熟さ）でした。

性的行動の標準的アセスメント

　CSBI（Friedrich, 1997）もアセスメント内容に組み入れました（第1章、第2章、第7章のCSBIの記述を参照）。

　トーマスのCSBI総得点は、同年齢の男児と比べて高い得点でした（T得点 > 85）。第7章で述べたように、CSBIの総得点は2つの領域のそれぞれの合計点を基に算出されています。1つ目の領域は、発達上一般的に見られる性化行動で、子どもの年齢、ジェンダーに適切な行動の程度を示します。この尺度におけるトーマスの合計点は有意に高いものでした。2つ目の領域は、性的虐待を受けた子どもに特徴的な性化行動で、性的虐待歴に関連することが実証された項目からなっています。また、男の子と女の子とで異なるようになっています（Friedrich, 1997）。ここ数ヶ月の行動に関する里母の評価では、トーマスのこの得点は同年齢の子どもよりもわずかに高い得点でした（T得点 > 65、高い）。もちろんこれらの結果は個別には解釈できないものです。とはいえこれらの得点を見ると、トーマスの性的問題行動が性的虐待に起因するのではなく、彼が幼少期に体験した他の虐待的な経験（身体的虐待や母親へのDVの目撃など）の組み合わせの結果によるものであろうという関係者らの印象と一致しています。特に、"子宮内で"の損傷の影響の可能性が懸念されます（トーマスの母親はお腹を何度も蹴られていました）。胎児期の脳へ

のダメージの可能性をアセスメントする精密な検査が必要といえるでしょう。それは（性的行動と身体的バウンダリーの問題も含む）トーマスの衝動コントロールの乏しさ、感情のコントロールの困難さ、攻撃的行動と関わっているかもしれません。

初回アセスメントの印象

　トーマスは最初、このアセスメントにおける構造化された課題に取り組むことはあまり気が進まないようでした。最初の2回のセッションでは、彼は部屋を探索していましたが、おもちゃを選ぶ中で心がかき乱され圧倒された様子でした。特に彼は、ミニチュアの兵士や騎士やスーパーヒーロー、スーパーヒーローのコスチューム、2つの騎士のチームでいっぱいになった木製のお城を使って箱庭を楽しみました。3回目のセッションまでに、トーマスは1つのお城を中心に、プレイルーム全体に広がる（お城が“領地”に囲まれている）精巧なシーンを作りました。ひとたびシーンが完成すると、トーマスは「さぁお前は私の仲間だ。われわれはこの城を守らなければならないのだ」と言いました。次の2セッションでは、トーマスはお城の住人を守り、全ての侵入者をやっつけるという流れを細かく詳細にわたって指示しました。トーマスは自分にさまざまな特別な力を与え、そのうちいくつかを私にも与えてくれました。最終的に私はこの冒険の完全なパートナーになったのでした。彼が私とこのプレイに熱中するにつれ、協働関係がそれぞれの冒険の中で構築され始め、私はトーマスをさらに構造的な課題に取り組ませることができました。残りのアセスメントでは、トーマスは最初に構造的な課題を行い、残りの時間を自由遊びに使うというやり方を選びました。

　アセスメントの期間、彼の問題行動は全く見られませんでした。おそらくそれは一貫して見通しの立つ設定と構造があったからでしょうし、邪魔されることもなく、大人の注目を全て得られるため、他の子どもたちと大人の注目を分け合う必要がなかったからでしょう。トーマスは片づけを手伝う最後以外は、アセスメント課題の移行を素早く上手に行う

ことができました。セッションの始まりと終わりには2分間の静かなリラクセーションやグラウンディング・エクササイズを行いました。

　最初の数セッションでトーマスの情動は全範囲に及びました。彼は陽気で、創造的で、探求心を持ち、結局のところ考えや、感情、知覚については、正直で前向きでした。私と自由遊びをしたいという気持ちから、構造化された課題は素早く明確に完了させました。最初のセッションではいくつかのバウンダリーの問題が認められました。例えば呼吸のエクササイズをしているときに私の膝に飛び乗ってきたり、セッションが終わる前に私の所に走ってきて足にしがみついたりしました。彼はまた、頻繁に遊びを止め、そしてプレイを再開するわずかな間に私のすぐ近くに寄って来ました。私はこれらの身体接触や接近の希求といった出来事をバウンダリーの侵害だとは解釈しませんでした。むしろ、自分に関心がありサポートをしてくれる信頼できる他者から承認され、しっかりと信頼感の土台を築くことを必要としている瞬間のように思われました。

　探索と一人遊びの2セッションでトーマスはより積極的に参加し、こちらの働きかけに応じることができるようになったので、3回目のセッションで私は、彼がここにやって来る理由について話をしました（最初のセッションでの試みではトーマスから最小限の関心しか引き出せませんでした）。私はトーマスに私が学校で観察したことについて話しました。そして、私が2つの里親家庭のことや、彼が小さいときに経験した恐ろしいこと、彼が母親と会うことを再開したのを知っていることなども話しました。トーマスは熱心に聞いており、私がリラクセーションのストーリーを読み終えると静かに座りました。体は落ち着いていましたが、彼は興味津々な様子でもありました。

　私はまた、トーマスの"タッチと感情表現"の問題が大きくなっており、学校や里母とのトラブルにつながっていることも知っていると伝えました。トーマスは少し止まり、そして「あの人たちはナタリーのこともあなたに話した？」と聞いてきました。彼は恥ずかしそうでしたが、こちらの話を聞き続けることができました。私はトーマスに、彼がナタ

リーのパンツを下げたことは聞いていると伝え、同時に私のこの治療機関に通い続けてくれれば、このことについて2人で話していくことができるということも伝えました。また、この問題行動について一緒に取り組み、そして母親とも話をしていけば、トーマスが家に戻った後でどうやったら彼を援助してあげられるか母親も分かるようになるのだと話しました。彼は「じゃあ問題は全部なくなるの？　いいよ」と言いました。それから「じゃあ今度は僕の番ね」と言って元気になり、お城のシーンを作り始めました。

構造的アセスメント課題
プレイ・ジェノグラム

　第4章と第7章で述べたように、ジェノグラムによって治療者は子どもの家族構成を把握し、家族メンバー個人の特徴を知り、子どもの視点から見た家族関係の性質を理解することができます。トーマスは、現在の保育園の職員や2つの里親家庭のペットなど、家族のメンバーを拡大して含めることにしました。その後彼にそれぞれの人物の場所を作るよう指示しました。女の子に丸を、（彼自身を含む）男の子に四角を使い、そしてペットそれぞれには四角の上に三角をつけました。トーマスはこれを自分でしたがり、やり方を学んで、それぞれの家族の人たちを、女の子を示す丸や、男の子たちを示す四角で正確に描き込むことを楽しんでいました。

　基本的なジェノグラムが完成すると、トーマスに「それぞれの人に、あなたの考えや気持ちが一番ピッタリだと思うミニチュアを選んでみて」と指示しました。トーマスはこの作業をじっくりと考えて取り組みました。彼がプレイ・ジェノグラムで描き入れた家族メンバーの数の多さもあり、いつもより長く作業課題に取り組みました。彼はこだわってそれぞれの人物に少なくとも1つのミニチュアを選びました。彼は自分に対するミニチュアを探すことに苦戦しました。このとき彼は徐々に動きが激しくなり興奮していき、せっかちな様子で部屋中を動きまわり、

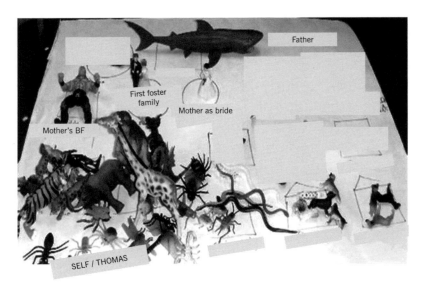

図8.1　トーマスのプレイ・ジェノグラム "僕にはいろんな部分がある"

棚からミニチュアをいくつも摑んで、自分自身として書いた四角の上にぶちまけました。全ての他の家族のメンバーは1つか2、3個のミニチュアを注意深く選んで置きました。しかしトーマス自身のミニチュアを選ぶときには絞り込むことができずコントロールができなくなりました（図8.1.参照）。

　この活動の後に、落ち着いて静かな活動に移行するための合図としてチャイムを使いました。トーマスは落ち着くのに数分かかりました。私は彼が私の横に座り、プレイ・ジェノグラムでの彼の考えと感情を共有してくれるまで待ちました。彼は選択については、いくつかの文字通りの理由以外はあまり話しませんでした。それはこの年齢の子どもには典型的なことです。私は「トーマス、あなたは他の人たちに置いたのよりももっとたくさん、本当にたくさん、あなたの四角の上にミニチュアを置いたようね」と言いました。彼は静かに「僕は自分にピッタリのものが見つけられないんだ。僕にはいろんな部分がたくさんあるんだから」

と言いました。私は、彼がたくさんのミニチュアを使って、本当に良い意味でたくさんの部分を示してくれたことを伝えました。彼はピッタリくるったった１つを見つけようと苦戦したその体験が、受容されたことを喜んだように見えました。そして私は「私たちが何かを一生懸命にやろうとして、だけど自分がしたいやり方ではどうしてもできないときがときどきあるよね。そんなときは内面でたくさんの感情が大きくなっていっちゃうね」と言いました。自分を表すミニチュアを見つけようとしているときの感情を挙げるように求めると、彼は"怒り"を指し、この怒りはaの５で最高レベルの緊張だと言いました（シート5.2感情のスケーリング・ワークシート参照）。トーマスと私は、困難な感情を低い数値に保ち、肯定的な感情を高い数値にする作業に取り組んでいくことに合意しました。このセッションはマインドフルネスのエクササイズ（幼い子どもに対するリラクセーションストーリーと組み合わせて行う深い呼吸法）で終わりました。それからトーマスはソファの上で私にすり寄ってきました。

描画課題
自由画
　自由画の課題（第４章と第７章参照）では、トーマスは黒いマーカーを使い一続きの輪郭を描きました。彼は何度かイライラした様子になっていました。最後にスパイダーマンのミニチュアを選び、マスクのデザインをまねして描こうとしました。色は加えませんでしたが、マスクのクモの巣のデザインに特に注意を払って描いていました。彼が描き終えたとき、彼は私に絵を手渡して「スパイダーマンだよ」とだけ言いました。彼はこの作品を気に入ったようで、セッションの終わりにこれを家に持って帰りたいと訴えました。

動的家族描画
　動的家族描画課題では（第４章と第７章参照）「あなたと家族が何か一

緒に活動しているところを描いてみて」と指示しました。トーマスのような子どもの場合、治療者は子どもが描きたい家族を描くように勧めます。子どもが課題を完成した後で、子どもに自由に話をするよう求めます。トーマスは次の家族メンバーの姿の絵を描きました。彼が後に"ママ"と"パパ"と名付けた2人の人物の間に、とても小さな自分自身を描きました。トーマスは家族メンバーを描くのに全て赤いクレヨンを使いました。絵の表現方法とバランスは、一般的な幼い子どもの描き方と大きな違いはありませんでした。しかし、どの人物も腕か足が欠けていました。また、3人の人物の目や鼻には点が使われていました。そして、どの人物も口と表情がありませんでした。絵の詳細が欠けているのは、遊ぶ時間を聞いてきたように、トーマスが急いで絵を完成させようと簡潔なやり方をしたことから生じたと思われました。家族のメンバーが何をしているのか尋ねると、トーマスは「家でテレビを観ているところ」と答えました。

自画像

　自由画の後に「あなたを描いてちょうだい」とシンプルに指示するものです。トーマスは他の描画の課題のときと同じようにこの課題にも取り組みました。つまり、自由遊びに早く移ることができるようにと、意図的に急いで描いたのです。トーマスはごっこ遊びの衣装の箱の所へ行き、パワーレンジャーのマスクを持ってやってきました。それから再び（黒い細いマーカーで）図形と細かいラインを引いてマスクを描きました。彼は2度やり直しましたがあきらめませんでした。彼は描き終えると「僕はパワーレンジャーだ！」と言いました。

「気分は何色？」課題

　「気分は何色？」課題は、子どもの感情の知覚とそれらの強さを尋ねるものです。たいていいつも感じている感情のリストを作り、それぞれの感情を最もよく表す色を選ぶように指示します（第4章と第7章およ

第 8 章◆トーマスのケース

びシート 4.2 参照）。

　トーマスは感情の名前や表情のリストが載っている絵本を手掛かりに、たいていいつも感じている感情を 5 つ特定し、悲しみ、興奮、怒り、幸せ、心配の順番で並べました。それからトーマスはそれぞれの感情を表す色を選びました。彼はこの課題に興味を持っているようでした。それから、体の中でこれらの感情はどのくらい大きいか小さいかを描き表すよう求めました。トーマスはその指示を聞くと、質問やコメントすることなしに人形の絵に色を塗り始めました。"たいていいつも"感じている感情については、トーマスは興奮を手と頭のてっぺんに描き、悲しみをつま先と膝に、怒りをのどに、幸せを胸に描きました。そして心配を残った白い空間の全てに描きました。この描画課題が仕上がるとトーマスは、母親のことが心配だから心配は"一番"大きいと言いました。体の中で次に大きな感情であった怒りについては、「だってみんなが僕をいじめるから。だから僕は怒って叫び声をあげたいんだ」と言いました。「胸が僕のハートの場所で、僕のママはここで僕を愛してくれる」と幸せを胸に描いた理由を話しました。

　トーマスは次のセッションで 2 回目の「気分は何色？」課題を行いました。同じ色のパタンで、"たいていいつも"感じている感情が"問題行動をしたとき"（それは彼がパンツからペニスを出して、それを里母やクラスの友達に見せようとしたときなどと私は説明しました）にはどのように変わるか尋ねました。トーマスは指示を理解し、再び熱心に取り組みました。違いは際立っていました。今回トーマスの第一の（最も大きな）感情は興奮でした。そしてこれを胴と足の上部、そして足の間に色を塗りました。それから幸せを手に、心配を頭のてっぺんに塗りました。（「だってよく面倒に巻き込まれるんだもの」）。そして怒りを再びのどに塗りました。トーマスは悲しみを今回の「気分は何色？」課題には加えませんでした。「僕はそれをしているとき悲しくないから」と言っていました。

　トーマスはこの活動の直後に"見せることとタッチの問題"について数分間話すことができました。彼は感情の移り変わりを認識でき、感情

の強さが分かり、さらに人々が考えたり違うことをしたりするとき、どのように感情が変わるかを理解しているようでした。トーマスはこの課題を多くの4歳児よりも洗練されたやり方で、そして明らかに洞察力を持って行っていました。トーマスのこの様子を踏まえ、私は彼の感情の色のパタンを増やしていきました（例えば、感情の範囲や対応する色を増やしていきました）。それから、トーマスが日常からセラピーへの移行のきっかけとなるように、「気分は何色？」課題をチェックインのときに定期的に実施しました。

箱庭療法

　トーマスの箱庭療法によるアセスメント課題の取り組みは、お城の遊びと同じでした（第4章と第7章の概要参照）。彼は最初に棚から騎士のミニチュアを全て集め、それらを2つのグループに分けました。そして自由遊びと同じテーマで戦闘シーンを繰り広げ遊びました（競争、善人と悪者、善人を助けるスーパーヒーローがいて、出現してくる悪者や脅威から守られるといったストーリー）。また、彼は箱庭の中で自分史を演じきりました。細部まで設定したシナリオの中で、悪者は傍らに塊で横たわっていましたが、善人は直立で立っていました。戦争の遊びが終わると、トーマスは死んだ騎士を埋め「さぁ永遠に逝くのだ」と言いました。トーマスは箱庭療法の課題を終えると、すぐにスーパーヒーローが登場する自由遊びに移り、マントとキャプテンアメリカのマスクを身に着けるのでした。トーマスのこの課題における取り組み、プロセス、内容とテーマは、この年齢の男の子に典型的なものでした。

アセスメント結果

　トーマスはプレイの環境に馴染み、設定や素材を与えられ、そしてセラピストとしての私から心地よい許可と空間と時間を与えられました。最初の数セッションで見せた遠慮と一人遊びは、彼が誘導し相互の意志

第 8 章◆トーマスのケース

を共有する双方向のプレイへと変わっていきました。彼は里母や担当の
ソーシャルワーカーと離れて過ごすことに困難を示しませんでした。ま
た第2セッション以降、面接に来るのを楽しみにしていましたが、里母
やソーシャルワーカーがセッションの中で何をしているのかを聞いても、
彼は答えるのを拒否したということでした。

　私はトーマスが気に入ったこの時間を構造化しました。セッションの
半分で活動を行うこととし、その残りの半分で私は指示的課題を出しま
した。トーマスは、感情やタッチの問題を扱った指示的課題の前後に、
自分がしたいことができるというセッションの構造をしっかりと理解し
ていきました。最初、トーマスはセッションの最初と最後に行う構造化
されたルーティンに従っていました（感情のスケーリングと短いマインド
フルネス・エクササイズ）。第3回目のセッションから、トーマスは瞑想
のときに使うチャイムを日常とセラピーの移行の合図として使い始め、
そして2人で読む本を選ぶようになりました。第5セッションでは、
トーマスは本の読み手になりたがり、自分は本を読むことができるのだ
と私に示すことができることをとても喜んでいるようでした（終わると
彼は誇らしげに笑いました）。

　身体的バウンダリーの理解に困難があることは、私たちが近くに座っ
てマインドフルネスのエクササイズを行ったときに浮き彫りになりまし
た。トーマスは身体的接触と愛情を求めましたが、その反応がいつも短
いタッチや安心を与える応答（背中を軽く叩く、手を握る、肩に手を当て
て話をする）であったことは、リラックスし静かに集中するようになる
という結果につながりました。アセスメント期間の中で、私は治療に移
行したときに備えて、タッチのタイプと感情のつながりについて検討す
る時間をとりました。実際の治療では彼の"タッチの問題"と身体的虐
待歴の検討となっていくでしょう。同時に、私はいくつかのタイプの
タッチは適切であるという文脈の説明をしていきました。

　トーマスの里母はトーマスに対して厳格に関わっているようでした。
これは待合室の様子からも明らかでした。彼女は否定的な行動にばかり

注目しており、トーマスがセッションから戻るとすぐに問題行動に対する先手を打とうとしているように思われました（例えば「さぁ終わったんだから今日はもう遊べないからね」とか「エレベーターまで静かに歩いて行くのよ」など）。セッションが始まる前に待合室で本を読んでいるとき、トーマスは里母の膝の上で頬杖をついていたことで長く堅苦しい説教を受けていました。里母から説教されているとき、彼は離れて腕を組み、その後絵本を読もうとはしませんでした。里母は、大人に触る前には許可を得なければならないことを話し続けていました。安全と愛情を求めるトーマスの試みはいつも直ちに修正されており、これはトーマスの側から見ると、自分のタッチが全て何かしら問題を含んでいると里母は考えているに違いないと思ったことでしょう。実際、どの保護者も教師も、彼らからタッチをした場合やトーマスが触る前に聞いてきたときを除けば、トーマスは誰も触っていないだろうかということばかりに注意を向けているのは明らかでした。全ての関係者に悪気はなく、彼らの意図はトーマスが身体的バウンダリーを理解していけるよう助けようとしていたのでした。けれども、彼らの焦点化し誇張した反応はトーマスを困惑させました。トーマスは単に人としての愛情や情緒のつながりを求めているだけのように見えることもよくありました。

　トーマスは4歳になるまでに複数の喪失体験と措置変更、トラウマを経験していました。彼は、胎児期を含む、父親からの身体的虐待の犠牲者でした。トーマスの実母が彼の父と別れてから後も、ボーイフレンドは彼女に対して暴力的で、トーマスはそれを2歳から3歳半まで目撃していました。トーマスに安定した安全感と心地よさをもたらす唯一のリソースは実母でした。彼らの関係性は温かで、実母はトーマスに対して愛情深く寛大でしたが、一方で彼女は、自分自身のトラウマのために受動的で言われるままになってしまうようでもありました。児童保護サービスは、実母はボーイフレンドのDVからトーマスを守ることができないという理由で、トーマスを実母の元から保護しました。家と実母からの突然の引き離しはトーマスを混乱させました。彼は安全基地もなく、

第 8 章◆トーマスのケース

さらにいつ実母と再会してまた一緒に暮らせるか不確かなままに、全て
の変化の中を生き延びねばなりませんでした。トーマスは 2 つの里親に
措置され、最初の里親に居心地の良さをより感じました。その後の現在
の里母への措置はストレスフルでした。里母は厳格で、決まりを重視し、
トーマスの良くない行動に対して常に否定的な注意を向けているように
見えました。

　2 番目の里親への措置の後から、トーマスは攻撃的になりました。性
的問題行動（特に公の場で自分のペニスを見せることや友達へのタッチやの
ぞき行為）は、担当の職員に即座に劇的な反応を引き起こしました。担
当職員はたいていの場合トーマスをその状況から引き離して 1 対 1 で話
をしていましたし、日ごろから彼のすぐ近くにいるようにしていました
（移動のときや活動のときは彼の手を握って行いました）。保育園と里母宅
での彼のアイデンティティは、見守りを必要とする子どもでしかないよ
うでした。トーマスの増大していく攻撃性や、最近起こした里親の娘と
の性的遊びを含む性的問題行動がエスカレートしている状況を見ると、
トーマスがこれらの変化に対応することができず、彼自身が自分を危険
な可能性を持っている人間だと考えるようになっていったことが伺えま
す。

　トーマスのプレイのアセスメントからは、彼が感情の葛藤を処理しよ
うと試みていたことが示されています。彼が演じた戦いの遊びには、ド
ラマティックで特別なパワーが必ず含まれていましたし、複数の方向か
らやってくるとても大きな脅威がありました。トーマスはストーリーの
キープレイヤーとして、用心深く自分の仲間の騎士や兵士を安全に導き、
そしてその後に起こる戦闘をコントロールしなければなりませんでした。
どのストーリーも悪者が負け、侵入者が捕まり、檻に入れられ、砂に埋
められるという結末でした。

　アセスメントの完了後、2 つのフィードバックセッションを持ちまし
た。1 つはソーシャルワーカーと里母と実施したもので、もう 1 つは実
母と実施したものでした。彼ら全員に対する主な助言は、トーマスが安

全と価値を感じるために必要なこととして、彼のタッチに対して適切に反応するよう取り組むことでした。里母は「トーマスは多くの構造と行動の明確なルールが必要な子どもです」と主張し続け、いくつかの点について反対していましたが、トーマスのニーズに適切に応じないことのリスクについてはしっかりと確認していきました。

　私は彼らと、DVと性的問題行動の関連について分かっていることを始めとして、幼い子どものDVの目撃の影響や身体的虐待の影響に関する研究データを共有しました。また、トーマスには性的虐待の兆候は見られないことを保証し、もしその要素が明らかになるとしたら、治療セッションのプレイセラピーの中で現れてくるであろうことを伝えました。トーマスの実母は積極的に関心を向け、彼女が彼を助けるために自分にできることは何かとすぐに尋ねてきました。彼女はトーマスが性的問題行動の改善のために、彼女の身体的接触と愛情表現をかつて以上に必要としていることを聞いて安心したようでした。われわれは健全なタッチを強化する方法と、タッチが不適切なのはどのような場合であるかをトーマスが理解するための方法について話し合いました。彼女の反応や支援していく意志を踏まえ、さらに、彼が実母の家に戻ることはすでに数回の外泊を通して進められているという事実を考慮し、私は実母にトーマスの治療へ直接参加することを勧めました。実母は全てのセッションに参加し彼の治療にしっかりと協力していくことを約束しました。彼女は治療に参加できることに感謝しているようでしたし、トーマスのことだけでなく、彼の問題を援助していく方法に関する情報を得ようと熱心でした。

治療目標

　治療目標は以下のものを設定しました。

　1. 里親と実母（ソーシャルワーカーも同行）に保護者対象のセッ

ションにおいて2回の心理教育の実施。心理教育の内容には、子どもの感情が示すニーズや、性的問題行動、予後の予測と適切な介入に有用な研究の情報などがある。

2. 表現療法とCBTを取り入れた統合的なアプローチによる、トーマスの性的問題行動に対する個人心理療法。

3. 家族の文脈の中で性的問題行動を取り扱い、家族の影響因を中心に検討していく個人療法。これらのセッションは関係構築のエクササイズの時間を含み、また、健康なタッチを促進する活動で終わる（例えばセラプレイ活動（Theraplay activities）; Booth & Jernberg, 2010)。

4. 保育園の担当者に対する治療への協力の要請と保育園での治療的介入の実施（例えば、自分を落ち着かせたり、グループを再編成したり、担任や他の関係スタッフに感情を表現するために、トーマスにクラス内で時間や空間、素材／道具を提供する。"落ち着く箱"の用意など)。

5. 脳の損傷によって起こりうるいくつかの症状（衝動コントロールの悪さ、気分の変わりやすさ、攻撃性、不注意）と子宮内での身体的虐待歴を鑑み、頭部外傷関連の除外診断のための神経学的評価の実施。

6. 性的問題行動に特化した治療に続いて実施する、子ども中心の非指示的プレイセラピー。この治療介入によって、トーマスの実母と（おそらく父親も）の再統合に関連する問題と同様、実母や実父との早期の喪失体験を含むトーマスのトラウマを彼自身が解決していくための補助が得られると思われる。

治療プロセス

トーマスと母親は、幼い子どもの性的問題行動に特化した12週間の治療に参加しました（バウンダリー・プロジェクト）。第6章で述べたよ

図 8.2　シンカフィラドゥ（thinkafeeladoo）
ブライアン・ナレル（Brian Narelle）より使用許可を得て掲載

うに、この治療では以下に挙げる情緒の同定や表現に焦点を当てています。適切なタッチと不適切なタッチの識別、衝動のコントロールの弱さを取り扱うための方法と戦略、問題の例示と解決を解説した楽しいマンガ（シンカフィラドゥ［"考え感じやってみよう"という言葉をもじったキャラクターの名前］、図8.2参照）を使った認知の三角形の学習、親子関係促進アクティビティ（Booth & Jernberg, 2010）など。

　トーマスは、アセスメントの時点ではグループセラピーに加わる予定はありませんでした。観察でも確認されたことですが、保護者の報告からもトーマスは大きなグループでは刺激が強すぎると思われましたし、彼の集中力では同時に複数の要求に適切に応えたり、他の子どもとセラピストを共有したりするスキルを持っていないと思われたからです。他の子どもとの交流場面でうまくやっていくことができる方法と戦略をトーマスが身に付けたならば、ソーシャルスキルのグループは彼にとって有効となるでしょう。

第 8 章◆トーマスのケース

　バウンダリー・プロジェクトによる介入は、（第 6 章で述べているように）個人でもグループでも、あるいは家族の形式でも行われます。どの形式でも保護者は参加が要求されます。実母は週 1 回のセッションに出席し、助言されたことを熱心に実施しました。彼女とトーマスは、家庭で行う強化エクササイズを全て実施したことを報告しました。また、実母は自分の養育に対してより自信を持てるようになったと報告してくれました。彼女は心理教育の資料一式を受け取り、アタッチメントや子どもの発達、脳機能に基づいた養育の方法など、それらを全て活用しました。トーマスはセッションに母親が参加することにワクワクしているようでした。彼はまだ非指示的な遊びをする時間が必要であると考えられたので、トーマスが母親と遊びのエクササイズをするために追加の時間を各セッションの終わりに設けました。トーマスは毎回母親を遊びに招き入れ、物語を話したりスーパーヒーローごっこを行ったりしました。そうする中で、彼女は信頼できる協力者となりました。

まとめと結論

　トーマスは 4 歳の男の子で、2 人の成人男性による DV の目撃や、児童保護サービスによる家庭からの引き離し、2 つの里親への措置、感情と行動の調節困難の結果としての多くの否定的な注目など、多くの困難な状況を生き抜いてきました。トーマスは、身体的攻撃性と性的行動化を含む多くの問題行動を示していました。特に、トーマスは身体的バウンダリーが十分に確立されていないように思われ、よく仲間や関係者に対して同じように侵入的な態度を示しました。

　トーマスの保育園のスタッフは辛抱強く、そして彼の問題行動を管理するための助力を求めていました。しかしながら、トーマスの問題行動が増大し、性的攻撃性が注目を集めるようになるにつれ、彼らの寛容さはなくなっていきました。彼の 2 番目の里親は十分な能力があり安全な人物でしたが、彼女のトーマスに対する期待は低く、不信感が増してい

るようでした。それゆえ、学校と里親家庭では彼の問題行動にばかり焦点が当てられ、彼の根本的な情緒的ニーズは注目されないままになっていました。

　トーマスの主なアタッチメント対象は実母でしたが、彼女のパートナーとは2人とも虐待的な人間関係でした。彼女の名誉のためにいっておくと、彼女はその2人から自力で逃れました。ただ、トーマスが家庭内での暴力に曝されるのを防ぐには遅かったということなのです。ここに紹介されてきたとき、トーマスは実母への訪問を再開していたため、すぐに彼女と再び暮らすことができるようになると期待していました。

　アセスメントとその後の治療のどちらにおいても、トーマスは個別に関わるとよく反応しました。彼は問題行動についてはあまり話したがりませんでしたが、臨床場面で信頼関係を築いていくにつれ、徐々に話してくれるようになりました。自分の不安を表現し、質問し、そして自分のことを話したい分だけ話せばよいという設定を用意することで、トーマスは非常に安心しているようでした。

　最終的には、実母とトーマスはそれぞれのセッションの最後に行う合同のミーティングで個人セラピーに参加しました。この時間に2人は、トーマスの調節不全に対処するための教育を受け、その方法を学びました。

　このケースは次の事実を強調しているといえます。それは、性的虐待の経験が原因ではなく、強烈で内的苦痛を引き起こす過剰な刺激や暴力的環境に曝されることによって、性的に行動化する子どももいるということです。加えて、トーマスの年齢のような幼い子どもが多くの変化や喪失体験に曝されることで、彼らは自分の思考や感情を理解してそれと折り合いをつけていく力を身に付けることができなくなってしまうのです。

　トーマスは母親に、安全なアタッチメントのもと支えてもらい、それから拒否や喪失、肯定的な注目や養育の欠如といった大きなストレッサーを抱えた情緒的生活を、彼自身がコントロールしていけるように援

第8章◆トーマスのケース

助してもらわねばなりませんでした。トーマスと実母は近い将来にまた
一緒に暮らすことができるようになるということを知らされると、彼は
楽観的になり、これまでとは違った方法で困りごとを伝えるという考え
方を受け入れるようになりました。

第9章

ジェンナのケース

基本情報

　ジェンナは7歳のヒスパニック系の女の子で、児童保護サービスから紹介されてやってきました。5歳の弟ロベルトが幼稚園の先生に、ジェンナが肛門に指を入れてくるので痛い、そのためトイレに行きたくないと話したことで明らかになりました。幼稚園のソーシャルワーカーは児童保護サービスと連絡をとり、ロベルトが身体的な傷を負っているらしいことが心配だと伝えました。そして児童保護サービスの予備調査でジェンナの年齢が分かると、彼女はわれわれのクリニックに"心理・性的評価（psychosexual evaluation）"のために紹介されました。

　心理・性的評価は性的加害をした青年や大人には標準的に実施されるものです。この評価は1対1の面接や心理テスト、そしてケースによっては嘘発見器によるテストを行います（嘘発見器は、より厳密な法的プロセスを経る場合によく使用され、治療的な臨床場面ではあまり用いられません）。そのような自己報告や言葉によるコミュニケーションに依拠する青年や大人の手続きを用いて幼い子どもを評価することは明らかに不可能でしょう。そのためわれわれは、心理社会的な評価が求められた場合には、子どもの性的問題行動を、発達を含めて理解するのに適切な方法で、つまり第4章で紹介したASBPCプロセスを用いて理論的解釈を行います。第4章で述べたように、ASBPCテストは大人や青年に実施するものと違い、主に保護者の報告やその他関係者からの情報を基に進めていきます。さらに、トレーニングを受けた治療者が子どもと信頼関係や安心できる関係を構築していきます。その上で、治療者は種々の問題や反応を評価する体系的で文脈的な通常の評価法に加え、指示的・非指示的活動を用いた幅広い範囲を検討していくアセスメントを行います。

心理社会的背景

　ジェンナは母方の伯母アリシャ（39歳）、5歳の弟ロベルト、アリシャの夫ジェームズ（42歳）、アリシャの息子フィリップ（17歳）と暮らしていました。アリシャはジェンナの母親グレンダの姉です。ジェンナが紹介されてきたときグレンダは23歳でした。彼女はジェンナを16歳のときに、そしてロベルトは18歳のときに出産しました。

　アリシャとジェームズは紹介された当時中年期に差し掛かる年齢で、ジェンナとロベルトの養育者として信頼できる人たちでした。彼らは3年近く安定して一緒に暮らしていました。グレンダは10代の頃からドラッグで問題を起こし、2人の違う男性の子どもを妊娠し（ロベルトの実父は高校の頃から分かっていましたが、ジェンナの実父は分かりませんでした）、その子どもたちを育てることができないと思っていました。グレンダ自身、里親の元に育ちました。しかし、母親が保護を必要とする者として申請した後、グレンダは短期里親の元へ措置され、その後問題行動を抱える青少年のためのグループホームへと移されました。彼女はグループホームから逃げ出し、友達の元に泊めてもらったり路上やシェルターで寝泊まりしました。グレンダはジェンナを出産してアリシャの元へ引っ越してくると、それから数ヶ月は落ち着いたように見えました。しかし、ほどなくして子どもを連れて家を出て当てもなくさまよいました。けれども、住む場所も仕事も見つけることができませんでした。アリシャとジェームズはシェルターとして彼女に助けの手を差し伸べる立場にありましたが、グレンダに対しドラッグの使用や見知らぬ人を家に連れてくることを禁止しました。また、ジェンナに目をかけ安定した養育をするようにも求めました。残念なことに、グレンダはもともと養育能力に問題があり、また、薬物の治療プログラムにも乗り気ではありませんでした。そのため彼女の養育能力は余計に機能しませんでした。グレンダがジェンナの安全について考えようとしないため、アリシャは

"厳しい態度" で臨みました。アリシャはしばしばグレンダに、子ども
を危険に曝すことのリスクを説明し、自分自身が里親にいた頃の生活を
思い出させました。それでもグレンダの行動は悪化し、グレンダはシラ
フのときであっても自分の子どもを失ってしまうのではないかとおびえ
るようになりました。そのため彼女はアリシャに自分が自立できるよう
になるまでジェンナの養育を頼むことにしたのです。残念なことに、
ジェンナが幼児期のときグレンダはドラッグ中毒になって生活が乱れた
状態となり、アリシャの家に出入りしうろつきました。アリシャはグレ
ンダの訪問がジェンナにとって良くないことに気付きました。グレンダ
が突然現れたり消えたりすると、ジェンナはよく泣いていたのです。

　グレンダは再び妊娠しました。その相手は高校の恋人でしたが、彼ら
が結婚して一緒に暮らしたいと夢のような話をしているのを見ると、ア
リシャは非常に心配になりました。のちにアリシャは、この若い男性は
すでに結婚しており、妻と疎遠にはなっているものの一児の父親だとい
うことを知ります。この彼とグレンダはドラッグで一晩明かすような共
通の知り合いを通じて出会いました。いうまでもないことですが、家族
になるという彼らの計画は決して実現することはありませんでした。ロ
ベルトが生まれると、この若い男性はその州から去り、以後決してロベ
ルトを自分の息子として認知しませんでした。彼が去ってしまうとグレ
ンダは精神的に打ちのめされ、ドラッグとホームレスという負のスパイ
ラルに陥ってしまいました。彼女はアリシャにロベルトを連れて行くよ
う頼みました。ロベルトは出産予定日前に未熟児で生まれ、また、体内
からは薬物反応が見られたため彼はそのまま入院を続け、最初の数ヶ月
は里親の元に措置されたのでした。アリシャは社会福祉課の担当者に連
絡し家庭訪問調査を受け、担当者は生後 6 ヶ月のロベルトをアリシャの
元に預けることにしました。この家庭訪問調査の中で、担当者はアリ
シャがジェンナも非公式に養育していることを知り、彼女が 2 人の子ど
もの法的な保護者になれるよう弁護士に紹介しました。

　グレンダはアリシャに何度か電話をし、子どもの様子を尋ねてきまし

第９章◆ジェンナのケース

たが、彼女は明らかに自分自身の世話をすることもできませんでしたし、決して自らが彼らの親となることに関心を示すことはありませんでした。アリシャはグレンダに多くのリハビリプログラムを紹介し、彼女はそれに取り組むことを約束しましたが、決して最後までやり抜くことはありませんでした。アリシャもソーシャルワーカーも、グレンダを裁判所命令に従わせたり、子どもの定期訪問をさせたりすることはできませんでした。私（Gil）が最初にジェンナにあったとき、彼女はアリシャとジェームズを自分の親だとみなしており、定期的に会いに来ない"本当の母親"に対しては怒りを向けているようでした。事実、グレンダの親権停止の手続きは進行していました。アリシャとジェームズはジェンナとロベルトの養親になろうとしていました。アリシャは２つの仕事を持ち、夫も働いており、結婚生活も順調で、自立した人生を送っていました。アリシャとジェームズは以前、大家族になりたいと思ってはいましたが、息子のフィリップが生まれた後の面倒で、さらに子どもを持つことはやめていました。それでも彼らは甥と姪の養育にとても熱心に取り組み、信念のもとに築いた力強い環境で彼らを育てていました。その環境とは、ジェンナとロベルトに対して、サポートと同時に構造とルールを設けたものでした。

　私が初めてアリシャと会い、ジェンナの長所と現在の問題について話をしているとき、彼女は自分の家族に関する話題になると俄然興味を示し語りました。アリシャは、グレンダのこと、近づいている親権停止に関するヒアリングのこと、ジェンナやロベルトに対して注ぎ込んできた愛情や思いなどについて話す機会が全くなかったようでした。アリシャは自分が大人になってからの人生や、グレンダの身に起きてきたことに関して抱いている思いなどを話しました。アリシャは妹に対して大きな愛情を持った強くて芯のある女性でしたが、当然ながら同時に、不満、心配、怒りも抱えていました。そして、彼女が一番大切にしているのはジェンナとロベルト、そしてフィリップであり、彼らがより安定した人生と、より良い将来へとつながる良いスタートを切るためにできること

は何でもしてやりたいのだと打ち明けてくれました。

　グレンダは早くから薬物を乱用しており、また学校に通って勉強したがらなかったために、“彼女は生まれてからずっと”困難な状況だったとアリシャは説明しました。アリシャは、グレンダは両親の離婚によってネガティブな影響を受けたと思っています。両親の離婚のため彼女は10代前半の大切な時期を、母親と2人だけで生活しなければなりませんでした。それと同時にグレンダはさまざまなトラブルに巻き込まれていきましたが、グレンダの母親は2つの仕事をしており、家にいるとき母親は寝るだけで、グレンダの世話をすることができませんでした。アリシャは「私と妹にされた躾は全く違っていました。父親が去ってから全てが壊れていったのです」と明言しました。そして「私は歳が上でしたし、家事を手伝うことができたので、父親は私を連れて行くことにしたのですが、それは幸運でした」と付け加えました。アリシャは続けて話しました。彼女の父親は9時から5時まで仕事をし、いつも家では彼女の宿題を手伝ってくれる親でした。その後彼は再婚しました。相手はアリシャが“大切な役割モデルであり、小学校の先生であり、大学に行きたいと思うきっかけになった人”と感じている女性でした。父親はグレンダのことを“あきらめ”ており、「あの子がドラッグを止められるまで、決して普通になることはないだろう」と断言していました。また父親はグレンダが“悪い連中”と付き合っていることも知っていたので、彼女とはほとんど連絡をとっていませんでした。そしてアリシャにもグレンダの影響を受けないよう離れてほしいと思っていました。アリシャは母親のことを“素晴らしい思いやりを持った良い女性”ではあったけれど、制限を設けることができないし、一人で世の中の現実と向き合う準備もできていない人だったと表現しました。彼女は後のあるときに母親が常にアルコール依存の問題を抱えていたことを理解し、さらにうつ病の既往があるのではないかと疑うようになりました。父親は母親のアルコールの問題についてはいつも上手に隠すように話をしていましたが、彼女の抑うつと家族への関心の欠如については指摘していたといいます。

母親は子どもたちが大きくなるにつれ、父親と子どもたちを避けるようになってしまっていました。

　ジェンナの幼少期の様子について話が及ぶと、一貫性がなく、常軌を逸したドラッグ依存の親にジェンナは曝されていたことが明らかになりました。ジェンナに最初にドラッグをやらせたのも母親でした。グレンダはジェンナと路上で生活し、ネグレクトの状態にあったようでした（ジェンナはかつて路上で通行人のある女性に、汚い毛布にくるまれた状態で見つけられたことがあります）。また、ジェンナはDVと大人の性行為を目にしており、自力で生きていかねばならない時期を経験していたようでした。アリシャはジェンナを家に引き取ってから、ジェンナの環境を安定させることは何でもやったのですが、グレンダは幼いジェンナを短期間（2～3週間）連れ出していくことがしばしばありました。その当時、アリシャは姪に対して法的な根拠もなかったので、グレンダが子どもを連れて行くことは防ぎようがないと思っていました。それでもアリシャは、グレンダが子どもを連れて行くときは、彼女がドラッグをやっていないか必ず確認しました。ロベルトが生まれ、アリシャが2人の子どもの法定後見人になるために手続きを進めていた頃、アリシャはジェンナの母親との面会についてもっと権限を行使することもできたのですが、グレンダが不定期に現れてはジェンナを連れて行き、戻ると言っていた日には戻らないこともいまだにありました。アリシャは最初、このようなときに行政機関と連絡をとることは気が進まず、彼女自身がグレンダと子どもを探しに出かけていました。幸運なことでしたがグレンダがいつも行く場所が分かり、アリシャはグレンダをスムーズに見つけられるようになっていきました。ついには、グレンダは裁判所命令によって、監視なしで子どもと会うことは禁止されました。アリシャは全ての訪問時に監視をしなければなりませんでしたが、彼女はそのことを喜んでいました。

　グレンダは10歳の頃には多量の飲酒を始め、さらに10代ではほとんど毎日マリファナをやり、のちにより強いドラッグを使用するように

なったとアリシャは打ち明けました。アリシャはまた、グレンダは妊娠したことを知るとお酒を"控える"ようになったけれど、妊娠してなかったならば"荒れ狂った行為"に明け暮れていただろうと強調しました。「グレンダが誰からも路上で殺されなかったのが不思議なくらいです。あの子がドラッグで疲れ果てて気を失うと、あの子はその場に倒れて寝ていたのですから」。アリシャは、子連れで路上生活することがいかに良からぬことか説明しました。グレンダは一度路上でレイプされましたし、彼女の数少ない持ち物はよく盗まれました。食べ物は分け合っていたのですが、ときにそれは不潔で、たくさんの人とバイ菌も病気も共有していました。アリシャは次のように述べて、ジェンナとロベルトの過去について話すのを締めくくりました。「ジェンナが誰からも路上で誘拐も暴行も受けなかったことを神に感謝します。神は偉大です」。

　情報収集のために行ったアリシャとの面会から、彼女が親の役割を担ってきたことは明らかでした。彼女は安定した家で、ジェンナとロベルトに対してできることを全てやってきました。一方、彼らの生みの親であるグレンダは、人生の大半をドラッグ依存に振り回されていました。自分自身を大切にするような考えはなく、また、そうする能力もなく、ましてや子どもに対してはなおさらでした。グレンダは、ジェンナを妊娠している間はドラッグに幾分気を遣っていましたが、2回目の妊娠では気にしませんでした。その結果、ロベルトは生まれたとき体内にドラッグの反応があり、激しい離脱症状を乗り越えなければなりませんでした。アリシャは、妊娠中に母親がドラッグを使用したことで、ロベルトは障害を抱えているかもしれないことは覚悟していましたし、赤ちゃんもそして自分自身も世話することができない若い母親と幼少期を過ごしたジェンナにもその可能性があることを理解していました。グレンダの長所は、自分が幼い子どもたちを守ることができないと理解すると、姉のアリシャに援助をしてもらおうという考えを持てたことでした。ジェンナもロベルトも実父との接触は全くなく、実際に父親のうち片方が分かっているだけでした。

第９章◆ジェンナのケース

アセスメントプロセス

保護者面接と性的行動の標準的アセスメント

　幼稚園が児童保護サービスに通告する原因となったジェンナの性的行動化について、アリシャは、ジェンナが頻繁にマスターベーションをしたり人形を使って性交のまねごとをしたり、通常彼女の年齢では知らないはずの露骨な性的知識を持っていたり性に関する不適切な言葉を使うなど、いつも普通でない行動をとっていたことを話しました。アリシャがCSBI（Friedrich, 1997）を記入した結果、ジェンナの行動における性的虐待特有の項目の得点は臨床域で、彼女の性的行動化は年齢と性別に照らして正常ではないことが示されていました。特にマスターベーションについては、アリシャはジェンナがよちよち歩きの頃からあったと記入していました。アリシャは、これは自分の知らないジェンナの幼少期の経験が原因なのだろうと考えていましたが、それだけでなく、最近まで許されていたグレンダとの突然の外出のときに、一体ジェンナは何を見てきたのだろうかといぶかしがってもいました（「神だけがジェンナの見てきたものや経験してきたことを知っているのです」）。アリシャはマスターベーションをやめさせようと、ジェンナの手を叩いたり、禁じられているそのような罪深いことをするから神様は怒っていると話したりしました。実際に、アリシャはジェンナがマスターベーションをしないように夜にはジェンナに手袋をはめ、またときには彼女の手を縛りました。ジェンナはよく尿路感染症になったのですが、かかりつけの小児科医がそれを泡風呂と関係していると判断すると、アリシャは直ちに医者の指示通りに泡風呂を止めたことを話しました。

　ジェンナと弟のロベルトとの関係について話をすると、アリシャは"同胞間葛藤"があったことを語りました。「ジェンナは私たちがロベルトに構うと、自分だけに注目してほしいと不機嫌になっていました」。ロベルトが注目を惹きつけようとしているとき、アリシャとジェームズ

はどのようにしてジェンナのニーズや嫉妬に対処しているのか尋ねると、アリシャは、ジェンナにはあなたたち2人とも愛しているよと話して聞かせ、それから2人を分けて、お互いに個別の時間をとっていると教えてくれました。彼女はまた、ジェンナはときどき弟に対して"優しくて愛情を持った"申し分なく素晴らしいところもあったことも話しました。このアセスメントのセッションを終えて出て行こうとしたとき、アリシャはジェンナがかつてロベルトのパンツを下ろし彼のペニスをつまんでいたことを"思い出しました"。そのときは、ジェンナの手を叩き、夜ご飯抜きという罰を与えたのだと話しました。

アリシャがアセスメントに来ていた当初、子どもたち2人は同じ部屋で寝ていました。しかし、アリシャはすぐに、ジェンナにはもっと"女の子らしい部屋"を用意しているところだと言いました。実際、ジェンナの部屋はほとんど準備ができていましたし、ロベルトもフィリップの部屋に移すところでした。アリシャはフィリップについて、2学年も飛び級し、もうすぐ大学に行くことになっている"素晴らしい学生"なのだと話しました。アリシャはフィリップを、2人の幼いいとこにとっての"学生としての良い手本"になるだろうし、彼は父親と神に非常に近い子どもなのだと述べていました。フィリップは全く問題がありませんでしたし、2年間同じ女性と付き合っており、教会の青年プログラムにも積極的に参加していました。アリシャとジェームズはフィリップのことを思うと、自分たちは"祝福されている"と感じました。そこで、フィリップがまだ10歳のときに、2人の幼い子どもが引っ越してきたことは、彼にとってどうだったと思うのか聞いてみました。フィリップはアリシャとジェームズの育児を大いに手伝ってくれたと言います。彼は小さい頃はサッカーに夢中でしたが、その後その情熱は勉強や読書への強い関心へ取って代わったということでした。彼女はフィリップを「物静かで、たいてい自分の部屋でインターネットか、勉強をしているか、付き合っているガールフレンドの部屋で彼女と一緒に過ごしていました」と説明しました。フィリップはジェンナとロベルトの周辺にいた

だけのようにも聞こえました。

　私はアリシャにジェンナのマスターベーションに対して何をすべきか情報を提供し、それから彼女がこれまで子どもをしっかりと導いてきた努力を称賛しました。アリシャは良い方法を持ってはいたのですが、私は、他の問題を引き起こすことなく（例えば、ジェンナの手を縛ることは恐怖を与えてしまいますし、彼女がベッドから起き上がるときには危険が生じることなど）、彼女の方法と同じくらい、あるいはそれ以上に効果的な方法があることを説明しました。アリシャは彼女なりに私の説明を受け入れようとしました。けれども、彼女はマスターベーションが罪なことだと確信していましたし、この行為についてはあまり楽観的なやり方をとろうとはしませんでした。私は、彼女が保護者のバウンダリー・プロジェクトグループに出席し始めたら、彼女の反応はもう少し穏やかになってくるだろうと期待していました。しかし、同時に私は、宗教上の規範が保護者や子どもたちにとって意味をなす外的なコントロールを生み出すことも意識していました。宗教上の規範は子どもが良い選択をするための重要な基盤として役に立ちますが、折に触れ、種々の助言や指導によって補足される必要があります。特に、過去の未解決の問題と関連する、不快な感情や圧倒されるような情動によって刺激されているために、子どもがトラウマを行動化（acting out）しているときや、自分の行動を選択できる状況にない場合はそうです。

　アリシャにバウンダリー・プロジェクトについて説明し、夫も半分は共に参加できることが分かり彼女は安心していました。アリシャの家族は予定を立てるにはとても注文が多かったため、これ以上は何一つ条件を加えることは困難でした。アセスメントが完了したら推奨されることが明確になるわけですが、それはここで行うアセスメントが、これまでその子どもがどのように振る舞ってきたのか、その子の考えや行動に何が起きているのか、そして個別的なニーズは何かを特定するように設計されているからだということをアリシャに強調しました。また、家族の反応、つまり家族の意見やわれわれの支援に対する協力的態度は、支援

内容を具体的に決定するときにわれわれが重視することの1つだということもアリシャに伝えました。

　私は、この面接でのアリシャの協力と、ジェンナとロベルトに関心を持ち続け努力してきたこと、そして提示した指針を理解してくれたことに対して感謝を伝えました。アリシャは常時ジェンナを見守っていくことに同意し、夫やフィリップが可能なときには彼らも協力して行っていくこととなりました。アリシャはジェンナがフィリップに"気のある素振り"をしているのに気付いており、フィリップには彼女との全ての接触に気を付けるよう早くから伝えていました。ジェンナはそれを「フィリップは私のことが嫌いなんだ」と受け取っていましたが、フィリップとの関係性が問題となるかもしれないというアリシャの先を読む能力は、将来を見越した保護的な態度をとる力があることを示す良い兆候でもありました。

　アリシャは、ジェンナのマスターベーションにこれまでとは違った方法で取り組むことに意欲的になりました。彼女はすでに夜間、子どもたちを分けて過ごさせていましたし、ジェンナの新しい部屋の完成も進めていました。そのため、子どもたちはそれぞれ自分の部屋を持つことができるようになる予定でした（フィリップが大学へ行けば、ロベルトは一人で部屋を使えるようになります）。そしてこのことは同時に、アリシャとジェームズにとって、自分は特別な存在だと思われたいというジェンナのニーズを満たしてやることにもなりました（彼らは、一緒にジェンナの部屋の装飾をし、ジェンナの夢であった天蓋付きのベッドを買ったのでした）。

初回アセスメントの印象

　ジェンナは最初、アセスメントやセラピーの計画に関して非常にいい加減な態度でした。彼女は自分のことを家族の"問題児"だと感じており、このアセスメントとセラピーを、悪いことをしたことに対する罰の一種だと考えていました。彼女は非常に反抗的で、部屋中でものを投げ、

そして私に「もう引退していい歳じゃない？」と言いました（とても観察眼があり気のきいたコメントですが）。私は彼女に同意しましたが、彼女は私が何歳か尋ね続けました。それに対しては微笑み返しました。私は、ジェンナにセラピーに来ることについて尋ねたとき以外、最初は非指示的なアプローチを行いました。私たちの最初の会話はとても興味深いものでした。この会話はわれわれのこれからの取り組みに関するより肯定的な文脈の設定のために非常に役立ったと思っています。

> ジェンナ：ママ（アリシャ）は、私のことを変わった気持ち悪い子だと思っているわ。ママはあなたもそう思ってるって言ってるわ。
>
> 治療者：そうなのかな、私は誰かが"変わった"とか"気持ち悪い"っていう言葉を使ってたのは聞いたことがないけど。
>
> ジェンナ：じゃあ、ママは何て言ったの？
>
> 治療者：それは喜んであなたに教えてあげるわ。でもその前に、ママがあなたにここに来ることをどんなふうに話してくれたのか知りたいの。
>
> ジェンナ：ママは私が悪いことをしたし、あなたもそれがいけないことだと分かってるでしょって言ってたわ。
>
> 治療者：あなたはママが何のことを言ってたのか分かってる？
>
> ジェンナ：知ってるでしょ……
>
> 治療者：うーん、私はあなたが言ってる"悪いこと"って何のことかよく分からないわ。
>
> ジェンナ：悪いことって、私が自分のあそこを触ったり、下の方ね、それとか弟のおちんちんを触ったりしたことよ。
>
> 治療者：性器がその人だけのものだってことを学ぶことは大切だと思うわ。そして他の人の性器を触るのは良くないってこともね。
>
> ジェンナ：分かってるわ。でも私の何が悪いのか分からないの。

治療者：そうね、私はあなたが"悪い"なんて言ってないわ。私は他の人の性器を触らないことは大事なことって言ったのよ。

ジェンナ：分かってる、分かってるわよ。

治療者：それで、ママは私の仕事について話してくれた？

ジェンナ：いいえ。

治療者：私のお仕事はね、あなたを知ること。あなたのしたいことを知ること、あなたの身の回りで何がどうなっているのかを知ることよ。

ジェンナ：それから？

治療者：それから、あなたを助ける方法を見つけ出すの。そうすればあなたが性器に触ることを考えたり思いついたりしたときに、どうしたらいいか分かるのよ。

ジェンナ：分かった分かった。もうこれ以上このこと話したくないわ。

治療者：今は話す必要はないわ。私はもう少しお互いのことを知ることができたらいいなって思ってるの。でもこれから先いつか、私はこの問題のことをもう少し教えってあなたにお願いするつもりよ。

ジェンナ：私にとっては問題じゃないわ。

治療者：ないの？

ジェンナ：ないわ……ママとパパと面倒なことになっていること以外はね。

治療者：そう、あなたがご両親と面倒なことになっているなら、それはあなたにとって問題だわね。

ジェンナ：はいはいそうね。じゃあ、私はもう遊びたいんだけど。

治療者：いいわ、遊びましょう。あなたがここでやりたいこと、言いたいことを決めていい、あなたの時間よ。

ジェンナ：じゃあマンカラ［ボードゲームの一種］しよう。ぶちのめしてやるから。

第９章◆ジェンナのケース

　治療者：勝てるって自信満々ね。いいわ、マンカラをしましょう。

　この対話はわれわれが実際どのように面接を行っているかを示す最も
良い例でしょう。ジェンナは最初、挑発的で反抗的でした。しかしこの
反抗はたいてい徐々になくなっていき、素直で積極的な態度に変わって
きます。彼女はとてもエネルギッシュで、活発で、集中できる時間は短
い、衝動的な子どもでした。彼女はまた、明らかに対人関係においてア
ンビバレントでした。おそらくそれは、悪い子だと思われるだろうとか、
面倒なことになるに違いないとか、あるいは誰かが自分の行動をコント
ロールするはずだなどと思っていたからでしょう。交流を重ねれば重ね
るほど、私が強制することなく彼女の選択を尊重し、彼女のペースに従
うことが彼女は分かっていきました。ときどき彼女は一緒にやりたがり
ましたが、やりたがらないこともときどきありました。ときどき彼女は
活動に参加したがりましたが、参加したがらないこともたまにありまし
た。セッションでは学校がいい日だったかそれとも悪い日だったか振り
返りましたが、彼女はとても具体的に表現しました。そして感情のス
ケーリングの評価をするよう求めると、抵抗することなくやるように
なっていきました。彼女はセッションの最初と最後に、自分が抱いてい
る気持ちが何かを探求することが気に入ったようでした（シート5.2参
照）。感情がいつもより強いときにはからだ温度計を使いました（シー
ト5.3参照）。彼女は自分の気持ちをとても上手に表現することができた
ため、私は彼女が示してくれた気持ちがいかに分かりやすいかコメント
するようにしました。ゆっくりとしかし確実に、私がうまく当てられる
ようになっていくと、彼女は自分の気持ちを上手に表現することについ
て自信をつけていきました。彼女が気持ちを誇張した身体表現を用いて
表現し、それを私が何をしているところで何を感じているところか当て
るというお決まりのパタンを作りました。また、私は彼女に１から５ま
でで“気持ちの段階付け”をするよう求めました。ときどき私は彼女に
その気持ちを表現してもらい、その段階を上げたり下げたりするように

求めました。これは治療的利点もある面白いやり取りであり、これをやっていく中で彼女の気持ちを表現する言葉は増していき、また、達成感も得られました。ある日ジェンナがこの"感情ゲーム"で遊んでいるとき、彼女は自分の担任教師にどれだけ不満を感じているかを表現してくれました（その先生が"ジェンナをいじめる"と表現しました）。このとき私はあることを頼みました。

　　治療者：なるほどね、先生にゆっくり落ち着いて、気を付けて自
　　　　　　分の名前を書きなさいって言われるほど、あなたはますます不
　　　　　　満がたまっていくのね！
　　ジェンナ：なんであの先生のペースでやらなきゃいけないの？
　　　　　　私は早く書きたいの。私は誰よりも早く書けるんだから。
　　治療者：そうか、誰よりも早く書けるって本当に自信を持ってい
　　　　　　るのね！
　　ジェンナ：本当にできるのよ。私はクラスで何人かと競争したこ
　　　　　　ともあるんだから。
　　治療者：本当に！　誰が一番早く書けるかコンテスト。それ面白
　　　　　　そうね！
　　ジェンナ：ええ、そうよ。私はいつだってみんなに勝ってたの
　　　　　　よ！
　　治療者：すごいわ！　でも、その先生はあなたにゆっくり書いて
　　　　　　ほしそうね。
　　ジェンナ：気にしないわ！　あの先生はいつだって私をいじめる
　　　　　　の。
　　治療者：そう。あなたは先生があなたをいじめてるって思うのね。
　　ジェンナ：そうよ。あの先生は意地悪よ。
　　治療者：それであなたは不満がたまって怒りを感じてるのね？
　　ジェンナ：うん、こんな感じ。（ジェンナは一度下を向いて、それ
　　　　　　から眉をひそめて、前で力こぶを作って、見た目にも恐ろしい態度

をとります）

治療者：驚いたわ！　あなたは本当に怒っているのね。

ジェンナ：ガルルルルルル！

治療者：ねえ、いい考えがあるの。ちょっと考えてみて。不満と
　　怒りの反対の気持ちって何だと思う？

ジェンナ：分からないわ。

治療者：ちょっとだけ考えてみて。その反対は何になると思う？

ジェンナ：（少しの間ぼんやりと考え、それからじっくりと集中して
　　考え込んでいます）多分こうなると思うわ。（あたかも祈ってい
　　るかのように自分の手を合わせ、天使のような笑顔で、体を緩ませ
　　ます）

治療者：まあ、これは怒りと不満とは全く違うようね。そのまま、
　　そのままにしてて。もう一度見せて。点数をつけるわ。

ジェンナ：いいわよ！（ジェンナは立ち方を少し変え、頭を傾けて、
　　手を組み合わせて、上を指さし、そして素敵な笑顔を見せます）

治療者：それは平和で満足な気持ち、点数は５ね！

ジェンナ：惜しい、４プラスよ！

治療者：あー、惜しかった。

ジェンナ：そうね、あと一歩だったわね。

治療者：あなたは反対の気持ちを表現することがとても上手ね。
　　反対の気持ちと、それがどんなふうに見えるか知っているのは
　　いいことだわ。

ジェンナ：このまた反対の気持ちを見せてあげるわ！

治療者：あら、また怒って不満だらけのときの体ね。でもちょっ
　　と待って、ちょっとさっきと違うわ。そんなには怒ってないよ
　　うに見えて……ちょっと待ってね、当ててみるわ。これは不満
　　と怒りで点数は２だと思うわ！

ジェンナ：そうよ、その通り！

治療者：完全に正解だったでしょ？　良かったわ。いつもできる

わけじゃないけど、でもあなたは本当に表現することが上手ね。

ジェンナ：そうよ、うまくできることなんて他にもたくさんあるんだから。

治療者：ジェンナ、私が何を考えているか分かる？（彼女は見上げます）。あなたは先生にあなたがどんなに早く書くことができるか見せてきたわ。多分、あなたは先生にあなたがどれだけゆっくり書くことができるかということも教えてあげられるわ。

ジェンナ：（下を向いて反応しません）

治療者：私が言いたいことはね、あなたがもし早く書くことの反対、つまり遅く書く技術、ゆっくり書くこと、それができたら早く書く技術が完璧な人への大きな挑戦になるかもしれないってことよ！

ジェンナ：できるわ！

治療者：私もあなたならできると思うわ。だってあなたは本当に反対のことが上手ですもの！

　ジェンナはその日のセッションで、ゆっくり書くことを練習し始めました。次のセッションで、ジェンナは先生がジェンナに早く書かないよう注意する必要がなかったと驚いていたと、達成感を持って報告してくれました。ジェンナは多くのことを自分の成長につなげたり習熟したりする機会へと変えてしまう素晴らしい能力を持っていました。

　ジェンナの初期の非指示的課題で作成した芸術作品の多くは、私の記憶の中だけにしか残っていません。彼女は自分の作り上げたものを“十分できた”と思うことができなかったため、作品の写真を撮らせなかったのです。彼女は自分の作品を家に持ち帰ると、それをくしゃくしゃにしてバラバラに引きちぎり、家のどこかへ隠してしまいました。また、アリシャは、ジェンナがいろいろなものをたくさんマットレスの下に隠していることを私に話してくれましたが、その中には明らかにこのカウンセリング室から勝手に持ち帰ったものも含まれていました。ジェンナ

第9章◆ジェンナのケース

がカウンセリング室からものを持って帰っているこの事実を知ると、私はジェンナに彼女自身や他の子たちがここに来て遊ぼうと思ったときなかったら困るので持って帰らないでほしいと伝えました。また、ジェンナはものを隠したりとったりすることがとても上手なので、こういうことをするならば私がもう少し注意深く彼女を見張っておかなければならなくなると伝えました。ジェンナは常にルールを曲げようとしたり破ろうとしたりしました。例えば、このセンターでは子どもは事務所の奥のバスケットから1つお菓子をもらうことができるようになっていましたが、ジェンナは他の子たちがお菓子をもらうのを見ており、彼女も同じようにお菓子をもらいたいと頼んできました。私は彼女にもらってもよいことを伝え、彼女が来たら毎回私たちはまず奥へ行きました。ときどき彼女は私よりも先に行き、お菓子の入ったバスケットの所で2つ以上のお菓子をしつこくせがみました。私は1つだけという制限をしっかりと設けたのですが、ときどき彼女は先に行ってお菓子を2つとり、1つをもう1つのお菓子の下に隠しました。彼女が常に2つのお菓子をこっそりとろうとするため、最終的には帰る前に"検査"をしなければならなくなりました。彼女のこの行動に対して私は、彼女は私がルールを変えないかどうか何度も何度も確認しようとしているのだろうと解釈していました。ジェンナにとって確固としたルールは非常に重要でした。また、"検査"は私たちの終わりの儀式となっていきました。私からより多くの注目が向けられることを好んでいるのは明らかでしたし、私と始めた"検査"ゲームを彼女は楽しんでいました。これは"かくれんぼ"や"いないいないばあ"といった、発達的にもっと幼い子どもとの遊びを思い起こさせるものでした。

　私はジェンナをいくつかの遊びの活動に誘いました。そういった遊びに参加すると彼女の気分は揺れ動きましたが、前に述べたように、ジェンナが学校や家でトラブルに巻き込まれたかどうかでジェンナの気分は大きく揺れ動くことを私は早い段階で理解していました。そして、ジェンナはよく衝動的に行動することも分かりました。また、社会的相互作

用が大きな不安を引き起こし、自己イメージに非常に苦しんでいること、他の子たちからジェンナが“本当の”母親と父親と一緒に暮らしていないことをからかわれていること、そして彼女自身、伯母と伯父との暮らしが安定してずっと続くのかどうかも不確かに感じていることも明らかになっていきました。アセスメントの間、彼女は確信した態度で「私はいつも問題の子なのよ。私の脳がいつも私にそう言ってるの。私は悪い子に違いないの、まるで……」と話しました。最終的には、母親は彼女の人生でずっと“悪い人”であり、おそらく自分自身も母親のようになるだろうと思っていることを話してくれました。彼女のこの基本的な考えには大きな不安や気がかりが伴っている状態であり、彼女はこれらの感情を行動化する傾向にありました。どうやってそのような気持ちを鎮めればいいのか、あるいは、どうやってその感情を呼び起こす否定的な考えを鎮めさせればいいのか分かっていませんでした。アリシャがジェンナとロベルトの養子縁組みを待ち望んでいることは（それは実母に回復する機会を与えるためですが）、全体として、かつ逆説的にジェンナに混乱をもたらし、彼女は実母にも伯母（今ではママと呼んでいる）にも必要とされていないと感じさせ、不安定な気持ちにさせてしまっていました。

　このアセスメントは、私がジェンナのことを知り、治療的な関係性を構築するという限りにおいてはうまく進んでいきました。しかしながら、アセスメントで予定していた全ての活動に参加することや、タッチの問題についてもっと直接的に話をしていくことに関しては、彼女は依然としてためらい、かないませんでした。彼女の行動化に寄与していると思われる多くの問題について把握することができましたが、最も重要だと思われたのは、ジェンナが幼少期に経験したことのいくつかが、彼女の展望、不安定さ、明確な答えを必要とする人生の疑問（例えば、「私のいるべき所はどこなの？　私は愛される価値があるの？　誰が私のママなの？　もし私が“もっと悪い子”になったらどうなるの？」）を形作っているということです。

第9章◆ジェンナのケース

構造的アセスメント課題

描画課題

　構造的なアセスメント課題では特定の際立った特徴がありました。例えば、最も印象的だったのは、ジェンナの自画像はとても小さく、そしてとても細い線で描かれ、ほとんど見えないものだったことです。地面の線はなく、実は多くの細部が欠けたものでした。小さくほとんど見えない自画像は、あたかもそのページに浮いているかのようでした。ページの残りには何も描かれませんでした。興味深いことに、口には大きな歯があり、体の下の部分には複数の消したあとがありました。絵の中でジェンナの年齢の子どもが歯を描くというのは、苛立ちや憤怒を示唆している可能性があります。体の下の部分の消し痕は、その部分を描くことに不快感を持っていることを暗示しているのかもしれません。

　ジェンナは動的家族描画でアンビバレントな様子を示しました（動的家族描画では「あなたと家族が何か一緒にしているところを描いてちょうだい」と指示します）。彼女は地面の線、家、そして自分自身を描きました。その自分自身は、自画像描画課題のときよりも実体がある感じに描かれ（より黒い線、輪郭がはっきりとした服、歯がない）、彼女は左手でアリシャの手を、右手でロベルトの手を握ったところを描いていました。また、ロベルトはフィリップと手をつないでおり、フィリップは父親と手をつないでいました。特に興味深かったのは、ジェンナは自分の上に別の頭を描いたのですが、消してしまったことです。自分を描いた後、後から思いついたように彼女は自分の頭の上に2つ目の円を描きました。それは彼女が腰を下ろし、私と一緒にその絵を見ていたときでした。彼女は「おっと」と言って円を描き、しかしすぐにそれを消しました。私は彼女に何が起きたのだろうかと考えていましたが、彼女は「気にしないで」と言いました。私は無理強いすることなく、単に私が見たものを言葉で描写していきました。「あなたは自分の絵を見たときに、おっと、と言って頭の上に円を描いたわね。そしてそれを消してしまったわ。私にはあなたが描きたかった何かを思い出したように見えたのだけど」。

彼女は反応しませんでした。私の解釈（私の中に留めていますが）は、ジェンナは母親を亡霊か天使として見ているのではないかというものでしたが、のちに彼女は自分でそのように話してくれました。ジェンナはいつも母親の存在を感じ、そしておそらく彼女のことを恋しく思い、彼女が戻ってくることを願っていたのでしょう。もしかしたら彼女は一生グレンダが届かない存在であることを知っていたのかもしれません。

箱庭療法

　ジェンナは箱庭で遊ぶのが好きでした。彼女の作品のスタイルは予想可能で一貫していました。彼女は最初に砂を水で濡らしてよいか尋ねてから取りかかり、初めての力作は砂を水で氾濫させたのですが（いかなる建造も不可能でした）、3、4回の試みの後、とても高い山を作るのに十分な砂の硬さになる程度に濡らすようになりました。少なくとも私にはそう思えました。彼女は慎重に砂を集めて形を作りました。それぞれの山は麓が太く、上になるほど細くなり、頂上は尖っていました。彼女は全身を使ってそれを作り、しばしば濡れた砂が彼女の腕や肘そしてシャツの前にも付きました。彼女がセッションに来るようになってから、私は丸いビニール製のラグを砂箱の下に敷くようにしました。彼女は高い頂上を作ることを非常に楽しみ、使うことのできる砂を全部使いました。作り終えた後の行動からも分かるのですが、彼女はこの高い頂上を作ることで達成感を味わっていました。彼女は私にさまざまな角度から何枚も写真を撮るように言い、特に箱の境界線を越えてどんなに遠くに頂上が現れているかが分かる写真をたくさん撮りたがったのです。

　ジェンナは砂では決して他のものを作らなかったのですが、次第にいくつかの動物を加えていくようになりました（図9.1参照）。特にあるときの作品には、大きな暖炉に加え、母親と子どもの豚と共に、“タッチの問題”を抱える2匹の羊がいました。彼女はかつて指示（「この砂箱にタッチの問題を表現してみて」）に応じて箱庭を作ることができたことがありました。その箱庭には大きな頂上はありませんでした。

第9章◆ジェンナのケース

図9.1　ジェンナの作った箱庭：「私は空より高く作れるわ」

治療計画・目標・プロセス

　ジェンナは他のどの構造的なアセスメント課題も仕上げることはありませんでした。けれども、その結果に基づいて治療計画を立てることができると思われました。それは、性的問題行動とは関係のない特定の目標へ進展していくための、私との個人セラピーを含みます。また、ジェンナと両親に対し、グループセラピーと並行して行われるバウンダリー・プロジェクト（第6章参照）に参加するよう依頼しました。アリシャとジェームズは参加することに対して熱意を持って同意し、仕事のスケジュールが許す限り、予定されているグループセッションにできるだけたくさん一緒に参加したいと言いました。
　私のジェンナとの個別のワークは全体像と非常に具体的な目標に焦点を当てました。まずジェンナの家族の状況、特に現在と未来の住居を明

確にすることです。ジェンナは、産みの母親であるグレンダにも、まもなく養母となる血のつながった伯母アリシャにも、不安定なアタッチメントを形成していました。私の目標は、親権が剥奪されているグレンダが、そしてアリシャとジェームズによる養子縁組みがジェンナにどのような影響を及ぼしているのか、家族が理解していけるよう援助していくことです。加えて、アリシャがジェンナの実母と将来的に接触することについて予測できること、つまり、実母がどこで生活することになるか、子どもとの交流ができるかできないか、再び会えるかどうかを知ることは重要なことでしょう。

　2つ目の目標は、ジェンナがこれまでの経験と関係性に関して理解していけるよう、彼女と人生の物語を作ることでした。ジェンナは性的虐待の経験も目撃も報告されていませんでしたが、アリシャではなく実母と一緒にいた間のいずれかのときに、何か良くないことがジェンナに起こっていたと考えられる兆候がありました。アリシャはグレンダと交流を続けており、そして彼女がシラフのときに一緒に話す時間を多く持っていたため、グレンダは一貫して悪いことはやっていないと言い張ってはいたそうですが、アリシャはグレンダのライフスタイルは信じられないほど予測不能で安全ではないと感じていました。

　最後に、私はジェンナが自分自身について考え、自分をより肯定的に語り、強みと弱みのバランスのとれた新しい見方ができるようになるための支援を重視しました。この目標はジェンナが仲間と一貫した関係性（これまで自力だけではできなかったことです）を構築するのを援助することと密接に関係しています。バウンダリー・プロジェクトのピアグループは社会的な交流を可能にさせるものですが、そのままの設定ではあまり役に立ってはいないようでした。事実、グループには他に6人の女の子がいたのですが、誰もが自分に注目を引こうとする競いになり、ジェンナに激しい反応をさせてしまっていました。また、彼女は自分が仲間はずれにされているように感じているようでしたし、他の女の子たち同士はお互い仲良くしているように感じられていたようです。ジェンナは

自分が学校で経験している社会的人間関係の力動を、グループの中で繰り返していたように思われました。グループの関心は性的問題行動を減らすことにあったため、集団の力動を高めるような方略は優先されませんでした。しかし、アリシャと私は漸進的なアプローチ（より幼い子どもと監督付きで行うしっかりと計画された遊びの中でのお出かけ）を計画することができ、それによってジェンナは自分の年齢や性別と同じ、遠いいとことの関係がうまくいくようになるという収穫がありました。

　先にも述べたように、ジェンナと私が個別の作業を並行して行っている間、バウンダリー・プロジェクトのグループは、特に性的問題行動に焦点を当てました。バウンダリー・プロジェクト特有の目標は他にもありますが（第6章参照）、以下の目標は特にジェンナと彼女の家族に関連するものでした。

1. 身体的バウンダリーについて学び、きょうだいと親にその原則を教える
2. 感情表現、特に「気分は何色？」法を学び、家族のメンバーも使用し、お互いにそのやり方を共有する
3. ジェンナの問題のある考えや行動、特に「タッチの考え」がどこから生じているかジェンナが理解できるよう支援する
4. 最終的には、ジェンナと弟が適切なタッチと適切でないタッチを理解し、不適切な考えが生じたときにどうすべきかを学ぶ

　具体的には、フラフープを使って誰もがみな"プライベートスペース"を持っていることを説明しました。それは一人ひとりが持っているもので、他人のプライベートスペースには入るべきではないし、他人も私たちのスペースには入ってはいけないのだと説明しました。ジェンナが大きな声で「だからあなたも他の人のプライベートな部分に入ったらダメよ」と言ったとき、彼女がこの上ないほど十分な理解ができたことは明らかでした。アリシャとジェームズと私は、彼女のこの洞察を大い

に褒めました。彼女は実際にその考えを自分の中に統合したようでした。バウンダリー・プロジェクトではまた、被害者に関する情報を伝えました。これは彼女にとって有益なものであり、彼女自身、個人セラピーの中で被害者としてのワークを行いました。

　ジェンナはほぼ1年間、個人セラピーのみでした。その個人セラピーの中で彼女は、以前実母と同じベッドで眠っているときに、実母のボーイフレンドであったグスタボが、彼女の膣と直腸の中に指を入れてきたことをゆっくりと告白し始めました。グスタボは、もしジェンナがこのことを母親に話したら、ジェンナを傷つけ家から追い出すと脅してもいました。グスタボはたいてい眠っている母親とセックスをしていたのですが、そのとき彼はジェンナの顔を掴み彼の方を向かせていたことが何度もあったことをジェンナは最終的に話してくれました。ジェンナの説明と彼女が感じた恐怖と混乱から、この男によってトラウマを受けたことは明らかでした。そして（彼女が説明した通り）ある晩警察が来て彼を逮捕したことで、彼女は決して彼に再び会うことはなくなり、さらなる危害から逃れることができたのでした。ジェンナはやがて、これらの出来事にまつわる考えと感情を処理することができました。それができると、自分に起きたことと、それでも生き延びたことを誰かに話すことができてほっとしている様子が目に見えて分かりました。この出来事を処理し、自分自身の力の感覚を取り戻していくと、彼女はアリシャに伝えたいと感じるようになり、そして彼女の腕の中で大きな心地よさを感じたのでした。この子にとって特に意味のあったことはグスタボの絵を描いたことでした。ジェンナは太く黒いマーカーを手にとり、彼の顔を完全に塗りつぶしたのです。「ときどきこの目が私を見つめているのが分かるの。でももうそんな目は消してやったの！」。ジェンナはそれから写真に撮り、紙をくしゃくしゃに丸め、ゴミ箱に投げ捨てました。

　ジェンナは芸術・創作活動を取り入れた活動に特に馴染んだようでした。「気分は何色？」課題（第4章とシート4.2参照）は、この家族には大当たりでした。誰か1人が頻繁に人形の絵を出しては、他の家族のメ

第9章◆ジェンナのケース

ンバーに色を使って自分の感情を表すように求めました。ジェンナはロベルトに何度も教えました。「もし１つの気持ちがおっきく、おっきく、おっきくなったら、１つの色で全部塗りつぶすのよ！」。このシンプルな芸術活動は、彼らの想像力を惹きつけ、多くの自己開示と対話を促しました。

　家族セラピーセッションの多くは、養子縁組みの問題に焦点が当てられました。アリシャとジェームズは、ジェンナとロベルトは彼らにとって神様からの特別なプレゼントで、神様はみんなが１つの家族になることを選んだのだと強調しました。ジェンナが、なぜ神様は実母のグレンダは救ってくれなかったのかと尋ねると、アリシャは、神様は決してグレンダを見捨てないけれど、グレンダは"自分の役割を果たさなくては"ならないこと、そうすれば神様が残りをやってくださるだろうと話し、ジェンナとロベルトを励ましました。ジェームズとアリシャはまた、ドラッグの危険性や依存症から抜け出すことの難しさ、たくさんの人に起こるこの痛ましい病気の苦しみについて子どもたちに分別を持って伝えることができました。ジェンナは、母親は"病気"であり、病気のせいで自分たちを世話することができないのだと考えることで幾分か落ち着いていきました。

　この家族が"恒久的な"家族となると、みな大喜びしました。最後のあるセッションの中で、ジェームズとアリシャは子どもたちに『見えない糸（Karst, 2000）』という本を読んであげました。その本には、物理的には存在しないけれど、私たちが愛していて、向こうも私たちを愛しているという人々と自分たちをつなぐ絆について語られています。これはまさにグレンダの状況に当てはまっていました。彼女は子どもたちを養うことができず、依存症との戦いでたくさんのものを失いましたが、誰かが子どもたちを助け、養ってくれることを常に気にしているようでもあったからです。グレンダは、最近ドラッグ所持による逮捕で拘禁されたため、子どもたちとの"お別れのセッション"に出席することができませんでした。しかし、彼女は子どもたちに彼らを励まそうと、新し

い親であるアリシャとジェームズの言うことをよく聞き、学校でいい子でいるようにと書いたカードを送りました。ジェンナとロベルトは彼女の言葉を心から受け止めました。アリシャとジェームズはまた、ロベルトとジェンナの父親たちのことについても話をしました。アリシャとジェームズは、彼らも子どもたちを扶養できない状態ではあるけれど、いつも子どもたちの幸せを祈っているだろうことをロベルトとジェンナに伝えました。ジェンナと私は実父について、どんな外見だろうか、そしてどんな人だろうかと話をしました。ジェンナは実父のことは想像すらできないけれど、もし彼のことが分かって、一緒に暮らすことになったとしたら、彼は "私の本当のパパのジェームズみたい" であってほしいと言いました。ロベルトもジェンナもジェームズが重要なアタッチメント対象であると思われました。ジェームズは家族をくっつけてしまう接着剤のようでした。彼は静かで慎ましやかな態度で子どもたちと接し、信頼される優しい父親像となり、共感的な養育と一貫した存在を与え続けました。それは子どもたちが彼を十分に信頼し尊敬するために重要なことでした。

まとめと結論

ジェンナはヒスパニック系の7歳の子どもで、魅力的で、ユーモアがあり、エネルギッシュですが、たいへんな成育歴を持つ子どもでした。ドラッグ依存の慢性的な問題を抱える母親、解決することはできないような喪失の感情を引き起こす会ったことがない父親、アンビバレントな反応を引き起こした伯母と伯父の所への移動、伯母と伯父の所へ行く前の里親への措置、身体的・性的虐待とネグレクトに加え大人による不適切な性行為への曝露など。事実、ジェンナの母親は人生のいたるところでさまよい、ジェンナを混乱させ苦しめました。ジェンナは、母親のケアにのみ注意が狭窄してしまうなど、アルコール中毒者や依存症の親の子どもに生じるたくさんの症状を示しました。

第９章◆ジェンナのケース

　ジェンナがもうすぐ養子縁組みをする親（生物学上の伯母と伯母の夫）は自らジェンナと弟の保護者に手を挙げてくれ、子どもたちを養子にする申請は最近ようやく正式に認可されました。ジェンナの実母グレンダは常に混乱の中で生きていましたが、逞しさと姉アリシャに子どもたちの世話を頼る分別を持っていました。

　ジェンナが紹介されて来たときの懸念は、幼い弟に向けた不適切な性的行動を含む、反抗的で調節のできない行動と情緒性でした。これらの症状のいくつかはPTSDに観察される兆候でもあることは興味深いことです。そして、彼女は幼い人生を通じて、包括的なトラウマと特異的なトラウマの両方に苦しんでいるようでした。加えて、アリシャと夫のジェームズは、ジェンナがグレンダに関心を持ち続けていることについて心配していました（ジェンナが母親の所に戻って暮らすのではないかなど）。ジェンナのようなケースにおいては、性的問題行動は別の問題の表れであることがほとんどで、多くの場合包括的なアセスメントによって治療で取り組むべき複数の領域が明らかとなります。

　アリシャと彼女の夫はこの幼い子どもたちに多くを注ぎ（そのおかげでその後実施したわれわれの仕事がずいぶんとやりやすくなりました）、グレンダの非協力的という形の抵抗はあったものの、養子縁組みのプロセスを進めていくことができました。しかしながら、彼らはこのことを裁判所が最終決定を行うまで待ち、子どもたちには話していませんでした。最終的に児童保護サービスの職員は要請を受け、アリシャとジェームズが正式に子どもたちの措置先となるよう推奨していきました。新しい家庭では、グレンダの不安定な訪問と短期間の連れ去りによって遮られることもありましたが、子どもたちは一貫した共感的なケアを経験しました。アリシャは養子縁組みの権利のために妹と戦うことを決意し、グレンダに対してしっかりとした制限を設け、安定した愛情のある環境を子どもたちに提供しました。

　ジェンナの性的な行動化（児童保護サービスへの紹介の原因）は、虐待によるトラウマティックな記憶によって引き起こされたようでしたが、

これはグレンダの親権の剥奪とアリシャとジェームズへの養子縁組みに関連した裁判所の差し迫った手続きも関係していたように思われました。ジェンナは不安定なアタッチメントを実母に対して抱き、彼女に対して不安を募らせていきました。母親はきちんと食べているだろうか、きちんと眠ることができているだろうかとよく心配していました。ジェンナは、実母がどこに住んでいるかなど、アリシャが答えることができないときにはひどく動揺してしまうようでした。しかし最終的にジェンナは、母親は病気であり自分自身の世話ができるようになるためには医者の治療が必要であることを理解しました。アリシャはジェンナに対して、グレンダは子どもたちを適切に世話できないことを自分でも分かっていること、アリシャに対し子どもたちの親となるよう頼んできたこと、そして自分には与えてやることのできない家庭を与えてやってほしいと頼んできたことをはっきりと説明しました。ジェンナは、母親は自分が新しい親と幸せになってほしいと願っているし、グレンダが健康になれば、彼女は再び自分と人生を歩んでいけるようにはなるけれど、それで現在の安定した家庭にいることが変わるわけではないと理解し、ようやく落ち着くことができました。逆説的ではありますが、実母がもはや来ることも自分とロベルトを連れて行ってしまうこともないという事実が、彼女の恐怖や不安を減らしているようでした。ため込む行為はまだ幾分かありましたが、この時点では睡眠と食事の習慣がすっかり身に付いていました（ため込む行為は実母のために食べ物を蓄えている行為だったのだと思います）。

　ジェンナの性的問題行動は、これら背景にある問題に対処していくと容易に変化させていくことができました。彼女が見たり経験したりした母親とそのボーイフレンドの性的な状況（彼女はベッドの上に裸の２人の人間の絵を繰り返し描きました）について話ができるようになると、不安は減少していきました。彼女は母親のボーイフレンドの１人、グスタボが彼女のプライベートな部分を触ったこと、それが嫌で泣いたことを言語化することができました。私が誰でも彼女のプライベートな部分を触

第9章◆ジェンナのケース

るのは良くないことだと話すと、彼女はおとなしい声で、「だから私も他のどの人のものも触っちゃいけないんだ」と言いました。私はその通りだと同意しました。私はジェンナに、（グスタボのような）大人は自分のやっていることが悪いことだと分かっており、それでもとにかく悪いことをしてくるのだと話して聞かせました。「その人は考えることやすることに問題があるの。その人があなたのプライベートな部分を触るのは間違ったことだったのよ！」。彼女はその言い回しが好きで、それを歌にしてこのセンターでよく歌っていました。

　この章を通して強調されることは、ジェンナはとても回復力があり、多くの状況を何とかして乗り越え成長する機会に変えることができる子だったということです。彼女の回復は、彼女と弟に対して強く献身してくれる、信仰心とその実践に基づいた力強い養子縁組家庭によってさらに強化されていきました。ジェンナはついに愛する親と安全基地を手に入れ、予測性と一貫性の感覚を身に付けました。このことは彼女の将来に明るい見通しを与えることとなるでしょう。

第10章

ロレンソのケース

基本情報

　私（Gil）が初めて会ったとき、ロレンソは11歳でした。ロレンソが2歳のとき、両親は彼をエルサルバドルに残してアメリカに行ってしまいました。そして6ヶ月前にようやく彼は、それまで祖父母と一緒に暮らしていたエルサルバドルからアメリカにやって来ることができました。アメリカに移ってからというもの、ロレンソの父親と母親はときどき彼と連絡をとり、彼の養育のために仕送りをし、余裕ができたらロレンソを自分たちの手で育てたいという目標に向けて一生懸命頑張り続けていました。ロレンソはアメリカに来たその日のうちから、6歳の妹、アンナ・マリアに対して性的虐待をしてきたために、私の所に紹介されて来ました。アンナ・マリアが母親に性的虐待をされていることを訴えてきたとき、母親はロレンソにアンナ・マリアを"困らせている"ことをやめるよう話しました。その後、アンナ・マリアはこのことをスクールカウンセラーに話し、そこからこのケースは児童保護サービスに通告されました。そして、アンナ・マリアは"個別の被害者治療"を受けた後、家族は在宅支援サービスを受けることになりました。そして調査官はロレンソにはセラピーを受けさせることにしました。ロレンソは妹を虐待していましたが、妹の養育者だったというわけでもなく、さらに両親はいつも家にいたため、家から分離されることはありませんでした。しかし両親は、"少年性犯罪者"のための専門的な治療を受けなければならないことと、そのための治療費を行政が割り当てたということを言明されました。

心理社会的背景

　ロレンソの両親であるホセとヒルダは、資源や選択肢もなく、行き詰まった生活から彼ら自身や家族を救い出すことを強く望んでエルサルバ

第 10 章◆ロレンソのケース

ドルからやってきました。彼らは親たちが貧困に苦しむのを目のあたり
にしてきました。長時間の労働、屋外での辛い仕事の日々、そして限ら
れた食料で多くの食いぶちを稼ぐためだけに仕事に行き帰宅する毎日で
した。子どもの頃の2人はどちらも、父親が日没から日の出まで働き、
寝るために酒を飲み、発作的に暴力を振るい、突如としてしばらく不在
にし、果ては老いて病気になるのを見てきました。ヒルダの両親は彼女
が幼いときに洪水災害のさなかに起きたバスの事故で亡くなりました。
ホセの両親は体調不良、アルコール依存症、悲観のために弱りきってい
ました。ホセとヒルダは、ロレンソをエルサルバドルに残しておくこと
が唯一の選択肢だと分かっていましたが、同時に年老いた両親にはロレ
ンソのことを監督し、育て、教育することが困難であることも理解して
いました。多くのチャンスがあると彼らが信じた国で、“前進する”こ
とだけが彼らの唯一の原動力でした

　当然のことではありましたが、アメリカにやって来ると、彼らは予期
していなかった多くの問題に直面しました。入国書類を持たない者が仕
事を得るのは厳しいものがありました。どれもこれも仕事の求人は凄ま
じい競争でした。家賃、食費、交通費は高い一方で賃金は安いものでし
た。さらに子どもを持つことは長時間働くことや複数の仕事を持つこと
の妨げになる可能性があったため、彼らはシフトや仕事を工夫して一緒
に寝ることをやめました。ヒルダは住宅清掃、皿洗い、歩道清掃といっ
た仕事の他に、時折、定職を持っている友人や、急に得られた日雇いの
仕事をするときに子どもの面倒を見てくれるのをあてにしている友人の
子どもの世話をしました。ホセは毎日早朝に、どこでも、どんな賃金で
も働きたいという男たちが20〜30人ほど集まる街角に出かけて行きま
した。声をかけられ仕事にありつけることができる幸運な日もありまし
た。そのようなときには、その日の雇用主を喜ばせようと頑張りました。
別の日には通りをうろつき、お金を乞い、そのお金でお酒を飲みました。
収入を得ることなく家に帰ることを恥じて、一晩中、街中で寝ることも
ありました。

数年後、ヒルダは別の男性の子どもを妊娠し、アンナ・マリアを出産しました。ホセには彼の子どもだと納得させていました。インテイク面接のとき、彼女はまだそのことを秘密にしており、ホセにばれてしまうことを恐れていました。娘の誕生は彼らを結びつけ、ロレンソがいないという悲しみを和らげたようでした。そして、小さな娘がいるということは、ホセが酒を飲むことを我慢し、職を探し一生懸命に働く励みになっていたようでした。この頃まで、彼らは別の夫婦と一緒に部屋を借りていました。アンナ・マリアが生まれると、彼らはその夫婦にその部屋を出て行くよう頼み、彼らだけで大きな部屋を持つことになりました。ヒルダは節約してお金を厳重に守り、ホセがそのお金を"飲み干してしまう"ことのないよう注意していました。ホセは彼のスタミナと覚えが良いという能力を買ってくれる何人かの雇用主に出会い、定期的に給料を得ることができるようになりました。こうして彼らはロレンソの養育のためにより多くのお金を送ることができるようになりましたが、そのお金を祖父がアルコールやギャンブルに浪費していることは知りませんでした。

　アンナ・マリアが就学すると、スクールカウンセラーは彼女が破れた服を着ていることと、明らかに飢えていることに気付きました。カウンセラーはソーシャルワーカーを呼び、ヒルダが行政の家族サービスから援助を受けることができるようにしました。ゆっくりと、しかし確実に、家族の状況は改善され、ヒルダはさまざまな支援を受けることを学びました。一方、ホセはより孤立した生活を送るようになっていました。可能なときには働きましたが、仕事が見つからないときには寝るか飲むかの生活を送っていました。ところが、アンナ・マリアが4歳になる頃には、彼らにはもう1人子どもが生まれていました。彼らはそのペドロという名の息子のことを"お利口さん"だと表現しました。ホセとヒルダはロレンソと一緒に暮らすという目標を達成するために引き続き努力し、ついには2つのベッドルームがあるアパートを借りることができるようになりました。ロレンソが11歳になったとき、エルサルバドルの友人

第 10 章◆ロレンソのケース

が国境を越えて、とうとう両親の元へロレンソを連れて来てくれました。

　ロレンソは、賢く、機転がきく子どもでしたが、重大なトラウマを体験していました。ロレンソが幼い頃から祖父は彼を通りに連れ出し、ロレンソは薬物や売春、ギャンブル、暴力を目にしていました。ロレンソははるかに年上の少年と付き合い、飲酒やマリファナを覚えました。しかし、彼は痩せていた上に、人に恐怖を与えるような外見ではなかったので、周りは彼を相手にせず、何人かの年上の友人が彼の面倒を見ていました。ロレンソは多くの成人男性の注目を引くような魅力的な少年でもありました。そしてついに、ロレンソの祖父は男性にロレンソを売って口腔性交をさせ、お金を稼ぐ方法を見つけてしまいました。われわれとの治療の後半になっても、ロレンソは路上での経験については触れようとしたがりませんでしたし、話すことはありませんでした。しかし、恐怖を感じ、混乱に陥るような多くのトラウマティックな体験をしたことは明らかでした。ロレンソは自分のことは自分でどうにかやっていけるような "タフな男" だと、私に思ってもらいたいようでした。ロレンソによると、最初は祖父が収入のほとんどを持っていってしまっていましたが、後に自分で客を探し、手に入れたお金を祖父に取り上げられないようにしていたそうです。両親が彼をアメリカに呼び寄せたときアンビバレントな感情を持ったのは、ロレンソが若くてとても人気のある男性売春婦としてお金を稼ぐことに慣れてしまっていたためでもありました。

　ロレンソがアメリカに到着すると、彼は自分の居場所のなさに戸惑いました。質素で人が密集したアパートにまず驚きました。そして、そこに自分のきょうだいとなるアメリカ人のような2人の子どもがいることはわけが分かりませんでした。特に、彼は妹であるアンナ・マリアに対して "奇妙さと苛立ち" を感じ、軽蔑しました。彼はアンナ・マリアがほぼ英語で話をしていたことが不快でした。そして、服がきれいで、少し太りすぎであることも気に入りませんでした。ロレンソはすぐにアンナ・マリアをいじめるようになり、アンナ・マリアはそれまで両親に大

切に扱われてきたがために、なおさら苦しめられることとなりました。実際、母親によるとアンナ・マリアは、少し"甘やかされて"いたそうです。

　ヒルダとホセは長い間ロレンソと一緒に暮らしてあげられなかったという罪悪感を持っており、ロレンソが適応することに全力を尽くしました。ロレンソが自分のこれまでの人生について父親に打ち明けると、ホセは自分が苦労して祖父に送ったお金が、祖父の悪しき習慣を維持するために使われていたことに激怒しました。ロレンソは祖父が彼を男の人に売り、口腔性交をさせてお金を得ていたこともホセに話すと、ホセは自分が子どもの頃にも同じようなことがあったと話しました。ホセはロレンソに、自分がそうしてきたように、"エルサルバドルでの暮らしを忘れる"よう元気づけ、ここは全く違う場所だということをロレンソに保証しました。

　ヒルダはアンナ・マリアに、兄と一緒にいて近くの遊び場を兄に見せてやったりするよう言い聞かせ、特に良くしてやるように励まし続けました。しかし、ロレンソは妹が近くにいるとますます苛立ちました。ロレンソは弟のことを気に入り、特に弟の世話をしてお小遣いをもらうことが好きでした。ヒルダはロレンソの嫌悪感がアンナ・マリアに向けられていることは分かっていたため、ロレンソとアンナ・マリアの2人だけで一緒に過ごさせるようなことは決してしませんでした。しかし、世話を任されたペドロに対して、ロレンソは優しく、そして実に辛抱強く世話をしているようでした。私がヒルダに、ロレンソの世話を祖父母に任せ、彼女と夫がアメリカに来たときのロレンソの年齢とペドロの今の年齢が同じだということを伝えると、ヒルダはその一致には気付いていなかったと言い、声を上げて泣きました。

　ホセとヒルダは、ロレンソがアンナ・マリアに性的に接近したことを知るとショックを受け、当初はアンナ・マリアがきょうだい愛について間違って理解してしまったに違いないと心を痛めていました。アンナ・マリアが最初に母親にこのことを打ち明けたとき、ヒルダはそれ以上誰

第10章◆ロレンソのケース

にも話さないようアンナ・マリアに言い、自分がロレンソと話をすると
伝えました。そして彼女はロレンソに次のように話して聞かせました。
「坊や、あなたの妹は、あなたが近づくとちょっと恥ずかしいと感じて
しまうみたい。だから、あまり近づきすぎないようにしてね。いい？」。
ロレンソはそれに同意しましたが、母親に隠れてアンナ・マリアの所ま
で行くと、彼が彼女にしたことをこれ以上一言でも親に言えば殺すと言
いました。そして「この家でお前の自由にはさせない。俺は俺がやりた
いようにやる。同じことを言わせるな。さもないと分かってるな」と拳
を上げて言いました。アンナ・マリアは兄が本気で言っていることや、
両親には彼女を助けることができないことが十分に分かったため、1週
間後彼女は、信頼していたスクールカウンセラーに話し児童保護サービ
スが介入することになったのです。

　当初、両親は私に「起きてしまったのは確かです。しかし何があった
のかはよく分かりませんし、何があったのか知りたいとも強くは思いま
せん。とにかく、私たちはロレンソと一緒に暮らしたいだけですし、彼
を刑務所に行かせたくなんかないんです」と話していたため、私は相談
の内容がよく分かりませんでした。両親とのインテイク面接で、彼らが
起きてしまった性的虐待の詳細を知りたがらない2つの理由が明らかに
なりました。その理由とは、(1) 11歳の息子が妹に身体的なダメージ
を与えるとは考えにくいため（特に2人ともまだ小さい子だったため）、
(2) 小児科医が言ったことを信じて、アンナ・マリアは処女であるとい
う確信を持っているため（小児科医は大雑把に性器の外見を診察しただけ
でそう言っていたようです。ただ、両親はそれでずいぶんと安心したようで
す）でした。アンナ・マリアの処女が守られていると確信していたため、
ホセとヒルダは「大ごとにならなかったのは神のおかげです」と深く祈
りを捧げていました。ホセとヒルダは私に、兄からの性的虐待や脅迫に
よるアンナ・マリアの情緒面への影響については尋ねようとせず、彼女
を助けるための方法についていくつかの質問をしただけでした。彼らと
同じ状況にある多くのヒスパニック系の親がするように、彼らも子ども

263

たちがこのことを忘れ、前を向いて進んでほしいと願っていました。ヒルダは娘と息子のことを祈り、神に委ねました。彼女は信仰に慰めを見出した女性でしたが、私はそれが回復の資源になると考えていました。

　なぜ治療に訪れたのかを両親が抑制された語り口調で説明してくれた後、彼らにわれわれの治療の内容を説明しました。ロレンソは、自分がやったことをどれくらい正直に話しているか、そしてどれくらい素直に支援を受け入れることができるか判断するためにアセスメントを受けることになります。アンナ・マリアには個別の担当セラピストが付き、セラピストは彼女の受けた虐待の程度を評価し、短期間に起きた性的虐待が彼女にどのように影響したかを特定していきます。セラピストは最終的に、彼女が母親に1度打ち明けただけではなく2回も話をしたことや、ロレンソの行動が適切ではないことを理解していたこと、彼女やロレンソを助ける糸口を作ってくれたことについて肯定的なフィードバックをしました（アンナ・マリアはセラピストに「私はお兄ちゃんのことをよく知らないの。お兄ちゃんは私たちの故郷の国で育ったの」と話していました）。

　両親はセラピーのスケジュールに同意し、在宅支援についても了承しました。適切な見守り、モニタリング、そして安全を確かなものとするために、子どもの治療者と在宅支援プログラムは密接に協働します。ロレンソは親元での生活が継続されたため、直ちに両親の否認を和らげ、見守りを行う力を高めなければなりませんでした。児童保護サービスのソーシャルワーカーが家庭を訪ね、ロレンソが"ただ横目にアンナ・マリアを見ただけだった"としても、もし何かが起これば ロレンソは少年施設に移されるだろうということを、親に対して明確な言葉で伝えました。これを恐れた両親は（ソーシャルワーカーの助言に従い）ロレンソをペドロの部屋から出し、アンナ・マリアを両親の部屋に入れました。そしてロレンソをきょうだいから離して、リビングルームに一人でいるようにさせました。全ての部屋は施錠され、両親がどこにいても子どもたちが出入りすれば音を聞くことができるように、全てのドアにはベルがつけられました。最も重要だったのは、児童保護サービスのソーシャル

第 10 章◆ロレンソのケース

ワーカーがロレンソに対して、妹に対する脅しは許されないと（両親の前で）話をしたことです。ホセとヒルダは、全てのルールを守り、"ようやくできた（por fin）"家族の一員になるための努力を台なしにすることがないようロレンソに言い聞かせました。彼らは、ロレンソがアメリカにい続けられなくなって先の見えない苦しい国外に追放されないよう、ロレンソに全ての指示に従うように求めました。きょうだいへの虐待に関する情報（シート 10.1 参照）はスペイン語に翻訳したものを両親に手渡しました。

　両親の否認を低減することが喫緊の課題であったため、初めは週に 2回ロレンソに会いました。驚くことに、ロレンソは最初の面接のときだけは素直ではありませんでしたが、徹底して彼に注意が向けられていることを理解すると、その後のセッションから努力する態度を見せるようになりました。アセスメントプロセスは後述のように順調に進み、それぞれのセッションの後には両親との話し合いを重ねました。両親の否認を低減するためにこうした透明性は重要で、未熟な親子関係を強化することにもつながります。

　ヒルダはホセが頻繁に家にいることにした間も、ときには夜勤をするなど、さまざまな仕事をしました。加えて、6月から面談を始めた後、ロレンソは秋の入学に備え、英語を学ぶ早期就学支援（ヘッドスタート）として夏期講習で ESL（英語を母語としない人を対象とした第二言語としての英語）の授業を受けることになりました。彼は"故郷の国"では公教育を受けていなかったため、何年生から始めれば良いか不明でした。しかしロレンソは都会の環境で生き抜く術を知っており、直感的に学ぶ能力を備えていました。ロレンソは夏期講習をやり遂げ、スペイン語の読み 2 級の試験を受け、4 年生のクラスに相当すると評価されました。彼の低い身長ゆえ、彼が入学したとき他の子どもたちに馬鹿にされることもありませんでしたし、英語を学ぶことに苦労している他の子どもたちにも出会うことができました。

アセスメントプロセス

初期のアセスメントの印象

　先述したように、ロレンソはアセスメントプロセスにおいてほとんど抵抗を示しませんでした。彼は典型的なネグレクトの子どもが示すように、人を喜ばせようとし、注目されたり構ってもらったりすることを求めていました。早々に心を開き、幼い頃のことをよく話しましたが、その内容は荒廃しきったものでした。ロレンソは多くの過酷な経験を乗り越えてきた高いレジリエンスを持つ子どもで、何とか生き延びてきただけでなく、自分で生活をやりくりしていく力も持っていました。もし、両親がロレンソのために仕送りをしていなかったとしたら、彼が路上で経験していたはずのトラウマ体験は計り知れないものになっていただろうと考えられます。治療チームは、ロレンソが5、6歳の頃、祖父が彼に売春の相手やドラッグを与えていたことを知り悲嘆しました。ロレンソは売春によって生活するのに十分な収入を得たことで、これこそが自分自身の"やるべきこと"だと理解したのでした。そして、そのことによって、それまで手にすることができなかった自尊心や被受容体験だけではなく、経済的な自由を手にすることになりました。ロレンソはアルコールやマリファナにお金を費やしていたことを私に自慢しました。それだけ自由にアルコールやドラッグを使用していたにもかかわらず、アメリカに移住した後、彼はドラッグを早い時期に止めることができました。ロレンソは、ドラッグをしていた理由の大部分は、退屈を和らげたり仲間に合わせたりするためだったと話しました。そして、これからは運動をしたり、テレビを観たり、パズルを作ったりすることに時間を使いたいと言いました。

　ロレンソは売春を本格的に始めたのは移住前の最後の3ヶ月だったと話しました。彼の話を聴いていると、この時期に彼をアメリカに連れてくることができた両親の力は、ほとんど奇跡のように感じられました。

第 10 章◆ロレンソのケース

ロレンソが母国に留まっていれば、性行為に付きまとう種々のリスクが増加する可能性がありました。ある男はロレンソが肛門性交を嫌がった際に彼を殴ったそうです。それに対しロレンソはその男の股間を蹴り、殺されるかもしれないと思いながら走って逃げました。その男は危険な男として知られていたため、友人たちはロレンソにしばらく身を隠しておくように言っていました。こうした話をするとき、ロレンソは他人事のように話していました。

構造的アセスメント課題
描画課題

　ロレンソはおどおどしながら描画活動に取り組みました。彼は自由画を描くことができず、イーゼルの前に座り、じっと見つめていました。そこで、楽しく行うことができ、相互作用があり、そして芸術的なスキルを必要としないスクィグル法を用いることにしました。私は 1 枚の紙と 2 本の鉛筆を取り出して、彼に私の描いた線をなぞるよう言いました。彼は言われた通りになぞりました。私が急いで円と曲線を描くと彼は少し笑いました。たくさんの小さな模様ができあがり、私はロレンソと一緒にその紙を見ながら、「何かに見えるかな？」と問いかけました。何かに見えたらそれに色をつけてみてもいいねと伝えると、ロレンソは「太陽」「鳥」「ドーナツ」などを見つけ、それに色をつけて楽しみました。この描画活動は、私たちの関係構築にたいへん役立ち、最終的には自画像を描くことができるようにもなりました。ロレンソは円の上に小さな人物が座っているとても明るい絵を描きました。描かれた人物はとても幼い子どもが描いたかのように、発達的には未熟なものでした。目や鼻、（寂し気な）口が描かれた独特な頭部と、円で描かれた手の付いた小さな腕が描かれていました。体は小さな円で描かれ、その下の方からは小さな足が出ており、その人物は椅子に座っていました。服は着ておらず、胴体は細長く、男らしく見えるまで彼は何度も何度も描き直しました。椅子は大きな円の上に置かれていました。描いた絵について説

267

図 10.1　ロレンソの自画像：世界の頂点にいるんだ

明してくれるよう頼むと、ロレンソは「これは僕。世界の頂点にいるんだ」と言いました（図10.1参照）。

　私はすぐに「世界の頂点にいる」という表現からポジティブな感情が伝わってくると英語で伝えました。絵の中の人のように世界の頂点にいるのはどんな気分なのか尋ねると、ロレンソは優しい声で、「悲しいんだ。だって僕の居場所なんてどこにもないんだ」とスペイン語で言いました。彼が生み出した世界のどこにも居場所がないというこのメタファーは、その後のアセスメントと治療に繰り返し用いられることになりました。治療では、彼にとって居場所だと感じられる場所を作り出す方法を共に探求していきました。

　私がロレンソに家族の絵を描くよう求めると、彼は「できない」と答えました。家族の絵を描くとどうなるのか尋ねると、「おじいちゃん、おばあちゃんについて考えなきゃいけなくなる。だけどそんなことしたくない」と答えました。ロレンソは祖父母が自分をどう扱ってきたか思い出さないように気を付けていなければならないほどに、祖父母に対す

第10章◆ロレンソのケース

る怒りと恨みの感情を募らせていたのでした。後に、ロレンソはこの怒りを両親に向けるようになりました。最終的には、彼の養育ができないと分かっていた人の所に、どうして自分を残していったのかという怒りを直接語りました。そのためロレンソの個人セラピーの後に行われた家族セラピーのプロセスは、ロレンソと両親の両方にとってつらく厳しいものとなりました。しかし、彼らが過去に行った選択は、当時の状況を考えると、悪意を持って行われたことではなく、肯定的な意図でなされたものだと受け入れざるを得ませんでした。ロレンソが、祖父母には養育する力がないことが父親には分かっていたはずだと非難すると、父親はすすり泣き、息子が救われることを望んで、いつも祈っていたと言いました。ロレンソは、両親に見捨てられ、それで自分以外はもう誰も信じることができなくなったという気持ちを表現することができました。ロレンソは、自分がそうするはずだったように家族と一緒に暮らし、彼の人生を奪った妹に対する非常に強い嫉妬の気持ちを表現し、激高しそうになることもありました。もし、アンナ・マリアが生まれていなければ、ずっと早くアメリカに来ることができたはずで、両親はもっと自分に関心を向けてくれたはずだと思っていました。ロレンソにはアンナ・マリアに罪はないと考えることは難しいことでした。彼は、アンナ・マリアのことを、両親の愛と子どもでいる権利という最も基本的なものを奪った存在だと感じていました。こうした家族面接は、家族それぞれが抱える激しい感情を考えると痛みを伴うものでしたが、同時に必要なものでもありました。

箱庭療法

　ロレンソは同じような理由で、プレイ・ジェノグラムをすることを拒みました。しかし、彼は箱庭療法には熱心に取り組み、彼のシナリオには強い憧れが表現されていました。最初の箱庭は弱々しく、目を引くようなものでした。ロレンソは小さなテーブルと椅子を3脚、それと父親と母親のウサギの人形、そして息子のディエゴの人形を置きました。そ

図 10.2　ロレンソの箱庭作品：愛に満ちた家族の食卓

の後、母親の近くに心臓を置き、ペンギンの親子も置きました。最後に、それを見守る天使を置き、"愛に満ちた家族の食事"と名付けました。この箱庭はロレンソが幼いときに両親が彼の元からいなくなった後に経験した、最も初期の満たされなかった欲求を示すものでした（図10.2参照）。

　ロレンソは（アセスメントや治療の間に彼が作った他のものと同様に）この箱庭にはあまりコメントしませんでしたが、彼が砂の中にこうした小さな物語を作り、自分の手で静かにそして望む場所に正確にものを配置していくとき、彼の情緒が変化しているのは明らかでした。ロレンソはミニチュアの棚にあった、3人の天使が一緒にくっついているミニチュアをとても気に入りました。彼はいつもその天使たちを砂の物語に登場させました。それはこの上なく素晴らしく、純粋な家族を表現していたのでしょう。家族が彼の支えとなっていることや、家族との表現しよう

のないようなつながりを示唆していたのかもしれません。何かがこの子の卓越したレジリエンスを引き出していたのですが、私は彼が箱庭に取り組むのを見ていると、それは彼を導き、保護してきた深いスピリチュアルな感覚ではなかろうかと思いました。

　ロレンソは、ある村で子どもたちが外で遊び、両親は家の中でテレビを観たり料理をしたりしている場面、教会や学校がある村で子どもたちが一緒に歩いて登校している場面、子どもたちが犬と遊んでおり、骨を投げると犬がそれを咥えて戻ってくる様子、などを箱庭で表現しました。それらは実に平和で、色彩豊かで、管理された場所で、おそらく彼が生きてきた場所とは全く異なるようなものでした。箱庭ではこうした物語と最初の箱庭で表現したようなテーマとが繰り返されました。

その後のアセスメントの印象

　私が妹のことについて話を取り上げる頃には、彼女に対するロレンソの態度はやや柔らかくなっていました。彼はもう妹のことを（児童保護サービスのソーシャルワーカーに言っていたように）"太ったブス"とは呼んでいませんでした。そして、母親がロレンソと話をして二度と問題は起きないと言ったにもかかわらず、その後でスクールカウンセラーに相談をした妹は正しかったということを、ロレンソは理解し始めているようでした（その後の治療でロレンソは、母親は否認してしまうところがあるのだと気付きました。ヒルダはアンナ・マリアがロレンソのことについて訴えたときだけではなく、ロレンソが祖父母と一緒に暮らしたくないと言い、アメリカに連れて行ってくれるように頼んだときにも目を背け、対応しませんでした。さらにロレンソは、自分が5歳のときから泣いてアメリカに行きたいと頼んでいたのに、ヒルダはすぐに一緒に暮らせるようになるよと繰り返すばかりだったと言いました。ロレンソが母親に対してそういった恨みも抱えていたのも無理からぬことのでした）。

　妹に対する性的虐待について話をすると、ロレンソは自分が何をやったのか、どこで、どのような順序で行動したのか説明することができま

した。彼は自分と妹を表現するためにミニチュアを使いました（興味深いことに、その2つの人形の大きさはほとんど同じ大きさでした）。ロレンソが初めてアンナ・マリアの膣に触れたのは、彼女がうっとうしく、一日中彼女に怒りを感じていた時期でした。ある夜、アンナ・マリアの部屋に入り、ゲームボーイを貸してほしいと頼みました。すると彼女は泣いて嫌がり、どこにあるか教えようとしませんでした。そのためロレンソは妹をベッドに押し倒し、彼女のヴァギナを掴み、「分け合うことを学べ」と言いました。ロレンソは初め、アンナ・マリアを掴んだだけだと言っていましたが、その後、下着を脱がして足を広げ、彼女の中に指を入れたと話しました。妹は何をされているのか気にしていないだろうし、恐怖も感じていないだろうと思っていたと言いました。その後もロレンソは、アンナ・マリアと一緒の部屋で音楽を聴いたりゲームをしたりしていると不愉快になりました。妹に触ったり、擦ったり、指を入れたりしているとき、ロレンソの体はどうなっていたか尋ねると、彼はペニスが“勃起”しており、その感覚が好きだったと答えました。ロレンソは、最初は彼女に対して怒っているとき触っていたのが、その後、触っているときにペニスにわき起こる感覚が好きになっていったと言いました。彼女を舐めることも考えていましたが、バイ菌がうつってしまうことが怖かったことと、ときどき彼が嫌いな変な匂いがしていたためしなかったということでした。ロレンソは女の子との経験はほとんどないと打ち明けてくれましたが、実際に、彼は少女に対しても大人の女性に対しても、どこか違和感と気まずさを感じていました。ただロレンソはすぐに、自分は“同性愛者”ではないと主張しました。けれども彼の経験のほとんどは男性でした。なぜなら、その相手の男性は夜の街でロレンソのような相手を探していた人たちだったからです。「体を売っている女の人はいるけど、セックスにお金を払う女の人なんて見たことないだろ？」とも説明していました。ロレンソは、自分の体の小ささを何度も話題にし、体が非常に小さいので自分のことを同性愛者だと思った人もいるだろうと話していました。彼は体の大きさにアンビバレントな

感情を抱えているように見えました。ときには自分は弱い存在なのだと人を簡単に騙せ、そういう人たちはのちに彼がいかに自立しているか分かると、とても驚いていたということを話しました。またあるときには、エルサルバドル出身の人の多くは体が小さいので、母国では自分はそれほど小さくなかったと思うとも話していました。彼の体の小ささは確かに目を引きました。そしてそのことは、ロレンソにとっては状況ごとにさまざまな意味があるようでした。

アセスメント結果

　いうまでもないことですが、ロレンソの虐待に向き合う能力や内省する力、そしていまだに満たされていない彼の発達上のニーズの特質の実態を私はとても肯定的に評価しました。さらに、ロレンソは複雑な対人関係上のトラウマや自暴自棄な気持ちを抱えていながらも、再会した愛する家族の一員になりたいという欲求を持つ、繊細で、優しい少年だと感じました。ロレンソは明らかに不適切な性行為を経験し、セックスと力、あるいはセックスと利益によって成り立っている関係性を発展させてきました。彼のような幼い子どもが、どうやって恐れや混乱の気持ちを脇に押しやりながら、性的な行為を行っていたのか、この点を明らかにすることは重要なことでしょう。また、親の指導や道徳的価値観が与えられてこなかったことも明らかでした。最後まで彼の情緒的生活、夢、憧れ、反応は全て心の奥に抑圧され、人に伝えられることはありませんでした。愛されたり、どこかに所属していたり、安全で安心できると感じるような機会は一度もありませんでした。ロレンソが経験してきたことやそれをやりこなす力は私の理解を超えており、そうした力は深いスピリチュアルなつながりから生まれた超越したものであると推測する以外に考えられませんでした。そして、ロレンソはそのつながりを言葉で言い表すことはできませんでしたが、確かに感じていました。

　一方で、アンナ・マリアへの性的虐待は攻撃的で、冷静で、ただなら

ぬものでした。多くの指標が妹に向かう攻撃性のリスクの高さを示しており、親による見守りが不可欠でした。私は、ロレンソが妹のことをどのように考えているか心配していることを彼に伝えました。彼は自分の不幸の責任を全て妹に負わせているようでしたし、彼女をもののようにみなしていました。ロレンソは、アンナ・マリアは逞しい子だと思っていたため、私が彼女を心配していることに驚いたようでした。けれども彼は、徐々に、彼女に対して感じる自分の中のネガティブな感情をどうすべきか考えていかねばならないと考えるようになりました。私は、アンナ・マリアと弟のペドロは彼ととてもよく似たきょうだいであり、彼らにはロレンソが経験した困難な子ども時代の責任はないのだと考えてみるよう励ましました。しかし、ロレンソの気持ちは固く、そのつらい気持ちは広範にわたっていたため、このことは彼と両親が一緒に行う家族セラピーのセッションで直接的に取り組むことにしました。

治療計画・目標・プロセス

ロレンソは治療を受け入れてくれたようでしたが、ときとして彼の治療の必要性は計り知れないほどのものでした。私の最初の仕事は治療目標を設定することでしたが、当面、養育的な見守りが確実に行われていることを確認するために、個人セラピーや集団セラピーを行うことにしました。個人セラピーでは以下の治療目標を設定しました。

1. 妹への性的虐待に関与している問題の探求に取り組む。特に、虐待についての認知の歪み、虐待に先立つ感情やそのときの先の見通し、攻撃的衝動や性的衝動が生じた場合の虐待的行動の代替案など。
2. 今、ロレンソがアンナ・マリアに対して感じていることや考えていることについて話し合い、彼の考えや感情を表現する方法や必要なときに助けを求める方法について計画を立てる。

第 10 章◆ロレンソのケース

3. 性的虐待をしなくて済むよう認知の修正を行い、ロレンソがナ
   ラティブを発展させることを支援する。

4. 替わりになる、安全で、年齢相応の性的な空想を発展させるこ
   とを支援する。

5. 何が性的虐待で、何が性的虐待ではないのかという観点から認
   知の歪みを検討し、ロレンソの性的知識の起源や幼い頃の体験
   を探求する。

6. 祖父に対するロレンソの感情や反応を検討する。特に、祖父が
   性行為や薬物使用をさせたことなど。

7. ロレンソが、妹、彼自身、両親の安全に関連する全ての家庭の
   ルールを理解するのを支援する。

　ロレンソとの個別の取り組みに加えて、ロレンソには仲間と一緒にグ
ループの中で性的な攻撃的行動の治療を行うバウンダリー・プロジェク
ト（第6章参照）に参加してもらうことにしました。ロレンソと両親は
それぞれのグループに参加し、今回の一連のテーマに関連する知識や気
付きの獲得を目指して取り組みました。そして、親と子どものグループ
が合流するときは、家族のメンバーがそれぞれグループで何を学んだの
か伝え合いました。バウンダリー・プロジェクトの終了時には毎回、遊
びがあり、リラックスでき、家族メンバーが肯定的なつながりを体験す
る活動をしました。

　ホセとヒルダは週に2回、このセンターにやって来ました。そのうち
1回はバウンダリー・プロジェクトのグループに参加するため、そして
もう1回はアンナ・マリアをセラピーに連れて来るためでした。ロレン
ソのセラピストでありバウンダリー・プロジェクトのセラピストでもあ
る私と、アンナ・マリアのセラピストは、ソーシャルワーカーのモニカ
と在宅支援の調整をしました。モニカはこの家族の熱心な代弁者で、彼
らを支援することを楽しんでおり、アンナ・マリアとロレンソとペドロ
に安全な環境を創造するための全ての指示に従ってくれました。

モニカの役割は、安全のためのルールが明示されているか、両親の見守りと制限の設定がきちんと行われているか、ロレンソとアンナ・マリアが一緒に過ごしているのは見守りがなされているときだけか、という決まりを間違いなく実行させることでした。ロレンソは、アンナ・マリアに対する否定的な気持ちを処理できるまで、彼女を一時的に避けることを学びました。一方、アンナ・マリアはロレンソがなぜいつも彼女に対して怒っているのかよく分かっていなかったため、彼女を避けるロレンソを探し続けていました。

（バウンダリー・プロジェクトの後に行われる）家族セラピーの治療目標は以下のものを設定しました。

1. 長年にわたって表現されることのなかった全ての家族のメンバーの、深く、激しい気持ちを検討する。
2. 両親がロレンソを祖父母の所に置いてアメリカに渡る決断をしたことについて説明をする。
3. 攻撃的な言葉を用いないコミュケーションを増やす。
4. ロレンソの妹への性的虐待を踏まえ、両親が制限を設定する。そして、ロレンソを犠牲にしたことや彼が犠牲にしてきた行動と経験の両方について認める。
5. ロレンソが家族に歓迎されていること、制限が明確で一貫していること、家族全員の安全が保たれていること、家族の力動が開かれており秘密を持たなくても良い状態にあることを保証するために、全体的に再構成する。

やがて、治療者たちはロレンソに気に入られ、彼から“僕の仲間（mi gente)”と呼ばれるようになりました。彼はもともと私が彼と母親のために設けたセラプレイ（Booth & Jernberg, 2010）の時間を特に好んでいました。最終的には彼と父親とでも行いました。関係性の問題に焦点化した家族セラピーのセッションが終結するまで、アタッチメントに基づ

いた介入を行うことはできませんでした。このような家族セラピーセッションにおける言葉と表現のアプローチの組み合わせによって、家族がお互いに受け入れやすくなっていったのだと考えられます。

まとめと結論

11歳のロレンソは、6歳の妹アンナ・マリアに対する過去6ヶ月にわたる性的虐待を理由に、このセンターに紹介されてきました。虐待したときの彼の年齢や、彼が被害者であるアンナ・マリアの養育者ではなかったことから、彼は家に残ることを許されました。しかし、家族は子どもの安全を確保し、家族内の性的虐待の再発を防ぐために必要な治療的サービスを受けることになりました。

ロレンソは紹介される6ヶ月前に彼の家族によってアメリカに連れて来られました。彼は親しみのあるもの全てを奪われました。ロレンソはずっとエルサルバドルを離れて家族と一緒に暮らしたいと思っていましたが、その頃彼は安定してお金を稼ぐ方法を確立しつつあったので、家族と一緒になるタイミングについてはアンビバレントな感情を抱いていました。特にアメリカに着いた後、両親が自分ではなく別の2人の子どもと暮らしていたことを知ると、その環境に適応することがたいへん困難に感じられました。ロレンソは2歳の弟ペドロに対しては養育的な行動を見せるようになっていきましたが、両親の注目を彼から奪い、英語を話し、幸せに暮らしてきたように見える妹に対しては反射的に嫌悪感を持ったようでした。ロレンソは、ずっと望んできた人生と両親の愛を奪ったアンナ・マリアに対して、すぐに、そして強く嫉妬しました。そうした激しい攻撃的な感情は性的な行動化と合わさり、そのことによって妹が傷つくことを省みず、虐待するに至りました。

ロレンソは深刻なネグレクト、身体的虐待、性的虐待を経験していました。さらには、彼の養育者であった祖父は、ドラッグを買ったりギャンブルをしたりするためのお金を手に入れるため、ロレンソを売り物に

していました。ロレンソは荒廃した、管理されないばらばらの養育しか受けておらず、学校にさえ行かせてもらったことがありませんでした。彼はよくお腹を空かせており、5歳になってからは電話で両親にアメリカに行きたいと懇願するようになりました。両親がなぜ自分を置いていったのか、養育を放棄されていると苦しさを訴えたときになぜアメリカに呼んでくれなかったのかという彼の困惑は、時間と共に大きくなっていきました。当然ともいえることですが、ロレンソは両親へのアンビバレントな感情を募らせ、最終的に自分には目もくれず、彼が手に入れるはずだった生活をきょうだいに与えていた責任を両親に負わせようとしました。

　ロレンソの家族はこのセンターに絶望の中でやって来ました。児童保護サービスから紹介されたとき、ロレンソが刑事司法制度によって処罰される恐れや、最悪エルサルバドルに追放される恐れを強く抱いていました。治療に対する家族の取り組みは決して良いものではなかったので、辛抱強く、穏やかに彼らを導き、支援することが私たちに課せられた重要な責任でした。そのため彼らは私たちを事を荒だてないようになだめるべき専門家としてではなく、頼ることができるものとして見ることができたのでしょう。

　彼らの状況はクリニックのスタッフにとって決して珍しいものではありませんでした。われわれはよく自分と子どもの生活のために多くを犠牲にしてきたヒスパニック系の移民の家族の支援に関わります。多くの場合、両親は子どもたちを信頼できる親族に任せて、アメリカに大きな希望を持ってやってきます。両親がアメリカに着いてから、子どもに送る十分な資金が貯まるまでには長い時間がかかります。幼い子どもたちの多くが、新たな国で両親と再び暮らすことができるようになることを願いながら、それまでは両親との交流がほとんどない中で育っていきます。親側の状況を見ると、不法な滞在のために得られる仕事は限られていますし、激しい競争があります。また、生活費の高騰のため経済的に安定することは非常に困難な挑戦です。ゆっくりと、しかし確実に、親

第 10 章◆ロレンソのケース

は複数の仕事をし、短い睡眠時間の中で可能な限り働くことになるようです。さらに、アメリカで新たに子どもを授かることも多く、こうした子どもたちは母国で暮らす年上のきょうだいとは異なった生活を送ることになります。両親がついに子どもを呼び寄せるお金が準備できたとき、母国に残って暮らしていた子どもたちは、それまでに数え切れないほどの異なる経験を重ねており、アメリカにやって来たその子どもは、両親にとってはあたかも見知らぬ人間として映るのです。新しくやって来た移民の子どもはその直後から、異なる言葉や習慣にカルチャーショックを受け、孤独や前いた国に対する恋しさを感じるようになり、降りかかる新しい期待と要求に圧倒されてしまいます。

　ロレンソのケースでは、家族は提供された援助を十分に受け入れました。彼らはアンナ・マリアとロレンソの双方のニーズに対応するための情報を始めとした、加害者と被害者に対する支援を受けました。加えて、子どもの安全に関する理解や環境設定を行うために、計画された在宅支援と並行して家族セラピーも実施しました。アセスメントを踏まえて構造化されたアプローチにより、両親は彼ら全ての子どもの安全を回復することが可能になりました。つまりそれは、家族全員が、それまでに家族の中にあった感情的な関係性を理解し、新しいコミュニケーションのパタンを構築し、互いの関係を強化することが可能になったことを意味します。

　個人セラピーやその後に行う家族セラピーに加え、性的問題行動を抱える子どもとのバウンダリー・プロジェクトでは、親と子どもがそれぞれ参加したグループセッションの内容と調和する包括的なプログラムが提供されました。そのことでこの家族には大きな変化が生まれ、健康と保護の風土が醸成されました。

　性的問題行動を抱える子どもは家族の文脈の中で理解される必要があり、治療は家族と一緒に受けることが不可欠です。ロレンソのケースでは、家族の文化的背景、移民、異文化への適応、虐待への耐性などを探求し理解していくことが必要でした。家族セラピーの場面で、虐待が起

きることが予測されたにもかかわらず、なぜ自分を置いて行ってしまったのかと尋ねるロレンソと父親が対峙したとき、父親のホセは涙を流して泣きながら、「どうしていいか分からなかったんだ。他にどうしたらいいか分からなかった。お前は強くなると思ったんだ。俺がそうだったように、お前も乗り越えられると思ったんだ」と言いました。ロレンソには、父親が他の選択肢はなかったとただ信じていたという事実を受け入れることが難しく、彼が父親を許すには時間がかかりました。同時に、ロレンソは非常に高いレジリエンスを持ち、力がある子どもだったため、個人セラピーのセッションではこちらの投げかけや関わりには良い反応を示しました。さらに、初期には実施困難だと思われましたが、トラウマに焦点化した治療も行い、ロレンソが虐待体験を標準化（normalization）していけるよう援助しました。ロレンソは幼いときの虐待については多くの認知の歪みを生み出し、自分が被った痛みには目を逸らしていました。また、ロレンソは自分がつらくても前に進むために感情を隔離させる能力や防御戦略を持っているということを理解するのには時間がかかりました。われわれは彼が経験してきた売春についても話をしました。私は当時彼が自分の人生に対する力とコントロールを取り戻そうとしていたことを理解しましたが、経済的自由を得るための交渉術として自分のセクシュアリティに価値を置くことをどのように学んでいったのかを尋ねました。ロレンソは、セックスは人を動かし支配することができる方法だ、"性行為"という概念と愛情や優しさという概念は自分がしてきた経験からはそう遠くない、と主張しました。

　ロレンソにとっての困難は性的な問題を検討することだけではありませんでした。ロレンソが両親と情緒的つながりを持とうとするのを見ていると心が痛みました。しかし、彼らを見ていると、両親とロレンソが経験することができなかった子ども時代の遊び、養育の経験や親子のアタッチメントの経験を提供する表現療法など、治療的な活動に参加することはとても満足できることのようでした。こうした治療の構成要素は、痛みを伴う直面化、部分的・全面的な許し、家族関係の回復を可能にす

第 10 章◆ロレンソのケース

る基盤となりました。ロレンソと家族が治療に訪れるきっかけとなった
性的な問題行動に対して、直接的で一貫した介入は効果的で、家族は保
護と結びつきのバランスをとるための取り組みを懸命に行いました。

　先述した通り、私は、ロレンソが深いスピリチュアリティを持ってい
るゆえに、新たに信頼を築く能力とレジリエンスがあるのだろうと感じ
ていました。私がロレンソを理解するにしたがって、そして彼が治療に
信頼を寄せるようになるにしたがって、彼は養育的な注目と熱心なサ
ポートに対する反応が活発になっていったようでした。ロレンソは自分
自身をよく表現しました。芸術療法や箱庭療法は深まりを見せ、新しい
可能性に開かれた彼の能力は目覚ましいものがありました。これまでロ
レンソのような印象を抱いた子どもはほとんどいませんでした。残念な
がら、ヒルダは家族を失うかもしれないことや、夫の怒りを買ってしま
うかもしれないことを恐れて、アンナ・マリアの本当の父親についての
秘密を打ち明けることはできませんでした。しかし、彼女は家族内の秘
密は有益ではなく、開示する方法もあることを学んだので、秘密を打ち
明けることについては今後も考え続けていくことを約束しました。

　アンナ・マリアはロレンソから虐待を受けたことを母親に知らせ、そ
の母親は「私が何とかする」と言いながら何もしなかったため、自らス
クールカウンセラーの所に相談に行きました。彼女もまた高いレジリエ
ンスを持っていることが明らかでした。アンナ・マリアも兄に対するア
ンビバレントな感情に苦しんでおり、虐待が及ぼす影響を理解していく
手助けを必要としていました。ロレンソに対して行われたものと同じよ
うな、並行して実施されたアンナ・マリアに対する個人セラピーも効果
的でした。同時面接のセッションでは、ロレンソはアンナ・マリアに向
けた性的な攻撃性について謝罪し、アンナ・マリアは虐待されたことに
よる怒りと悲しみを表現することができるようになっていきました。こ
のきょうだいが仲の良い友達のようになったとはいえませんが、お互い
を尊重し合う関係を発展させることはできたといえるでしょう。

シート 10.1

きょうだい間における性的な接触：
通常の性的な遊びと問題行動の境界

　子どもは多様な性的行動を示し、それは成長と共に増加することが研究によって明らかにされています。そうした研究では、複数の子ども（きょうだい）がいる家族においては特に、正常な性的好奇心や性的な実験が一定程度生じうることも示されています。こういった知見もあり、近年では子どもの性的行動について、何が正常で何が正常ではないのかを見極めやすくなっているといえます。

　きょうだい間の性的接触を始めとした全ての状況はその家庭固有のものであり、個別に評価していく必要があります。単に主観的な方法を用いるだけではなく、以下の重要な問いを考慮した包括的な評価をする必要があります。

1.　性的接触をしている子どもたちの年齢差はどの程度か？

　通常、正常な性的遊びは 2 歳の年齢幅にある子どもの間で起こります。つまり、年齢差が 2 歳以内の子ども同士の性的な遊びは一般的なものだということです。3、4 歳以上など年齢幅が 2 歳よりも大きい場合、子どもたちは同じ発達段階にあるとは考えられず、性的な問題について同じだけの知識や興味を持っているわけではないと推測されます。

2.　関係する子どもたちの発達的な差はどの程度か？

　子どもたちは同じような生活年齢であっても、発達的には明らかな差

Eliana Gil and Jennifer A. Shaw（2013）Copyright by The Guilford Press. この本を購入された方が個人的な目的で使用する場合にのみコピーが可能です。購入者は www.guilford.com/p/gil9 から拡大できるデータをダウンロードすることができます〔日本語版は www.akashi.co.jp/files/books/4918/4918_sheet.pdf〕。

第 10 章◆ロレンソのケース

が見られることがあります。したがって、アセスメントは常に、子ども間の発達的な差異（発達面・社会性の遅れなど）を考慮したものである必要があります。

3. 関係する子どもの背格好や立場の差はどの程度か？

　生活年齢や発達の問題に加えて、背格好や立場も重要な問題です。2人の子どもが同じ年齢だったとしても、ある子どもがもう片方の子どもを見下ろすほど大きければ、大きい方の子どもがより腕力と支配力を持っているという見方ができます。一般的に性的虐待は力と支配の要素を含んでいるため、背格好や立場の差異も性的な問題行動に関係しているといえます。同様に、（例えば、親の留守中に他の子の世話をするよう頼まれた子どもなど）有利な地位を与えられた子どももまた、同等とはいえない力の恩恵を受けていることになります。

4. 子どもの発達段階に応じた性的活動のタイプであるか？

　アセスメントにおけるこの問いは、子どもたちが行う性的活動のタイプに関連するものです。性的な好奇心、実験、行動は年齢や経験と共に増加することが研究によって示されています。例えば、4歳の女の子が口腔性交や肛門性交についての知識を持っていたり、他者とそうした行動をしたりするとは考えられません。そうした行動が発達的な文脈を超えて見られる場合、その子どもはポルノなどの過度に刺激的なことを見たり聞いたり、経験していたり、露骨な性的情報に曝されている可能性もあります。したがって、さまざまな年齢や発達段階の子どもにおける正常な性的活動の背景を評価することは常に重要なことです。

5. 強制、脅し、金銭やもののやり取りがあるか？

　性的なことについて試してみる通常の行為は、笑い、脱抑制、遊びを含んでおり、ある程度秘密にやっている感じがするのが一般的です。しかし、性的虐待では、一方の子どもが緊張、怒り、強制的、操作的に見

えるでしょう。微妙に強制したり、友達をやめるぞと言ったり、他の人にバラすと脅したり、否定的な結果を招くことについて脅したり、あるいは金銭的、情緒的な報酬を用いたりして命令に応じさせることもあります。子どもたちが相手の子を従わせるために露骨に強要したり、強く説得したりすることも時折ありますが、その場合は強制させられた自身の経験の表れである可能性もあります。

6. 子どもの動機は何か？

　先述した通り"相互に"行われているように見える状況はそうでないこともあります。通常1人の子どもが行為を開始しますが、その子は何らかの動機があったはずです。性的行動が完全に好奇心に基づいてなされており、その好奇心がすぐに満たされるような子どもたちもいるでしょう。一方、大きな空想にふけるような生活や性的なことへの行き過ぎた関心から性的行動を行う子どもたちもいるでしょう。2人が同じ行為をしていても、その意味はそれぞれ異なることもあります。したがって、その子どもの性的行動の根底にある動機をしっかりと理解しておくことが重要です。

7. 一方の子がもう一方の子を人目に付かない所へ引き離そうとしていないか？

　ある子どもが他の人の目の届かない所で別の子どもに対する性的行動を始めた場合、それはより深刻な事態であることを意味します。子どもの性的成熟、情緒の豊かさ、その他社会的な相互作用の発達から見た性的行動における動機づけやその実行の特異的な性質に気付くことが重要です。例えば、子どもたちはときどき、怒りなど情動調整機能が未熟だったり、社会的な親密さを持つ力が不足していたりします。もし、こうした要因が性的行為をしようという際に他者の目を避けようとする関心と結びついている場合、それは虐待的なパタンが存在する危険信号となります。

第 10 章◆ロレンソのケース

　先ほど述べたように、性的活動をしている 2 人の子どもがいてもその 2 人は全く異なった経験を持ちえます。こうした個人差を正確に評価することが重要です。誘われて性的接触を持とうとしている子どもの中には、興味本位で、恐怖心のため、あるいは "おもしろいやつ" や "格好いい" と思われたいがために応じることもあるでしょう、または、単純に断りにくいと感じているだけの子どももいるでしょう。外見上子どもが同意しているかそうでないかにかかわらず、その同意が痛み、妥協、恥ずかしさ、その他の困難さを伴うものとして経験されていないかどうかを見極めることが必要です。注意を引いたり、愛情を求めたり、あるいはその活動から得られる情緒的な報酬を求めようとして、性的な接触に同意しているように見える場合もあるでしょう。

あとがき

　私（Gil）が1992年に（ジョンソン博士：Toni Cavanagh Johnsonと）初めて性的問題を抱える子どもについて本を刊行したことは今でも信じられません。当時はジョンソン博士のもの以外ほとんど研究論文が発表されていませんでした。ただ、キー・マクファーレン（Kee MacFarlane）とキャロライン・カニンガム（Carolyn Cunningham）はそのような中、『健全なタッチへの12ステップ』という本を出版し、この問題に注目し続けていました（第2版は『健全なタッチへのステップ（MacFarlane & Cunningham, 2003)』というシンプルな表題になっています）。私の記憶が正しければ、マクファーレンは"性的に反応している子ども（sexually reactive children)"という言葉を生み出した人物です。著書の中で彼女は、「性的問題行動は子どもが耐えてきた経験の反応として生じることもある」と述べています。彼女のこの表現には、性的に行動化しうる幼い子どもたちの感受性がしっかりと考慮されていると思います。しかもこの感受性という視点は必要なことでもありました。というのも、当時治療というものは、被害児の支援か加害児の支援かという二分法しかなかったからです。現在では初期のそのような両極端な見方は少なくなっていますが、それでもこの両方の領域にわたって支援をしているメンタルヘルスの専門家はいまだ滅多にいません。

　被害児の援助を行っている専門家が、加害もした子どもの紹介を受けるようになってきた頃、その反応はさまざまでした。たいていは、性的問題行動をとった子どもは被害児の治療プログラムに加わるべきではないとか、出て行くべきだなどの考えでした。この領域の初期の頃は、特に幼い子どもが示すこういった行動は、治療者にとって実に悩ましい困難を突き付けられるものでしたし、どう対応すべきか彼らを戸惑わせま

した。今日ですら、性的問題行動を抱える子どもに対する専門的支援は不足しているのが現状です。

　初期段階では、治療者は他者に対して攻撃的な性的行動化を行った幼い子どものための適切な介入法が、どこから入手できるのか分からず困っていました。その後、この領域は過去25年間で事態は劇的に改善され、以前とは顕著な違いがあるといえます。けれども、実際はそのように感じられないのです。このテーマはいまだ複雑で困難が伴うものです。さらには、大きな誤解もされたままです。保護者は自分の子どもが行う不快な行動を無視し続けるか、大慌てし早まって治療を求めるかどちらかです。子どもたちの行動をまず自分たちで理解しようとか、修正しようなどの相応の努力をすることがないのです。

　一般的なセクシュアリティ、特に幼少期のセクシュアリティの領域は、内々であいまいにされたり誤った情報が出回ったりし続けているのが現状です。保護者向けの幼少期のセクシュアリティに関する情報がますます入手しやすくなっている（本書の巻末の参考情報など）にもかかわらず、保護者は自分の子どもの正常な性的発達に対して、自信を持って明確に対応することは難しいようです。まして、性的問題行動が生じているような場合はなおさらです。

　同様に、過去20年でこのテーマに関するより専門的な書籍が出版されています。そこでは研究による、より効果的な介入法について示されています。性加害者治療学会（The Association for the Treatment of Sexual Abusers：ATSA）の特別調査委員会は性的問題行動を抱える子どもと青年に関する入手可能な情報をまとめましたが、その報告内容は本書の中でも広く引用しています（Chaffin et al., 2006）。この報告書はこのテーマに関してこれまでで最も啓発的で信頼の置けるものだと思われます。

　子どもの性的問題行動に対する私（Gil）の臨床的関心は、児童虐待の防止と治療を行ってきた40年間の専門家としてのキャリアの間じゅうずっと続いています。私は担当している子どもや家族のより良い援助に

あとがき

ついて学ぼうと努力し続けており、このライフワークを誇りに思っています。私の仕事は概してやりがいがあり、時間と共に経験が積み重ねられ、そのことによってまた進むべき方向が見えてくるため、かつては圧倒されていたような困難も、現在ではどうにかこなしていけるだろうと感じています。加えて、多くの治療者は、正規の教育で等しく学び、その後も勉強を続け、そして現場で学んでいきます。私も全く同じです！私は危機のさなかにある数百の家族に出会う機会がありました。自分の子どもが他の子を傷つけたことを最近発見した保護者や、片方の子どもを守りたいという気持ちと、もう片方の子どもを厳しく叱って罰したいという気持ちに自らが引き裂かれるような思いでいる保護者など。私の経験では、保護者がきょうだい間での近親姦に直面し、愛する2人（あるいはそれ以上）の子どもに対して抱く激しい感情を乗り越えなければならない痛みほどつらいものはないと思います。絶望、怒り、裏切り、恐怖、罪悪感、恥といった感情は、性的問題行動を抱える子どもと家族に対して行うこの仕事ではいたるところで遭遇します。

　私の現時点までの経験からは、治療に関わるこれらの問題は十分に安心してよいものだと理解しています。こういったケースを取り扱う方法が、完全に構造化された緻密な計画として完成しているわけではありませんが、たいていはうまく進む介入の方向性はできていると思います。私は、事態は良くなるだろうと信じているので、保護者には誠実に保証をしていくことができると思います。実際、治療に来ると驚くほど前進していく家族を見てきましたし、この楽観は共有できると思います。時間と共に彼らの険しい表情は柔らかくなっていくと自信を持って言えます。ですから子どもがアンビバレントな気持ちであろうと気後れしていようと、内にこもっていようと激しい怒りを抱えていようと、彼らと取り組んでいくことにもはや恐れもためらいもありません。セラピーのプロセスは役に立ちうるし実際立っていると信頼しています。また、先人たちも家族に役立つと見出してきたこのようなサービスを提供していることにも自信を持っています。

けれども世界は私が子どもの頃に知っていたものとももはや違うものになっていますし、孫たちが直面することになることも私が理解してきたものとは異なる、これまでになかった困難となるでしょう。中には生活をよりワクワクさせるような素晴らしい変化もあるでしょうし、中には深刻な懸念を抱くような手ごわい難題がのしかかる変化もあるでしょう。

第3章で詳しく述べたように、マスメディアはより幼い子どもたちを性愛化していますし、幼い子どもたちは明らかに巨大なセックス産業の構想のターゲットにされています。セクシュアリティはものを売るために使われていますし、子どもたちはかつてないほど露骨な情報がすぐ手の届く所にある状態に曝されています。私が子どもの頃は、兄と私は『ナショナルジオグラフィック』誌（National Geographic）で時折載っている裸を見ることを楽しみにしていました。今日では、純粋にそれだけが示されている露骨な情報がさまざまな情報源から発せられています。そのひどく刺激的な情報にはただただ驚くばかりです。幼い子どもたちは従来にも増して、性的な情報にアクセスするより多くの方法を持っています。その情報の中には印刷物ではなくて"生放送"のものもあり、それらの中には明らかな暴力行為を始め、幼い子どもと大人とが性的な活動をしているものなど、数多くの情報が流されています。

このような露骨な性情報が大量に流れる時代や、子どもたちがそれらに簡単にアクセスすることのできる時代が到来することなど、誰も予想していなかったことだと思います。私は、性的な印刷物や動画を閲覧することとそれらを行動化することに直線的な因果関係があると主張したいわけではありません。そうではなく、多くの幼い子どもは性的活動に魅了されうるだろうし、彼らが目にしたものに対する身体的・情緒的反応を理解できないだろう、そのような子どもたちは見ているものを適切に評価してくれる大人の導きがないのだろうと思うのです。そしてそうです、中にはそのような圧倒されるような情報に曝されたからこそ、これまでやるはずのなかったやり方で実験を始める子どもも出てくるで

あとがき

しょう。

　この本を執筆している間に、コネチカット州ニュータウンで悲劇が起こりました。この無差別殺人によって、誰もが息をのみ、衝撃と深い悲しみ、そして恐怖を覚えました。この悲劇は、われわれが侵されることのないよう守っていた安全感に入り込み、深い反省を引き起こしました。27名の死者を出したサンディフック小学校での銃乱射事件について、個人的感情を超えた多くの議論がなされました。そこには常に、理解不能な事態に対するただ1つの原因を探したくなる誘惑が立ち現れます。けれども、理解することが困難な複雑な事態に、ただ1つの説明など決して存在しないのです。ニュータウン事件はそのことの1つの例なのです。ですから、本書は、なぜ子どもが他者に対して性的に攻撃的になったり、その他の性的問題行動を発展させたりするのか、こういったことに対してもっともらしい説明を行おうと試みてはいるのですが、われわれは常により大きな全体像に目を向ける必要がありますし、どのようなタイプの問題であれ、それらに影響する可能性のある全ての変数を考えていかねばならないのです。

　ただ、この新しい世界で生きていく上での困難はあれど、メンタルヘルスの専門家の実践が興味深い時代でもあることを否定するものではありません。入手できる情報は増えていますし、専門家たちもより効果的な治療結果につながるよう、学ぶ機会にますますエネルギーを注ぐようになっています。セラピーの方向性や特定の目標の発展に寄与するような実践とエビデンスに基づいたプログラムは増え続けています。また、理論、技術、アプローチはたくさんある一方で、私は教わることのできないあることを重要視しています。それは、クライエントに対し一生懸命関わろうという熱意、安定して見通しの持てる関係性の中でクライエントを支えること、そして、目標を達成し事態を改善しようと困難に対して努力している子ども（と保護者）の力を信頼することです。

リソース

保護者向け推薦図書*

Haffner, D. W. (1999). *From diapers to dating: A parent's guide to raising sexually healthy children*. New York: Newmarket Press.

　この書籍には、保護者が学童期や思春期の子どもたちの性的なことがらに対処する際に頼れる実践的な助言と指針が多く記載されています。価値観に関するエクササイズも紹介されており、保護者が自分の性に関する価値観を見つめ、それを子どもと共有することを推奨しています。

Haffner, D. W. (2008). *Beyond the big talk: A parent's guide to raising sexually healthy teens*. New York: Newmarket Press.

　この書籍には、保護者が青年期の性的な問題について取り組む際に役立つ情報が記載されています。中学校（中学1・2年生）、中学校から高校にかけて（中学3年生から高校1年生）、高校の後半（高校2・3年生）、それ以降（19歳以降）の各年齢層特有の情報が述べられています。

Haffner, D. W. (2008). *What every 21st-century parent needs to know: Facing today's challenges with wisdom and heart*. New York: Newmarket Press.

　この書籍には、性に関する神話の誤り、心配に思われがちなことの検証、そして保護者が子どもの安全と健康を守るための方法について述べられています。安全と健康については、子どもたちを取り巻く実際の環境がいかにそうではないかが示されています。著者は21世紀ならではの保護者の心配事、ストレス、自尊心、飲酒、達成感、ドラッグ、インターネットの安全性、スマホ、SNS、うつ、運動、栄養、いじめ、信念、禁欲、セックスといったテーマについて、良い面悪い面両方のニュースを取り扱っています。

Johnson, T. C. (1999). *Understanding your child's sexual behavior: What's natural and healthy*. Oakland, CA: New Harbinger.

　この書籍には、0～12歳の子どもの、健全・不健全な性的行動について記述されています。それらの行動を特定し、理解し、対応するための情報が、保護者と専門家に向けて述べられています。

Levkoff, L. (2007). *Third base ain't what it used to be: What your kids are learning*

---

* アメリカ性情報・性教育評議会（SIECUS）提供

about sex today — and how to teach them to become sexually healthy adults. New York: New American Library.

この書籍には、セクシュアリティに関する子どもの質問にどう答えるべきか、まずはどのような話題から子どもとやり取りすべきだろうかと奮闘している保護者に対して、わかりやすい表現で助言が提示されています。著者は、ジェンダーに関することがら、ボディイメージ、性的指向性といったものから、エイズや妊娠中絶といった話題まで、それらを話し合う際の指針について述べています。

Richardson, J., & Schuster, M. A. (2003). *Everything you never wanted your kids to know about sex (but were afraid they'd ask): The secrets to surviving your child's sexual development from birth to the teens*. New York: Crown.

この書籍は全ての年代の子どもに関することがらについて保護者向けに書かれたものです。幼少期からの段階的な性的発達について述べられており、それぞれの段階における問題と、それらを子どもとどのように話し合っていくべきかが紹介されています。著者は、例えば「10代でのセックスは構わない」から「結婚まで待つべきだ」まで幅広い価値観を提供し、それらへの助言を、学術研究と実際の保護者らの経験（何がうまくいって何がうまくいかなかったなど）とを用いて裏づけています。

Roffman, D. M. (2002). *But how'd I get in there in the first place?: Talking to your young child about sex*. Cambridge, MA: Perseus.

この書籍は、3歳から6歳までの子どもの保護者に向けて、セクシュアリティ、受胎や出産といったことがらを子どもに話し始めるにあたっての手助けとなることを目的としています。著者は、セクシュアリティのテーマに関する子どもの疑問は、3つの明確なカテゴリーに分けられることを知っておくことが重要であると述べています。

Roffman, D. M. (2001). *Sex and sensibility: The thinking parent's guide to talking sense about sex*. Cambridge, MA: Perseus.

この書籍は、子どもとセクシュアリティについてコミュニケーションをとる際の方法を、保護者がさまざまに発想できることを目指して書かれています。また、実際に子どもが投げかけてくると思われる質問を解釈し、それに答える方法、そして起こりうる状況に対処する際に役立つことが述べられています。

Schwartz, P., & Cappello, D. (2000). *Ten talks parents must have with their children about sex and character*. New York: Hyperion.

この書籍は、小学4年生から高校3年生までの子どもについて、保護者が彼らとセクシュアリティや人格の形成について対話をする際に役立つ情報が記載されています。安全、性格、仲間からのプレッシャー、倫理、インターネット、メディアなどのテーマが取り上げられています。

リソース

Schwier, K. M., & Hingsburger, D. (2000). *Sexuality: Your sons and daughters with intellectual disabilities*. Baltimore: Brookes.

この書籍には、保護者が自分の子どもたちと（年齢や能力がどのようなものであれ）、コミュニケーションをする際に、自尊心を高め、適切な行動を促進し、不正を見分け対処できるようにし、生涯にわたる関係性を構築するための、情報、助言、実用的な方略が示されています。

専門機関

American Art Therapy Association (AATA)
4875 Eisenhower Avenue, Suite 240
Alexandria, VA 22304
888-290-0878
www.arttherapy.org

Association for Play Therapy (APT)
3198 Willow Avenue, Suite 110
Clovis, CA 93612-4716
559-294-2128
www.a4pt.org

Sandplay Therapists of America (STA)
P.O. Box 4847
Walnut Creek, CA 94596
925-820-2109
www.sandplay.org

専門家向け推奨文献

American Academy of Pediatrics. (2005). *Sexual behaviors in children*. Elk Grove Village, IL: Author.

Araji, S. K. (1997). *Sexually aggressive children: Coming to understand them*. Thousand Oaks, CA: Sage.

Carpentier, M. Y., Silovsky, J. F., & Chaffin, M. (2006). Randomized trial of treatment for children with sexual behavior problems: Tenyear follow-up. *Journal of Consulting and Clinical Psychology*, 74(3), 482–488.

Chaffin, M., Berliner, L., Block, R., Johnson, T. C., Friedrich, W., Louis, D. G., et al. (2006). *Report of the Task Force on Children with Sexual Behavior Problems*. Beaverton, OR: Association for the Treatment of Sexual Abusers. Retrieved from www.atsa.com/atsacsb-task-force-report.

Friedrich, W. N. (2002). *Psychological assessment of sexually abused children and their families.* Thousand Oaks, CA: Sage.

Friedrich, W. N. (2007). *Children with sexual behavior problems: Family- based, attachment-focused therapy.* New York: Norton.

Friedrich, W. N., Fisher, J., Broughton, D., Houston, M., & Shafran, C. R. (1998). Normative sexual behavior in children: A contemporary sample. *Pediatrics,* 101(4), E9.

Gil, E., & Johnson, T. C. (1993). *Sexualized children: Assessment and treatment of sexualized children and children who molest.* Royal Oak, MI: Self-Esteem Shop.

Hagan, J. F., Shaw, J. S., & Duncan, P. (Eds.). (2008). Theme 8: Promoting healthy sexual development and sexuality. In *Bright futures: Guidelines for health supervision of infants, children, and adolescents* (3rd ed., pp. 169–176). Elk Grove Village, IL: American Academy of Pediatrics.

Pithers, W. D., Gray, A., Busconi, A., & Houchens, P. (1998). Children with sexual behavior problems: Identification of five distinct child types and related treatment considerations. *Child Maltreatment,* 3(4), 384–406.

Silvosky, J. F., & Niec, L. (2002). Characteristics of young children with sexual behavior problems: A pilot study. *Child Maltreatment,* 7, 187–197.

参考文献

Abramson, E., & Valene, P. (1991). Media use, dietary restraint, bulimia, and attitudes towards obesity: A preliminary study. *British Review of Bulimia and Anorexia Nervosa*, 5, 73–76.

Achenbach, T. M., & Rescorla, L. A. (2000). *Manual for the ASEBA Preschool Forms & Profiles*. Burlington: University of Vermont, Research Center for Children, Youth & Families.

Achenbach, T. M., & Rescorla, L. A. (2001). *Manual for the ASEBA School-Age Forms & Profiles*. Burlington: University of Vermont, Research Center for Children, Youth & Families.

Ainsworth, M. D. S., Blehar, M. C., Waters, E., & Wall, S. (1978). *Patterns of attachment: A psychological study of the strange situation*. Hillsdale, NJ: Erlbaum.

American Academy of Child and Adolescent Psychiatry. (1997). Practice parameters for the forensic evaluation of children and adolescents who may have been physically or sexually abused. *Journal of the American Academy of Child and Adolescent Psychiatry*, 36, 423–442.

American Academy of Pediatrics. (2005). *Sexual behaviors in children*. Elk Grove Village, IL: Author.

American Psychological Association (APA) Task Force on the Sexualization of Girls. (2007, February 19). Executive summary. Retrieved from www.apa.org/pi/women/programs/girls/report.

Araji, S. K. (1997). *Sexually aggressive children: Coming to understand them*. Thousand Oaks, CA: Sage.

Bakermans-Kranenburg, M. J., van IJzendoorn, M. H., & Juffer, F. (2003). Less is more: Meta-analyses of sensitivity and attachment interventions in early childhood. *Psychological Bulletin*, 129(2), 195–215.

Barkley, R. A., & Benton, C. M. (2013). *Your defiant child: Eight steps to better behavior* (2nd ed.). New York: Guilford Press.

Blaustein, M. E., & Kinniburgh, K. M. (2010). *Treating traumatic stress in children and adolescents: How to foster resilience through attachment, self-regulation, and competency*. New York: Guilford Press.

Bonner, B. L., & Fahey, W. E. (1998). Children with aggressive sexual behavior. In A. S. Bellack & M. Hersen (Series Eds.) & N. N. Singh & A .S. W. Winton (Vol. Eds.), *Comprehensive clinical psychology: Vol. 9. Clinical psychology: Special populations* (pp. 453–466). Oxford, UK: Elsevier.

Bonner, B. L., Walker, C. E., & Berliner, L. (1999). *Children with sexual behavior problems: Assessment and treatment* (Final Report, Grant No. 90-CA-1469). Washington, DC: U.S. Department of Health and Human Services, National Clearinghouse on Child Abuse and Neglect.

Booth, P. B., & Jernberg, A. M. (2010). *Theraplay: Helping parents and children build better relationships through attachment-based play* (3rd ed.). San Francisco: Jossey-Bass.

Bowlby, J. (1988). On knowing what you are not supposed to know and feeling what you are not supposed to feel. In J. Bowlby (Ed.), *A secure base: Parent–child attachments and healthy human development* (pp. 99–118). New York: Basic Books.〔二木武監訳（1993）『ボウルビィ 母と子のアタッチメント――心の安全基地』医歯薬出版〕

Brestan, E. V., & Eyberg, S. M. (1998). Effective psychosocial treatments for children and adolescents with disruptive behavior disorders: 29 years, 82 studies, and 5272 kids. *Journal of Clinical Child Psychology, 27,* 179–188.

Briere, J. (1996). *Trauma Symptom Checklist for Children: Professional manual.* Lutz, FL: Psychological Assessment Resources.

Briere, J. (2005). *Trauma Symptom Checklist for Young Children: Professional manual.* Lutz, FL: Psychological Assessment Resources.

Brotto, L., Heiman, J., & Tolman, D. (2009). Narratives of desire in mid-age women with and without arousal difficulties. *Journal of Sex Research, 46*(5), 387–398.

Calvert, S. (2008). Children as consumers: Advertising and marketing. *The Future of Children, 18*(1), 205–234.

Carey, L. (1999). *Sandplay therapy with children and families.* Northvale, NJ: Aronson.

Chaffin, M., Berliner, L., Block, R., Johnson, T. C., Friedrich, W., Louis, D. G., et al. (2006). *Report of the Task Force on Children with Sexual Behavior Problems.* Beaverton, OR: Association for the Treatment of Sexual Abusers. Retrieved from www.atsa.com/atsa-csb-task-force-report.

Chaffin, M., Letourneau, E., & Silovsky, J. F. (2002). Adults, adolescents, and children who sexually abuse children: A developmental perspective. In J. E. B. Myers, L. Berliner, J. Briere, C. Jenny, T. Hendrix, & T. E. Reid (Eds.), *The APSAC handbook on child maltreatment* (2nd ed., pp. 205–232). Thousand Oaks, CA: Sage.

Cohen, J. A., & Mannarino, A. P. (1993). A treatment model for sexually abused pre-schoolers. *Journal of Interpersonal Violence*, 8(1), 115–131.

Cohen, J. A., & Mannarino, A. P. (1996). Factors that mediate treatment outcome in sexually abused preschool children: Initial findings. *Journal of the American Academy of Child and Adolescent Psychiatry*, 35(10), 1402–1410.

Cohen, J. A., & Mannarino, A. P. (1997). The Weekly Behavior Report: A parent-report instrument for sexually abused preschoolers. *Child Maltreatment*, 1, 353–360.

Cohen, J. A., Mannarino, A. P., & Deblinger, E. (2006). *Treating trauma and traumatic grief in children and adolescents*. New York: Guilford Press.

Cook, J. (2007). *Personal space camp*. Chattanooga, TN: National Center for Youth Issues.

Deblinger, E., & Heflin, A. H. (1996). *Treating sexually abused children and their nonoffending parents*. Thousand Oaks, CA: Sage.

Deblinger, E., Stauffer, L. B., & Steer, R.A. (2001). Comparative efficacies of supportive and cognitive behavioral group therapies for young children who have been sexually abused and their nonoffending mothers. *Child Maltreatment*, 6, 332–343.

Drewes, A. A., & Cavett, A. M. (2012). Play applications and skills components. In J. A. Cohen, A. P. Mannarino, & E. Deblinger (Eds.), *Traumafocused CBT for children and adolescents: Treatment applications* (pp. 105–123). New York: Guilford Press.

Durham, M. G. (2008). *The Lolita effect: The media sexualization of young girls and what we can do about it*. New York: The Overlook Press.

Durkin, S. J., & Paxton, S. J. (2002). Predictors of vulnerability to reduced body image satisfaction and psychological wellbeing in response to exposure to idealized female body images in adolescent girls. *Journal of Psychosomatic Research*, 53, 995–1005.

Eder, D. (with Evans, C. C., & Parker, S.). (1995). *School talk: Gender and adolescent culture*. New Brunswick, NJ: Rutgers University Press.

Farmer, E., & Pollock, S. (1998). *Sexually abused and abusing children in substitute care*. New York: Wiley.

Fredrickson, B. L., & Roberts, T. A. (1997). Objectification theory: Toward understanding women's lived experience and mental health risks. *Psychology of Women Quarterly*, 21, 173–206.

Fredrickson, B. L., Roberts, T. A., Noll, S. M., Quinn, D. M., & Twenge, J. M. (1998). That swimsuit becomes you: Sex differences in self-objectification, restrained eating, and math performance. *Journal of Personality and Social Psychology*, 75, 269–

284.

Friedrich, W. N. (1997). *Child Sexual Behavior Inventory: Professional manual.* Odessa, FL: Psychological Assessment Resources.

Friedrich, W. N. (2007). *Children with sexual behavior problems: Familybased, attachment-focused therapy.* New York: Norton.

Friedrich, W. N., Davies, W., Feher, E., & Wright, J. (2003). Sexual behavior problems in preteen children: Developmental, ecological, and behavioral correlates. *Annals of the New York Academy of Sciences, 989,* 95–104.

Friedrich, W. N., Fisher, J., Broughton, D., Houston, M., & Shafran, C. R. (1998). Normative sexual behavior in children: A contemporary sample. *Pediatrics, 101*(4), E9.

Friedrich, W. N., Fisher, J. L., Dittner, C., Acton, R., Berliner, L., Butler, J., et al. (2001). Child Sexual Behavior Inventory: Normative, psychiatric, and sexual abuse comparisons. *Child Maltreatment, 6,* 37–49.

Friedrich, W. N., Grambsch, P., Broughton, D., Kuiper, J., & Beilke, R. L. (1991). Normative sexual behavior in children. *Pediatrics, 88,* 456– 464.

Friedrich, W. N., Luecke, W. M., Beilke, R. L., & Place, V. (1992). Psychotherapy outcome of sexually abused boys. *Journal of Interpersonal Violence, 7,* 396–409.

Gapinski, K. D., Brownell, K. D., & LaFrance, M. (2003). Body objectification and "fat talk": Effects on emotion, motivation, and cognitive performance. *Sex Roles, 48,* 377–388.

Gerard, A. B. (1994). *Parent–Child Relationship Inventory manual.* Los Angeles: Western Psychological Services.

Gerbner, G. (1994). Reclaiming our cultural mythology: Television's global marketing strategy creates a damaging and alienated window on the world. *The Ecology of Justice,* No. 38. Retrieved from www.context.org/iclib/ic38/gerbner.

Gil, E. (1993). Age-appropriate sex play versus problematic sexual behaviors. In E. Gil & T. C. Johnson, *Sexualized children: Assessment and treatment of sexualized children and children who molest* (pp. 21–40). Royal Oak, MI: Self-Esteem Shop.

Gil, E. (2003a). Family play therapy: "The bear with short nails." In C. E. Schaefer (Ed.), *Foundations of play therapy* (pp. 192–218). Hoboken, NJ: Wiley.

Gil, E. (2003b). Play genograms. In C. F. Sori, L. L. Hecker, & Associates (Eds.), *The therapist' s notebook for children and adolescents: Homework, handouts, and activities for use in psychotherapy* (pp. 49–56). Binghamton, NY: Haworth Clinical Practice Press.

Gil, E. (2010a). *The extended play-based developmental assessment manual.* Royal Oak, MI: Self-Esteem Shop.

Gil, E. (Ed.). (2010b). *Working with children to heal interpersonal trauma: The power of play*. New York: Guilford Press.

Gil, E. (2012). Trauma-focused integrated play therapy. In P. Goodyear-Brown (Ed.), *Handbook of child sexual abuse: Identification, assessment, and treatment* (pp. 251–278). Hoboken, NJ: Wiley.

Gil, E., & Johnson, T. C. (1993). *Sexualized children: Assessment and treatment of sexualized children and children who molest*. Royal Oak, MI: Self-Esteem Shop.

Gil, E., & Shaw, J. (2010). *A book for kids about private parts, touching, touching problems, and other stuff*. Royal Oak, MI: Self-Esteem Shop.

Giordano, M., Landreth, G., & Jones, L. (2005). *Practical handbook for building the play therapy relationship*. Lanham, MD: Aronson.

Gitlin-Weiner, K., Sandgrund, A., & Schaefer, C. E. (Eds.). (2000). *Play diagnosis and assessment* (2nd ed.). New York: Wiley.

Gottman, J. (1997). *Raising an emotionally intelligent child: The heart of parenting*. New York: Fireside/Simon & Schuster.

Grant, R. K., & Lundeberg, L. H. (2009). *Interventions for children with sexual behavior problems: Research, theory, and treatment*. Kingston, NJ: Civic Research Institute.

Greenspan, S. I. (2002). *The secure child: Helping our children feel safe and confident in a changing world*. Cambridge, MA: Da Capo Press.

Greco, L. A., & Hayes, S. C. (2008). *Acceptance and mindfulness treatments for children and adolescents: A practitioner's guide*. Oakland, CA: New Harbinger.

Hagan, J. F., Shaw, J. S., & Duncan, P. M. (Eds.). (2008). *Bright futures: Guidelines for health supervision of infants, children, and adolescents* (3rd ed.). Elk Grove Village, IL: American Academy of Pediatrics.

Hall, D., Mathews, F., Pearce, J., Sarlo-McGarvey, N., & Gavin, D. (1996). *The development of sexual behavior problems*. South Pasadena, CA: Authors.

Harrison, K. (2000). The body electric: Thin-ideal media and eating disorders in adolescents. *Journal of Communication*, 50(3), 119–143.

Hawn, G. (with Holden, W.). (2011). *10 mindful minutes: Giving our children and ourselves the social and emotional skills to reduce stress and anxiety for healthier, happier lives*. New York: Perigee/Penguin Group.

Hebl, M. R., King, E. G., & Lin, J. (2004). The swimsuit becomes us all: Ethnicity, gender, and vulnerability to self-objectification. *Personality and Social Psychology Bulletin*, 30, 1322–1331.

Hembree-Kigin, T. L., & McNeil, C. (1995). *Parent–child interaction therapy*. New York: Plenum Press.

Herman, J. L. (1992). *Trauma and recovery*. New York: Basic Books. 〔中井久夫訳 (1999)『心的外傷と回復〈増補版〉』みすず書房〕

Hofschire, L., & Greenberg, B. (2002). Media's impact on adolescents' body dissatisfaction. In J. Brown, J. Steele, & K. Walsh-Childers (Eds.), *Sexual teens, sexual media: Investigating media's influence on adolescent sexuality* (pp. 125–149). Mahwah, NJ: Erlbaum.

Homeyer, L., & Sweeney, D. (2011). *Sandtray therapy: A practical manual* (2nd ed.). Royal Oak, MI: Self-Esteem Shop.

Impett, E. A., Schooler, D., & Tolman, D. L. (2006). To be seen and not heard: Femininity ideology and adolescent girls' sexual health. *Archives of Sexual Behavior*, 21, 628–646.

Jaffe, A. V., & Gardner, L. (2006). *My book full of feelings: An interactive workbook for parents, professionals, and children*. Shawnee Mission, KS: Autism Asperger Publishing.

Kaeser, F. (2011). *What your child needs to know about sex (and when): A straight talking guide for parents*. New York: Random House.

Kaeser, F. (2011, Sept 23). The super-sexualization of children: Time to take notice. *Psychology Today*. www.psychologytoday.com/blog/what-yourchild-needs-know-about-sex-and-when/201109/the-super-sexualizationchildren-time-take.

Karst, P. (2000). *The invisible string*. Camarillo, CA: DeVorss.

Kaufman, S. H., & Burns, R. C. (1972). *Actions, styles, and symbols in kinetic family drawings: An interpretative manual*. New York: Brunner/Mazel. 〔加藤孝正・伊倉日出一・久保義和訳 (1988)『子どもの家族画診断（描画心理学双書）』黎明書房〕

Kellogg, N. D., & Committee on Child Abuse and Neglect. (2009). Clinical report: The evaluation of sexual behaviors in children. *Pediatrics*, 124, 992–998.

Kendall-Tackett, K., Williams, L. M., & Finkelhor, D. (1993). Impact of sexual abuse on children: A review and synthesis of recent empirical studies. *Psychological Bulletin*, 113, 164–180.

Kunkel, D., Eyal, K., Finnerty, K., Biely, E., & Donnerstein, E. (2005). *Sex on TV 4*. Menlo Park, CA: Kaiser Family Foundation. Retrieved March 25, 2008, from www.kff.org/entmedia/upload/Sex-on-TV-4-Full-Report. pdf.

Labovitz Boik, B., & Goodwin, E. A. (2000). *Sandplay therapy: A step-by-step manual for psychotherapists of diverse orientations*. New York: Norton.

Lamb, S. (2006). *Sex, therapy, and kids: Addressing their concerns through talking and play*. New York: Norton.

Lamb-Shapiro, J. (2000). *The hyena who lost her laugh: A story about changing your negative thinking*. Woodbury, NY: Childswork/Childsplay.

Landreth, G. L. (2012). *Play therapy: The art of the relationship* (3rd ed.). New York: Routledge.〔山中康裕監訳（2014）『新版 プレイセラピー――関係性の営み』日本評論社〕

Landreth, G. L., & Bratton, S. C. (2006). *Child parent relationship therapy (CPRT): A 10-session filial therapy model.* New York: Routledge.〔小川裕美子・湯野貴子監訳（2015）『子どもと親の関係性セラピー（CPRT）―― 10セッションフィリアルセラピーモデル』日本評論社〕

Landreth, G. L., Sweeney, D. S., Homeyer, L. E., Ray, D. C., & Glover, G. J. (2005). *Play therapy interventions with children's problems: Case studies with DSM-IV-TR diagnoses* (2nd ed.). Lanham, MD: Aronson.

Langstrom, N., Grann, M., & Lichtenstein, P. (2002). Genetic and environmental influences on problematic masturbatory behavior in children: A study of same-sex twins. *Archives of Sexual Behavior*, 31, 343–350.

Levin, D. E., & Kilbourne, J. (2008). *So sexy so soon: The new sexualized childhood, and what parents can do to protect their kids.* New York: Ballantine Books.

Lieberman, A. F., & Van Horn, P. (2008). *Psychotherapy with infants and young children: Repairing the effects of stress and trauma on early attachment.* New York: Guilford Press.

MacFarlane, K., & Cunningham, C. (2003). *Steps to healthy touching: Activities to help kids understand and control their problems with touching* (2nd ed.). Amsterdam: KidsRights.

Malchiodi, C. (1998). *Understanding children's drawings.* New York: Guilford Press.

McGoldrick, M., Gerson, R., & Petry, S. (2008). *Genograms: Assessment and intervention* (3rd ed.). New York: Norton.

McKinley, N. M., & Hyde, J. S. (1996). The Objectified Body Consciousness Scale. *Psychology of Women Quarterly*, 20, 181–215.

Merrick, M., Litrownik, A., Everson, M., & Cox, C. (2008). Beyond sexual abuse: The impact of other maltreatment experiences on sexualized behaviors. *Child Maltreatment*, 13, 122–132.

Mills, J. S., Polivy, J., Herman, P., & Tiggemann, M. (2002). Effects of exposure to thin media images: Evidence of self-enhancement among restrained eaters. *Personality and Social Psychology Bulletin*, 28(12), 1687–1699.

Mitchell, R. R., & Friedman, S. H. (1994). *Sandplay: Past, present, and future.* New York: Routledge.

Narelle, B. (2011). *Thinkafeeladoo: JoJo's not so great day.* Available from www.lulu.com/us/en/shop.

Nichter, M. (2000). *Fat talk: What girls and their parents say about dieting.* Cambridge, MA: Harvard University Press.

O'Donohue, W., Gold, S. R., & McKay, J. S. (1997). Children as sexual objects: Historical and gender trends in magazines. *Sexual Abuse: Journal of Research and Treatment*, 9, 291–301.

Patterson, G. R., Reid, J. B., & Eddy, J. M. (2002). A brief history of the Oregon model. In J. B. Reid, G. R. Patterson, & J. Snyder (Eds.), *Antisocial behavior in children and adolescents: A developmental analysis and model for intervention* (pp. 3–20). Washington, DC: American Psychological Association.

Pennsylvania Coalition Against Rape. (n.d.). *Three Kinds of Touches curriculum*. Enola: Author.

Perry, B. (2009). Examining child maltreatment through a neurodevelopmental lens: Clinical applications of the neurosequential model of therapeutics. *Journal of Loss and Trauma*, 14, 240–255.

Peterson, L. W., & Hardin, M. E. (1997). *Children in distress: A guide for screening children's art*. New York: Norton.

Pithers, W. D., & Gray, A. S. (1993). *Pre-adolescent sexual abuse research project: Research grantees status report*. Washington, DC: National Center on Child Abuse and Neglect.

Pithers, W. D., Gray, A., Busconi, A., & Houchens, P. (1998). Children with sexual behavior problems: Identification of five distinct child types and related treatment considerations. *Child Maltreatment*, 3(4), 384–406.

Rideout, V. J., Vandewater, E. A., & Wartella, E. A. (2003). *Zero to six: Electronic media in the lives of infants, toddlers and preschoolers*. Menlo Park, CA: Kaiser Family Foundation.

Rubin, J. A. (2005). *Child art therapy* (25th anniversary ed.). Hoboken, NJ: Wiley.

Sanders, M. R., Cann, W., & Markie-Dadds, C. (2003). The Triple P-Positive Parenting Programme: A universal population-level approach to the prevention of child abuse. *Child Abuse Review*, 12, 155–171.

Schaefer, C. E. (Ed.). (1993). *The therapeutic powers of play*. Northvale, NJ: Aronson.

Schaefer, C. E. (Ed.). (2003). *Foundations of play therapy*. Hoboken, NJ: Wiley.

Siegel, D. J., & Payne Bryson, T. (2011). *The whole-brain child: 12 revolutionary strategies to nurture your child's developing mind*. New York: Delacorte.

Silovsky, J. F., & Bonner, B. L. (2003a). *Children with sexual behavior problems: Common misconceptions vs. current findings* (Fact Sheet No. 2). Oklahoma City, OK: National Center on Sexual Behavior of Youth.

Silovsky, J. F., & Bonner, B. L. (2003b). Sexual behavior problems. In T. H. Ollendick

& C. S. Schroeder (Eds.), *Encyclopedia of clinical child and pediatric psychology* (pp. 589–591). New York: Kluwer Academic/ Plenum.

Silovsky, J. F., & Bonner, B. L. (2004). *Sexual development and sexual behavior problems in children ages 2–12* (Fact Sheet No. 4). Oklahoma City, OK: National Center on Sexual Behavior of Youth.

Silovsky, J. F., & Niec, L. (2002). Characteristics of young children with sexual behavior problems: A pilot study. *Child Maltreatment, 7,* 187–197.

Silovsky, J. F., Niec, L., Bard, D., & Hecht, D. (2007). Treatment for preschool children with interpersonal sexual behavior problems: Pilot study. *Journal of Clinical Child and Adolescent Psychology, 36,* 378–391.

Silovsky, J. F., Swisher, L. M., Widdifield, J., Jr., & Burris, L. (2012). Clinical considerations when children have problematic sexual behavior. In P. Goodyear-Brown (Ed.), *Handbook of child sexual abuse: Identification, assessment, and treatment* (pp. 401–428). Hoboken, NJ: Wiley.

Slater, A., & Tiggemann, M. (2002). A test of objectification theory in adolescent girls. *Sex Roles, 46,* 343–349.

Sobol, B., & Schneider, K. (1998). Art as an adjunctive therapy in the treatment of children who dissociate. In J. L. Silberg (Ed.), *The dissociative child: Diagnosis, treatment and management* (pp. 191–218). Luthersville, MD: Sidran Press.

Stallard, P. (2002). *Think good — feel good: A cognitive behaviour therapy workbook for children and young people.* Chichester, UK: Wiley.

Stauffer, L. B., & Deblinger, E. (1996). Cognitive behavioral groups for nonoffending mothers and their young sexually abused children: A preliminary treatment outcome study. *Child Maltreatment, 1,* 65–76.

Stice, E., Schupak-Neuberg, E., Shaw, H. E., & Stein, R. I. (1994). Relation of media exposure to eating disorder symptomatology: An examination of mediating mechanisms. *Journal of Abnormal Psychology, 103*(4), 836– 840.

Thomsen, S. R., Weber, M. M., & Brown, L. B. (2002). The relationship between reading beauty and fashion magazines and the use of pathogenic dieting methods among adolescent females. *Adolescence, 37,* 1–18.

Turner, B. A. (2005). *The handbook of sandplay therapy.* Cloverdale, CA: Temenos Press.

Ward, L. M. (2002). Does television exposure affect emerging adults' attitudes and assumptions about sexual relationships?: Correlational and experimental confirmation. *Journal of Youth and Adolescence, 31,* 1–15.

Ward, L. M. (2004). Wading through the stereotypes: Positive and negative associations between media use and black adolescents' conceptions of self. *Developmental*

Psychology, 40, 284–294.

Ward, L. M., & Rivadeneyra, R. (1999). Contributions of entertainment television to adolescents' sexual attitudes and expectations: The role of viewing amount versus viewer involvement. *Journal of Sex Research, 36,* 237–249.

Webster-Stratton, C. (2006). *The incredible years: A trouble-shooting guide for parents of children aged 2–8 years.* Seattle, WA: Incredible Years.

White, S., Halpin, B. M., Strom, G. A., & Santilli, G. (1988). Behavioral comparisons of young sexually abused, neglected, and nonreferred children. *Journal of Clinical Child Psychology, 17,* 53–61.

Wilcox, B. L., Kunkel, D., Cantor, J., Dowrick, P., Linn, S., & Palmer, E. (2004, February 20). *Report of the APA Task Force on Advertising and Children.* Washington, DC: American Psychological Association.

Zurbriggen, E. L., & Morgan, E. M. (2006). Who wants to marry a millionaire?: Reality dating television programs, attitudes toward sex, and sexual behaviors. *Sex Roles, 54,* 1–17.

索 引

英字

ASBPC（子どもの性的問題行動アセスメント） 73-98
　概要 99
　活動の手順 77
　「気分は何色？」課題 96-97
　芸術活動 83-88
　ケーラのケース 173-174
　再構成的課題 92-95
　ジェンナのケース 226
　指示的課題 78-79, 83-98
　終結 80-82
　初回の臨床面接 75-77
　専門的な配慮と工夫 97
　データの収集と見立て 79-80
　トーマスのケース 204-205
　特徴 75-82
　バウンダリー・プロジェクト 150-151
　箱庭療法 88-90
　非指示的課題 77-78
　プレイ・ジェノグラム 90-92
CBCL 76, 162, 174
　ケーラのケース 174
　トーマスのケース 204
CBT →CBTに焦点化した介入
　外来 24
　子どもの発達の問題 118-120
　焦点 20-22
　対プレイセラピー 22
CBTに焦点化した介入 118-120 →CBT
　研究 134
　トラウマ焦点型 118
CSBI 18, 76, 162
　ケーラのケース 174, 175

研究結果 32-35, 40-41
　ジェンナのケース 233
　トーマスのケース 204-206
EPBDA（プレイに基づく包括的発達アセスメント） 73 →ASBPC
PCRI 162-163
TSCC 77, 162, 174
TSCYC 77, 162, 204

あ

アセスメント 71-101 →ASBPC
　子ども特有の要素 72-73
　バウンダリー・プロジェクトの進展 162-163
　発達に応じた 226
　保護者の関与 122-124
アタッチメント →親子のアタッチメント
アメリカ小児科学会の幼い子どもに典型的な性的問題行動 36
アメリカ心理学会 51
　女の子の性愛化に関する専門調査委員会 57-61, 67
安全性の問題 50
威圧的な行動のモデリング 23
医学的問題の指標 41
いじめの増加 68
異文化の状況 125-129
インターネット
　アクセス 46-47
　セクシュアリティの情報源 131
　代替物 63-64
　フィルタリング 50-51
　ポルノ 62-63

男の子のステレオタイプへの抵抗　68-69
親子関係
　強化　132-133
　バウンダリー・プロジェクト　149
　非機能的　129-132
親子のアタッチメント
　深刻な性的問題行動　27
　損傷　31　→ジェンナのケース　→
　　ケーラのケース　→ロレンソのケー
　　ス
女の子
　性愛化　57-61
　役割ステレオタイプに対する抵抗
　　67-69

か

ガーブナー，ジョージ　57
加害青年の誤ったレッテル貼り　15
学習の問題　40
学童期の正常な性的行動　36
家族　→保護者
　混合家族内での性的問題行動　122-123
家族関係
　アセスメント　72
　動的家族描画　84-86
　役割　26-27
家族の会話の指針　140-142
家族の暴力
　影響　218
　性的問題行動　22-23, 35　→ロレンソ
　　のケース　→トーマスのケース
学校
　指導　143
　治療目標に向けた協力　219
家庭環境
　影響因　25
　性の社会化　50-51
からだ温度計　114
　バウンダリー・プロジェクト　153-155
　ワークシート　145
環境要因

アセスメント　72
　特定　76
　不適切な　19
関係性　→親子関係
感情のスケーリング　114, 239
　バウンダリー・プロジェクト　153-155
　ワークシート　144
監督
　学校での　143
　実施に対する保護者の合意　130-131
　必要性　20, 50
　保護者の指針　137-139
気分は何色？課題　77, 96-97
　ケーラのケース　183-185
　ジェンナのケース　250-251
　トーマスのケース　212-214
　ワークシート　100-101
強制的な性的行動　14, 39
共通認識されている領域　103-145
　心理教育とCBTに焦点化した介入（領
　　域3）　118-120
　トラウマ（領域1）　105-110
　保護者との取り組み　120-134
　　親子関係の強化　132-133
　　監督に関する合意を得る　130-131
　　共同作業を保証する　125-129
　　行動への反応に関する指示を与える
　　　131-132
　　初期の関与　122-125
　　心理教育を行う　129-130
　　役割モデルの促進　133-134
　保護者の積極的な関与（領域2）
　　110-117
恐怖
　子どもの恐怖に対する保護者の反応
　　26-27
　保護者の　40
グループセラピー　25, 113　→保護者グ
　　ループ
　不向き　150-151
芸術活動　83-88

索　引

ジェンナのケース　242
自画像　86-88
自由画　83-84, 181
治療者の役割　83
動的家族描画　84-86
ケーザー，フレッド　66
ケーラのケース　167-195
アセスメント結果　186-188
アセスメントプロセス　173-186
初期の印象　176-178
性的行動　175
非性的行動　174-175
心理社会的背景　169-173
構造的課題　178-186
気分は何色？　183-185
箱庭療法　185-186
描画　181-183
プレイ・ジェノグラム　178-181
治療計画とプロセス　190-194
治療目標　189-190
まとめ　194-195
研究による予測因子　22-24
広告／市場
子ども向け　51-54
セックスと暴力　53
行動障害の症状　40
子どもが使用するパソコン　56, 138-139
子どもに対する市場　51-54
子どもの虐待とネグレクト委員会の見解　35
子どもの性愛化
女の子　57-61
状況　45-70
保護者の反応　63-66
ポルノ　62-63
メディア　50-57　→広告／市場　→イ
ンターネット　→マスメディア　→
テレビ
例　46-49
子どものセクシュアリティ
誤った情報　124

正常と正常でない　31-32
反応　14-15
不快感　14, 287
保護者の態度　125-127
子どもの売春　261
子どものプログラミングの規制　53
コミュニケーション
家族に対する指針　140-142
セクシュアリティ　131-132
治療者と患者の　123-125
混合家族　122-123

さ

再構成的課題　77, 92-95
再発防止介入と表現療法　20
雑誌のモニター　138-139
里親のケースと性的問題行動　42
触る　14
3種類のタッチのカリキュラム　157-158
サンディフック小学校銃乱射事件　291
ジェノグラム　→プレイ・ジェノグラム
ジェンダーステレオタイプ　67-69
ジェンナのケース　225-255
アセスメントプロセス　233-246
構造的課題　245-246
初期の印象　236-244
性的行動　233-236
保護者との面接　233-236
基本情報　226
心理社会的背景　227-232
治療計画・目標・プロセス　247-252
まとめと結論　252-255
自画像　86-88
ケーラのケース　181
トーマスのケース　212
自己のモノ化　60
指示的課題　77, 83-97
気分は何色？　96-97
芸術活動　83-88
再構成的課題　92-95
タイプ　78-79

309

箱庭療法　88-90
プレイ・ジェノグラム　90-92
市場におけるセックス　53
自尊心
構築　159
子どもの　142
性愛化　59-60
自由画　83-84, 181
ケーラのケース　181
トーマスのケース　211
就学前児童
正常な性的行動　34-35
性的虐待　41
テレビ視聴　55
終結のセッション　80-82
紹介　122
初期の課題　40
増加　17
情緒の特定と制御　157
衝動コントロール　158
初回の臨床面接　75-77
女性の性愛化　57-61
シンカフィラドゥ（thinkafeeladoo）　220
身体的・性的虐待
アセスメント　72
疑い　33, 108, 111
仮定　15, 43, 104
ケースの描写　→ジェンナのケース
　→ケーラのケース　→ロレンソの
　ケース
行動上のサイン　40-42
就学前児童　41
ストレス症状　21
性的問題行動に関連する　17, 20, 23,
　41, 74, 175
セラピー　118
信頼関係の構築　142
心理教育　118-120, 218-219
親子関係　129-130
研究　134-135
臨床事例　112-113

ステレオタイプ　15
ジェンダー　53, 67-68
適切な治療に対する障壁となる　104
ストレスと性的問題行動　35
性愛化　→子どもの性愛化　→女の子の
　性愛化
定義　60-61
性加害
子どもの性的問題行動　28
治療によるリスクの低減　19
性加害者治療学会　288
性的問題行動を抱える子どもの専門調
　査委員会　16, 118
性加害者の治療概念　118-120
成功的な治療の結果　23-24
正常な性的行動　32-38
正常でない　44
特定の　35-38
幼児と就学前の子ども　35-36
精神・性的評価（青年・成人対象）　226
性的遊び
強制／脅し　283-284
子どもの動機　284
正常な　32-33, 70
体格の違い　282
対　性的問題行動　282-285
典型と特殊　36-37
年齢差　282
発達による違い　282-283
人目につかない　284
保護者の反応　65
性的関心　32
性的攻撃性　42-44　→ジェンナのケース
　→ケーラのケース　→ロレンソの
　ケース　→トーマスのケース
被虐待児　14, 287
性的行動
CSBIによるアセスメント　32-35
　→CSBI
影響因　34-35
早期に見られる　66-67

索　引

侵入的　39
典型と特殊なものの基準　37
年齢相応　36
問題となる　38-44
ルールの修正／期待　111
性的なことを露骨に流すメディア
性的問題行動　50-51
曝露　50
保護者の態度　46-49
性的な知識
影響　32-33
教育的アプローチ　51
子どもの年齢　50-51
性的に反応している子ども　40-42
性的発達
研究における治療者の知識　124
段階　32
話し合うことに対する保護者のためら
い　131-132
性的問題行動
アセスメント　27
概論　14-28
課題　160-162
関連する問題　16
寄与要因　42-44
原因の特定　149
研究　289
行動としての顕在化　14
誤解　104
これまでの仮説　39
混合家族内での　122-123
時間経過による減少　23
自己に向けられたもの　対　他者に向け
られたもの　16-17
修正のための指針　139-140
ステレオタイプ　15
対　正常な子どものセクシュアリティ
29-44
代替行動への方向修正　140
定義　16-20, 39
定義の基準　38-39

同時に発生する臨床的問題　40
反応の指針　136-143
保護者の基本的なメッセージ　141
用語とアセスメントの問題　39-40
理解の深まり　288-289
例　136
セクシュアリティ
関心　32
子どもの情報源　131
不適切なモデリング　19, 23
セクシュアリティに関するコミュニケー
ションのロールプレイ　131-132
摂食障害と性愛化　60-61
創造的なプレイの機会の提供　63-64
ソーシャルスキルの欠如　40

た
タッチ
区別と理解　158
実験　64
タッチの問題　36
原因の特定　156-159
探求　89, 93-97, 112-118, 176-178,
183-185, 208, 213-218, 233-234,
237-238, 245-246
反応　141, 215-218
治療
一般的　対　性的問題行動　20-21
家族・保護者の役割　25-27
共通認識されている　→共通認識され
ている領域
ケーラのケース　190-194
研究　20-24
効果　19
ジェンナのケース　247-252
トーマスのケース　218-221
保護者の関与　122-124
ロレンソのケース　274-277
治療者
異文化　125-129
治療的取り組み　125

311

保護者とのコミュニケーション
123-125
治療者の指針
気分は何色？　96-97
芸術療法　83-86, 87-88
再構成的課題　93-95
箱庭療法　89-90
プレイ・ジェノグラム　91-92
治療的関与のプロセス　125
データの収集　79-80　→アセスメント
テレビ
ガーブナーの研究　57
子どもの使用のモニター　138
子どもへの曝露　54-57
代替物としての　63-64
テレビゲーム
代替物としての　63-64
トイレ使用時のプライバシー　137
動的家族描画　84-86, 181-182
ケーラのケース　181-182
ジェンナのケース　245-246
トーマスのケース　211-212
トーマスのケース　197-223
アセスメントプロセス　204-214
結果　214-218
初期の印象　207-209
性的行動　206-207
非性的行動　205-206
基本情報　198-200
構造的アセスメント　209-214
気分は何色？　212-214
箱庭療法　214
描画課題　211-212
プレイ・ジェノグラム　209-211
心理社会的背景　200-203
治療プロセス　219-221
治療目標　218-219
まとめ　221-223
友達との時間の監督　137
トラウマ　→家族の暴力，身体的・性的
虐待

介入　106, 134
関連する症状　40
処理　149
治療的注目　105-110
未治療の　74
臨床事例　106-110
トラウマ焦点化CBT　118

な
認知の三角形の学習　158
認知の歪み　93

は
ハーマン，ジュディス　148-149
バウンダリー　18, 20, 33, 35
バウンダリーの定義・設定　114-115, 157,
215-218
バウンダリー・プロジェクト　120,
147-166
安全性の確認　156-157, 159-160
移行の際の活動　153-156
課題とねらい　160-162
芸術療法　149, 162-163
構成の選択肢　150-151, 164-165
ジェンナのケース　235-236, 247-250
進展の測定　162-163
治療目標　156-160
トーマスのケース　219-221
特徴　148-150
保護者グループ　152-153
目標と段階　152
ロレンソのケース　275-276, 279
ワークシート　166
箱庭療法　88-90
ケーラのケース　185-186
ジェンナのケース　246-247
トーマスのケース　214
ロレンソのケース　269-271
裸に対するバウンダリーの確立　137-138
発達とCBT介入　119-120
パワーパフガールズ　53

索　引

非指示的課題　77-78
非性的行動のアセスメント　174-175,
　　　205-206
秘密に関する保護者のメッセージ　141
描画課題　83-84, 181-183　→芸術活動
　　　ケーラのケース　181-183
　　　ジェンナのケース　245-246
　　　トーマスのケース　211-212
　　　ロレンソのケース　267-269
表現療法と再発防止的介入　20
プライバシーの提供　93
プライベートパーツに対する保護者のメッ
　　　セージ　141
ブラッツドール　53
フリードリヒ　14-15, 18, 22-23, 32-35,
　　　39-43, 104, 110
プレイ・ジェノグラム　90-92
　　　ケーラのケース　178-181
　　　トーマスのケース　209-211
プレイセラピー　77-78, 219
　　　CBT　21
　　　子ども中心　73
　　　ジェンナのケース　243
　　　バウンダリー・プロジェクト　149-
　　　150, 163
文化に関することがら　125-129
ヘンリーカイザー家族財団（KFF）レポー
　　　ト　54-57
暴力　54　→家族の暴力
保護者
　　　女の子の性愛化における役割　58-60
　　　感情のスケーリング　154-155
　　　監督の指針　137-139
　　　監督をすることの合意　130-131
　　　恐怖　121, 124
　　　自信の獲得　129
　　　指導　47-49
　　　情緒的ニーズ　15
　　　助言　69
　　　心配　30-31
　　　性的虐待の恐れ　40-41

性的問題行動への反応の指針　136-143
　　　治療　120-121
　　　治療上の役割　25-27
　　　否定的な注目　216
　　　プライベートパーツに関する対話
　　　141-142
　　　マスターベーションに対する態度
　　　64-65, 116, 236
　　　矛盾したメッセージ　49
　　　メディアへの曝露に対する態度　46-48
　　　モデリング　64-65
　　　役割モデルになることの促進　133-134
　　　リラクセーション　156
保護者による見守り　→監督
保護者の関与　110-117
　　　協力の確認　125-129
　　　研究　110, 134
　　　初期段階　122-125
　　　治療的な関わり　125
　　　提言　120-134
　　　バウンダリー・プロジェクト　134
　　　臨床事例　112-117
保護者の嗜癖　227-232, 261, 266, 277
保護者の同意　75-76
保護者の薬物乱用　227-232, 261, 266, 277
ポルノへの曝露　19, 62-63, 283

ま

マインドフルネス　155-156, 158, 176, 215
マスターベーション　14
　　　過剰な　39
　　　宗教的な信念　235-236
　　　典型的な出来事　35-37
　　　保護者の態度　64-65, 116, 235-236
マスメディア
　　　影響への対処　66-69
　　　限定されたアクセス　70
　　　子どもに対する市場　51-53
　　　子どもの使用の監督　138-139
　　　子どもの生活に及ぼす影響　54-57
　　　使用におけるジェンダーの差　56-57

女性のステレオタイプ　67-68
男性のステレオタイプ　67-69
批判的に観ることの指導　67-68
マンガキャラの語り　94-95
瞑想　→マインドフルネス
メディアでのジェンダーの違い　56-57
メンタルヘルスと性愛化　60-61
モノ化　60
ポルノ　62

や

役割モデル
治療者による促進　133-134
保護者グループ　143
幼児
正常な性的行動　34-35
テレビ視聴　55
養子縁組み　→ジェンナのケース
抑うつと性愛化　60-61
予測因子としての家族の抱える困難　23

ら

リラクセーションエクササイズ　155-156
連邦取引委員会　53
露出　14
ロレンソのケース　257-285
アセスメントプロセス　266-267
結果　273-274
構造的課題　267-271
初期の印象　266-267
後の印象　271-273
基本情報　258
心理社会的背景　258-265
治療計画・目標・プロセス　274-277
まとめと結論　277-281

訳者あとがき

　本書はエリアナ・ギル（Eliana Gil）、ジェニファー・ショウ（Jennifer Shaw）著、Guilford Press から 2014 年に出版された *Working with Children with Sexual Behavior Problems* の翻訳です。12 歳以下の子どもたちが示す性的問題行動に対する治療介入について、理論的側面から実践的ツールの紹介まで、実際のケースの記述も含めて具体的に記述されています。著者らの実践は、子ども本人をどう理解してどう支援していけばいいのかということだけでなく、保護者の支援や保護者との協働といった介入を重視していることが、全体にわたって強調されています。

　著者らも述べているように、幼い子どもが性加害行為を示したとき、たいていは「性的虐待を受けているからではないか」とか「このままこの子は将来性犯罪者になるのだろう」などと即座に反応しがちです。さらに、青年期などもう少し大きな子どもの場合だと「性欲のコントロールができない子だ」とか、知的面で障害を抱える子どもの場合であれば「ルールや相手のことが理解できないから平気で加害してしまうのだろう」などと自動的に結論されてしまうような場面もよく見られます。性加害行為が人に与える衝撃を考えると無理からぬ反応かもしれませんが、性の問題に限らず、子どもの示す問題行動や種々の症状は、その子が発しているメッセージやその表現であり、それをくみ取ることから問題の解決や支援は始まるはずです。ところがこと性の問題になると、支援の専門家ですら混乱し、あるべき支援の手順というものが失われがちです。保護者の立場であればその混乱の程度も大きくなるでしょう。本書は、援助者も保護者も本来持っているはずの、子どもを理解する力と支える力を取り戻してくれるような具体的な手順が示されています。性加害の問題への支援に取り組む際の頼もしいガイドとなることは間違いないで

しょう。ただ、実際のケースを含め、1つ1つの要素を見ていくと、新しい特殊な支援がちりばめられたような取り組みの紹介などではなく、子どもの心理的支援の歴史の中で培われた基本的な姿勢や種々の方法を、性というテーマに応用しながら述べられていることに気付くはずです。つまり、性の問題を単純な因果関係で理解したくなる誘惑に負けず、これまでの発達や成育歴、可能性のある複数の影響因を徹底してアセスメントし、その修復・回復すべき1つ1つを丁寧に支援していくことに尽きるのだという筆者らのメッセージが読み取れるはずです。

　私は、性加害の問題を抱える子どもの相談を受けることがあり、現在は医療機関の設定の中で支援することもあります。これまでの実践の中で確信していることの1つは、性の問題は子どもの抱える困難の1つであり、子どもの抱える困難であればどのようなものであれ、保護者の支えの中で回復していくものだということです。この場合の保護者は親だけでなく、施設生活の場合には施設の担当職員などを指すこともあります。治療に限ったことではありませんが、一般的に子育てや子どもの成長の歩みは親も子どもと共に学んでいくものといわれます。私が実践の中で取り組んできたことはその言葉のように、子どもも親も何が起きているのか共に文字通り学ぶプロセスでした。援助者が治療を提供するというよりは子どもと保護者の自らの成長を支えて見守る姿勢でい続けることが性的問題行動の支援であるといえるだろうと私は思っています。この実践と気付きは、本書の著者らの実践理念と支援の実際に多くの共通点があります。その著者らが多くの実績を挙げ、結果を前向きに期待して取り組んでいける支援なのだと繰り返していることに感激し、本書の訳出を決意しました。本書でバウンダリー・プロジェクトとして記述されている部分が特にそうですが、私は、バウンダリー・プロジェクトの多くは性の問題を抱える子どもだけでなく、全ての子どもにとって成長促進的な効果の期待できる取り組みではないかとも思っています。本書ではグループでの実践と、個別での実践との両方が記述されています。性問題の支援においては、グループによるメンバー間の相互作用や集団

の力動が種々の気付きや回復に向けて大きな力を持つことが報告されています。一方で個別に取り組むことは、ケースごとの細かな状況に応じたテーラーメイドの介入計画が立てられるのがその強みでしょう。バウンダリー・プロジェクトモデルは、そのどちらにも適用が可能であることも魅力の1つです。

本書のケースでは、移民が典型的に抱える問題や、ドラッグの実態など、日本の実情にそのまま当てはまりにくい状況の記述もあります。しかし、悲劇として子どもが経験してしまう逆境体験だという視点でもって理解すれば、それらは文化的な差異というよりも、大人が責任を持つべき普遍的な課題として理解できるのではないでしょうか。私自身は、そういった困難を実際のケースの中で乗り越える様子を読み、不謹慎な言い方に聞こえるかもしれませんが、その営みに感動を覚えました。大きな絶望を抱えたケースを紹介しつつも、著者らは繰り返し「楽観的に取り組めること」と訴えています。おそらくそれは個々のケースの取り組みの中で、子どもと家族が確実に成長・回復していく姿に感動しているからではないかとも想像します。

本書のより深い理解のために、私が2017年より立ち上げて運営している「子どもの性問題研究会さいくる」のメンバーとさまざまな議論を重ねてきました。メンバーの、池上駿（熊本県福祉総合相談所）、上田富美子（熊本大学保健センター）、島﨑志穂乃（御船中学校）、田中直也（慈愛園子供ホーム）、玉屋尚紀（熊本県福祉総合相談所）、西村岳人（こどもL.E.C.センター）、疋田忠寛（向陽台病院）、本多梨紗（熊本県福祉総合相談所）、村田晋作（熊本県警少年サポートセンター）の各氏（50音順）に感謝申し上げます。最後に、本書を訳出し日本での子どもの性問題の支援の状況を少しでも発展させたいというわれわれの思いに共感してくださり、出版まで支えてくださった明石書店の深澤孝之様、編集者の岡留洋文様にお礼申し上げます。

訳者を代表して　　　　　　　　　　　　　　　　　高　岸　　幸　弘

原著者紹介

エリアナ・ギル（Eliana Gil, PhD）

バージニア州フェアファックスにある私設治療機関「ギル・トラウマからの回復と教育研究所（Gil Institute for Trauma Recovery and Education）」の上級共同経営者。この研究所ではセラピー、コンサルテーション、そして各種研修を行っている。また、北バージニアにあるスターブライト児童家庭プレイセラピー訓練機関のディレクターとして勤務し、児童期のトラウマを抱える青年とその家族に対する治療や家族療法の集中トレーニングを実施している。児童虐待の防止と治療の領域に約40年間携わっており、ここ20年間は北バージニアの2ヶ所（アイノバ・ケラー（Inova Kellar）センターおよびバージニアチャイルドヘルプ・チルドレンセンター（Childhelp Children's Center））で子どもの性的虐待治療プログラムを運営している。結婚、家族、そして子どもの認定カウンセラー、結婚・家族療法の認定スーパーヴァイザー、認定プレイセラピスト、プレイセラピー認定スーパーヴァイザー。さらにアメリカ各地でコンサルテーション活動およびトレーニングを提供しており、バージニア工科大学の非常勤講師でもある。アメリカ児童虐待専門家協会と児童虐待ナショナルリソースセンターの理事を務めており、元プレイセラピー学会会長。著書は "The Healing Power of Play: Working with Abused Children"（邦題『虐待を受けた子どものプレイセラピー』（誠信書房））、"Play in Family Therapy"、"Helping Abused and Traumatized Children: Integrating Directive and Nondirective Approaches"（邦題『虐待とトラウマを受けた子どもへの援助』（創元社））など多数。その他、児童虐待や関連テーマのビデオ教材も作成している。彼女の著書はスペイン語を含むさまざまな言語へ翻訳されている。出身はエクアドルのグアヤキルであり、バイリンガル、バイカルチュラルである。未就学児の子どもを含む3人の孫がいる。

ジェニファー・ショウ（Jennifer A. Shaw）

「ギル・トラウマからの回復と教育研究所」の共同設立者であり、ワシントンDCの多くの臨床現場で働いてきた。性的問題行動を抱えている子どもや青年、うつや不安症状がある、あるいは複雑性トラウマを抱えている子どもや青年を対象に個別セラピー、家族療法、そしてグループセラピーを行っている。彼女は本書で紹介されている家族支援プログラム "バウンダリー・プロジェクト" のコーディネーターを務めており、これをバージニアチャイルドヘルプ・チルドレンセンターとギル・トラウマからの回復と教育研究所の2ヶ所で実践している。また性心理のリスクアセスメントと青年と成人の性的加害行動の治療に関する専門トレーニングを修了しており、現在は認定プレイセラピストを目指して活動している。彼女は性的問題行動を抱える子どもを持つ家族を対象とする専門家に対して自治体、地域、そして州レベルでそれぞれトレーニングを提供している。ギルの2冊の著書の共著者でもある。最新刊は "A Book for Kids about Private Parts, Touching, Touching Problems, and Other Stuff"。

訳者略歴 （◎は監訳者）

◎高岸幸弘 （たかぎし・ゆきひろ）［まえがき、第1章〜第4章、第7章、あとがき担当］

熊本大学教育学部准教授。精神科病院勤務を経て、児童心理治療施設こども L.E.C. センターにセラピストとして勤務。その後カナダ、バンクーバーで男性の性被害・加害者の専門治療機関でのトレーニングを受けたのち、関西国際大学人間科学部講師、関西国際大学人間科学部准教授を経て 2016 年より現職。専門は性加害少年の治療教育。臨床心理士。医学博士。

井出智博 （いで・ともひろ）［第5章、第10章担当］

静岡大学教育学部准教授。児童心理治療施設こども L.E.C. センターにセラピストとして勤務。その後東筑紫短期大学助教、静岡大学教育学部助教を経て、2012 年より現職。専門は児童福祉施設における子どもの心理的自立支援、キャリアカウンセリング。臨床心理士。博士（文学）。

上村宏樹 （うえむら・こうじゅ）［第6章、第8章、第9章担当］

こども教育宝仙大学講師。児童福祉の現場で 10 年以上勤務。その間カナダでトレーニングを受ける。児童養護施設龍山学苑副園長。熊本学園大学の非常勤講師を経て、2012 年より現職。インプロヴァイザー（即興劇の役者）としても活動している。臨床心理士。

子どもの性的問題行動に対する治療介入
──保護者と取り組むバウンダリー・プロジェクトによる支援の実際

2019 年 11 月 1 日　初版第 1 刷発行

著　者	エリアナ・ギル
	ジェニファー・ショウ
監訳者	高　岸　幸　弘
訳　者	井　出　智　博
	上　村　宏　樹
発行者	大　江　道　雅
発行所	株式会社明石書店

〒 101-0021 東京都千代田区外神田 6-9-5
電　話　03（5818）1171
ＦＡＸ　03（5818）1174
振　替　00100-7-24505
http://www.akashi.co.jp
装丁　　　明石書店デザイン室
印刷・製本　モリモト印刷株式会社

ISBN978-4-7503-4918-3

Printed in Japan

（定価はカバーに表示してあります）

ソーシャルペダゴジーから考える、施設養育の新たな挑戦
マーク・スミス、レオン・フルチャー、ピーター・ドラン著、楢原真也監訳
◎2500円

ライフストーリーワーク入門
社会的養護への導入・展開がわかる実践ガイド
山本智佳央、楢原真也、徳永祥子、平田修三編著
◎2200円

ワークで学ぶ 子ども家庭支援の包括的アセスメント
要保護・要支援・社会的養護児童の適切な支援のために
増沢高著
◎2400円

性的虐待を受けた子どもの施設ケア
児童福祉施設における生活・心理・医療支援
八木修司、岡本正子編著
◎2600円

性問題行動のある知的・発達障害児者の支援ガイド
性暴力被害とわたしの被害者を理解するワークブック
本多隆司、伊庭千惠著
◎2600円

性問題行動のある知的障害者のための16ステップ[第2版]
「フットプリント」心理教育ワークブック
クリシャン・ハンセン、ティモシー・カーン著 本多隆司、伊庭千惠監訳
◎2600円

性の問題行動をもつ子どものためのワークブック
発達障害・知的障害のある児童・青年の理解と支援
宮口幸治、川上ちひろ著
◎2000円

教室の困っている発達障害をもつ子どもの理解と認知的アプローチ
非行少年の支援から学ぶ学校支援
宮口幸治著
◎1800円

児童福祉司研修テキスト 児童相談所職員向け
金子恵美編集代表、佐竹要平、安部計彦、藤岡孝志、増沢高、宮島清編
◎2500円

要保護児童対策調整機関専門職研修テキスト 基礎自治体職員向け
金子恵美編集代表、佐竹要平、安部計彦、藤岡孝志、増沢高、宮島清編
◎2500円

児童相談所一時保護所の子どもと支援
子どもへのケアから行政評価まで
和田一郎編著
◎2800円

社会的養護のもとで育つ若者の「ライフチャンス」
選択肢とつながりの保障、「生の不安定さ」からの解放を求めて
永野咲著
◎3700円

社会的養護の子どもと措置変更
養育の質とパーマネンシー保障から考える
伊藤嘉余子編著
◎2600円

子ども虐待 家族再統合に向けた心理的支援
児童相談所の現場実践からのモデル構築
千賀則史著
◎3700円

子どもの虐待防止・法的実務マニュアル[第6版]
日本弁護士連合会子どもの権利委員会編
◎3000円

発達心理学ガイドブック 子どもの発達理解のために
マーガレット・ハリス、ガート・ウェスターマン著 小山正、松下淑訳
◎4500円

〈価格は本体価格です〉

実践に活かせる専門性が身につく！

やさしくわかる【全7巻】
社会的養護シリーズ

編集代表 相澤 仁（大分大学）　　A5判／並製／各巻2400円

- 社会的養護全般について学べる総括的な養成・研修テキスト。
- 「里親等養育指針・施設運営指針」「社会的養護関係施設第三者評価基準」（平成24年3月）、「社会的養護の課題と将来像」（平成23年7月）の内容に準拠。
- 現場で役立つ臨床的視点を取り入れた具体的な実践論を中心に解説。
- 執筆陣は、わが国の児童福祉研究者の総力をあげるとともに、第一線で活躍する現場職員が多数参加。

1 子どもの養育・支援の原理——社会的養護総論
柏女霊峰（淑徳大学）・澁谷昌史（関東学院大学）編

2 子どもの権利擁護と里親家庭・施設づくり
松原康雄（明治学院大学）編

3 子どもの発達・アセスメントと養育・支援プラン
犬塚峰子（大正大学）編

4 生活の中の養育・支援の実際
奥山眞紀子（国立成育医療研究センター）編

5 家族支援と子育て支援——ファミリーソーシャルワークの方法と実践
宮島 清（日本社会事業大学専門職大学院）編

6 児童相談所・関係機関や地域との連携・協働
川﨑二三彦（子どもの虹情報研修センター）編

7 施設における子どもの非行臨床——児童自立支援事業概論
野田正人（立命館大学）編

〈価格は本体価格です〉

シリーズ 子どもの貧困
【全5巻】

松本伊智朗【シリーズ編集代表】

◎A5判／並製／◎各巻 2,500円

① **生まれ、育つ基盤**
　子どもの貧困と家族・社会
　松本伊智朗・湯澤直美［編著］

② **遊び・育ち・経験** 子どもの世界を守る
　小西祐馬・川田学［編著］

③ **教える・学ぶ** 教育に何ができるか
　佐々木宏・鳥山まどか［編著］

④ **大人になる・社会をつくる**
　若者の貧困と学校・労働・家族
　杉田真衣・谷口由希子［編著］

⑤ **支える・つながる**
　地域・自治体・国の役割と社会保障
　山野良一・湯澤直美［編著］

〈価格は本体価格です〉